COMENTÁRIOS DE LÍDERES

Gostei muito de ler este livro de Steve Cioccolanti. Como ex-comissário da Comissão de Reforma da Lei da Austrália Ocidental e professor de direito constitucional, deixe-me dizer que "*O Negócio Inacabado de Trump*" de Cioccolanti é realmente excelente. Cada capítulo adiciona novas ideias. Sua análise da lei é realmente impressionante e eu particularmente aprecio suas propostas para melhorar o sistema jurídico e o tribunal de direito de família que está quebrado. Terei prazer em passar este livro para meus amigos e estimados colegas. Eu recomendo.

Dr. Augusto Zimmermann, PhD
Comissário, Comissão de Reforma da Lei da Austrália Ocidental (2012–2017)
Editor chefe, The Western Australian Jurist Professor
Coordenador do curso de direito, Universidade Sheridan, Perth

Steve Cioccolanti identificou as doutrinas negligenciadas do cristianismo, que incluem a justiça e a misericórdia de Deus. Restaurar as doutrinas negligenciadas em nossas crenças pode levar ao despertamento de nossas igrejas e à restauração de nossa nação. Esquecemos que a Lei é professora e que a retidão e a justiça são o fundamento do trono de Deus (Salmos 87 e 89). Precisamos que pastores e líderes cristãos leiam este livro "O Negócio Inacabado de Trump" e apliquem a Lei de Deus corretamente, e pregá-la novamente para a América e para o mundo.

Allan Parker
Presidente da The Justice Foundation,
Conselho de Liderança da Norma McCorvey, o "Roe" do antigo Caso Roe contra Wade, e Sandra Cano, o "Doe" do caso Doe contra Bolton

* * * * *

Steve Cioccolanti abordou um assunto que acredito ser primordial. Suas ideias e soluções o desafiarão. Sua escrita é muito instigante, criativa e visionária.

O que torna esse estudo tão envolvente é que Cioccolanti enfrenta com ousadia o mal-estar do governo americano com respostas baseadas nos Dez Mandamentos. Algumas sugestões são tão incríveis que teria de haver um Terceiro Grande Despertar antes que os políticos estivessem dispostos a considerá-las. Eu acredito que as leis deste livro estão muito próximas das que Yeshua estabelecerá no mundo quando Ele reinar. Essas soluções baseadas na Bíblia certamente inspiram pensamentos e ações prontas para uso.

Steve Cioccolanti obviamente pensou e pesquisou bastante para esse livro tão necessário que chegou em um momento em que a República dos Estados Unidos está lutando para sobreviver.

Shira Sorko-Ram
Editor do Jornal Maoz Israel
Pioneiro do Movimento Judeu Messiânico desde 1967

Quando as coisas param de funcionar da maneira que deveriam, uma pessoa prudente volta ao modo de antes. Neste livro, Steve Cioccolanti expõe o que deu errado e recomenda ideias sólidas sobre como corrigir o que deu errado. Voltando ao que é ensinado na Bíblia.

Rich Marsh
Ex-Marinheiro, Empreendedor em Série,
Desenvolvedor de Software, Consultor de Carreiras

A pedra de debulhar de Deus estava localizada no topo do Monte Moriah em Jerusalém, onde o Templo de Salomão foi construído (2 Crônicas 3:1). Por que o lugar de debulhar também era o lugar de adoração? E por que Deus permitiu que esse local de culto fosse destruído? Trata-se de conectar o culto à justiça e conectar o amor à disciplina. "Atentai para o fato de que Eu escolhi tão somente vós entre todas as famílias da terra; por isso Eu mesmo vos castigarei por todas as malignidades que cometestes!", diz Amós 3:2. Pelo grande amor de Deus por Seus filhos, Ele nos dá esse monte como uma figura eterna. Ele não pode deixar filhos que ama continuarem como crianças impunes.

Isso é verdade hoje com a América. A eira é onde você separa o trigo da palha. Deus está dizendo à América para se separar do mundo. Deus não pode permitir que a América continue seus caminhos pecaminosos e fique impune. Seria uma adoração contaminada, desapegada da justiça.

João Batista se referiu a Jesus como aquele que separaria o trigo da palha com uma pá, reunindo o grão no celeiro e queimando a palha com "fogo inextinguível" (Mateus 3:12). A pá na colheita é a palavra de Deus que é penetrante. A lei de Deus é o que separa o bem do mal.

Steve Cioccolanti confronta seus leitores com o desafio do amor de Deus pela América, usando o Presidente Donald Trump como sua pedra de debulhar para separar o bem do poder e aplicar a Lei de Deus com a pá nas mãos dos líderes presentes e futuros da nação. As ideias deste livro fornecerão esperança para o futuro da América e preservarão seu chamado como um farol para as nações durante nossos tempos turbulentos.

Dr. Dennis Lindsay
Presidente & CEO da Christ for the Nations

Conheci o Steve Cicciolanti pessoalmente há cerca de 2 anos numa conferência na Austrália. Após ler seus textos e ver seus vídeos, é fácil entender porque ele é internacionalmente conhecido e respeitado.

A forma como interliga as situações do governo Trump, com a realidade americana e a relação que faz com os 10 mandamentos é genial. Você pode até não concordar com todas as opiniões dele, mas afirmará que ele é coerente, inédito e relevante em tudo o que diz. Se você é uma mente cristã pensante nesses dias, você precisa ler esse livro!

Rogério Olímpio, MsC
Pastor da GNF Geração Nova Filadélfia, Engenheiro de Computação
Doutorando em Sistemas Complexos, Diretor da Southern Cross Brasil

É um livro bastante elucidativo em vários aspectos, mas também confrontador no sentido de despertar tanto cristãos como não cristãos, americanos e não americanos sobre o que a bíblia diz de um governo justo.

Pastora Graciela Ishikawa
Campo Grande, M.S., Brasil

Steve Cioccolanti acertou em cheio com "O Negócio inacabado de Trump". Fui advogado e Assistente do Conselho de Disciplina de Baton Rouge por 20 anos, encontrei-me colocando grandes exclamações ao lado dos parágrafos neste livro que descrevem algumas das mesmas coisas que testemunhei a portas fechadas que poucos líderes cristãos sequer poderiam imaginar.

Em seu capítulo essencial sobre reforma judicial, por exemplo, fiquei surpreso ao ver a mesma palavra que o autor usou que me veio à mente durante meu último trabalho jurídico - "INCESTUOSO!". Vi advogados e o tribunal na cama juntos. Eu não aguentava a injustiça e me afastei do setor jurídico quebrado. Steve Cioccolanti está entrando no pântano com este livro e nos mostrando como drená-lo!

Julie Diez
Advogado

O Negócio Inacabado de Trump servirá de modelo para todos os líderes, estejam eles nos EUA, na Austrália, na Coréia e em qualquer parte do mundo. Gostaria de vê-lo disponível aos eleitores antes das próximas eleições. Estou realmente impressionado com as ideias de Steve Cioccolanti sobre a guerra cultural americana. Sua cobertura de muitos assuntos é muito profunda. Acho que as técnicas que os esquerdistas americanos usam para distorcer os fatos e a verdade também são usadas aqui na Coréia do Sul. Trabalho no setor financeiro há mais ou menos 30 anos e sou professor de uma universidade coreana há 9 anos, e agora tenho uma nova compreensão da política mundial em sua relação com o Reino de Deus. Este livro é uma grande oportunidade para os solucionadores de problemas aprenderem como os princípios de Deus funcionam na sociedade humana e como o mal tenta distorcer e parar as soluções que poderiam melhorar a vida humana.

Professor Associado I-Soo Joe
Universidade Handong Global
Escola de Gerenciamento & Economia, Coréia do Sul

Tive uma surpresa maravilhosa ao ler "O Negócio Inacabado de Trump", o quanto ainda precisamos avançar o Reino com justiça não só na América mas também em todo o mundo.

No Brasil enfrentamos os mesmos desafios que os EUA têm enfrentado, o livro é extremamente relevante e traz aplicações práticas para os nossos dias, com ideias de soluções bíblicas, com a justiça de Deus nos 10 mandamentos, a cada desafio apresentado, realmente surpreendente.

Indico este livro a todos líderes cristãos, políticos e toda sociedade que clama pela recuperação dos valores judaico cristãos no Brasil. Vamos nos unir, e lutar para ver estabelecida em nossa nação a justiça de Deus e a Sua vontade.

Estela Sanches
Pastora na GNF Geração Nova Filadélfia
Diretora na Missão Filadélfia (ONG em SP – crianças carentes)
Diretora do 3DM Brasil e do Cinco Capitais

Achei o livro de Steve Cioccolanti *O Negócio Inacabado de Trump* uma investigação nova e perspicaz sobre as atuais divisões e dilemas culturais enfrentados não apenas pelos Estados Unidos, mas também pelo mundo ocidental. Estou impressionado com a análise convincente do autor sobre as origens e os resultados de muitos dos nossos sistemas atuais e sobre como a reforma pode ocorrer.

Por exemplo, estudando o capítulo sobre reforma educacional, você aprenderá estratégias para reverter a involução atual de nossa herança judaico-cristã gerada por acadêmicos ateus e humanistas. Por muito tempo, a Bíblia ficou de fora da educação devido a uma aplicação errônea do princípio de 'separação de igreja e estado'.

Chegou a hora de mudanças corajosas, para desafiar experimentos sociais fracassados em nossa juventude e sistemas de valores quebrados que levaram nossos líderes a se perderem. É responsabilidade da igreja e dos pais cristãos entender como transmitir à próxima geração uma cosmovisão bíblica sobre assuntos sérios.

O livro de Cioccolanti é claramente visionário, bem pesquisado e será um recurso valioso para qualquer pessoa que procure trazer mudanças positivas e duradouras ao mundo.

Dr. John McElroy
Fundador e Diretor da Associação de Igrejas Southern Cross

A visão contida no livro de Steve Cioccolanti, *O Negócio Inacabado de Trump*, é perspicaz, abrangente e convincente. Seus vídeos no YouTube me convenceram em 2016 do por que precisávamos eleger Donald Trump como nosso presidente. Naquela época, muitos não entendiam o que ele estava dizendo e como seria possível para um empresário sem experiência política ganhar o cargo mais alto do país. Mas Cioccolanti exemplifica um líder que tem o dom de percepção dado por Deus.

Seu novo livro vai muito além de uma ou duas eleições. Cada capítulo contém um plano do que deve ser feito para salvar a América a longo prazo. Aprecio profundamente suas ideias sobre o tema da educação.

Acima de tudo, senti-me pessoalmente convencida por seu capítulo sobre o Quarto Mandamento. Durante anos, trabalhei sete dias por semana. Foi preciso um câncer de mama em estágio avançado para me fazer perceber que Deus queria que eu descansasse um dia por semana. Então, um dia por semana, não faço mais rubricas para redes de televisão internacionais. Durante muito tempo, me sentia culpada por isso, as mentiras das quais nos convencemos são inacreditáveis. Nós nos acostumamos a padrões que não percebemos que estão prejudicando nossas vidas e o futuro. As ideias de Cioccolanti confirmaram para mim que o modelo bíblico restaurou minha saúde. Mas além disso, eu posso ver também que o modelo bíblico teria um enorme impacto para melhorar nosso país.

Algumas pessoas não entenderão tudo o que Cioccolanti está dizendo de imediato. Não entendia o quanto um dia de descanso significaria para minha saúde. Outros podem distorcer suas ideias para suprimir sua influência sobre nossos futuros líderes. Outros ainda estarão dispostos a aceitá-los lentamente, pois há muito a entender.

Em resumo, Cioccolanti incentiva os americanos a abraçar nossa herança cristã sem transformar nossa república dividida em uma teocracia. Não precisamos de outra revolução, mas precisamos de um reavivamento de nossas almas e nossa identidade nacional. Na minha opinião, Cioccolanti está oferecendo ao Corpo de Cristo o caminho mais claro para empregar o modelo bíblico para nos unir como nação e evitar uma guerra civil.

Lorilyn Roberts
Autora premiada, Mãe de 2 filhos adotados,
Fundadora da Rede de Marketing John 3:16,
Presidente da Word Weavers International (Gainesville, FL Chapter)

O NEGÓCIO INACABADO DE TRUMP

10 PROFECIAS PARA SALVAR A AMÉRICA

STEVE CIOCCOLANTI

DISCOVER MEDIA

O Negócio Inacabado de Trump: 10 Profecias para Salvar a América

© 2020 by Steve Cioccolanti. *Todos os direitos reservados.*

Publicado pela **Discover Media**

P.O. Box 379, Black Rock VIC 3193, AUSTRALIA www.Discover.org.au

Traduzido por **Estela Sanches**

Design de capa: **Ben Garrison** e **Selena Sok**

Salvo indicação em contrário, as Escrituras são retiradas da versão Nova King James da Bíblia Sagrada © 1982 Thomas Nelson, Inc. Usado com permissão.

As Escrituras tiradas de outras versões são marcadas como abaixo:

(BJ) Bíblia de Jerusalém. Domínio Público.

(VKJ) Versão King James. Domínio Público.

(NVI) Nova Versão Internacional © 1973, 1978, 1984, 2011 Bíblica, Inc. Usada com permissão.

(NBV) Nova Bíblia Viva © 1996, 2004, 2015 by Tyndale House Foundation. Usada com permissão.

ISBN Paperback: 978-1-922273-19-2

ISBN Ebook: 978-1-922273-18-5

Impresso nos EUA

CONTENTS

*Para minha esposa **Caren** que não se envolve em política, mas gosta da Melania Trump.*

*Para minha filha **Alexis** que achou que os vídeos mais engraçados da Eleição de 2016 foram os de Barack Obama dizendo "se, se, se, se, se, se" e Hillary Clinton repetindo "nós viemos, nós vimos, ele morreu."*

*Tomy e **Austin** que sempre perguntam quando veem alguém novo na TV, "Ele é um cara bom? Ou um cara mal?"*

*A filha de Tomy, a **Amber-Radiance** que trouxe luz em nossa família, e nos lembra da inocência.*

*Ao meu estimado **Leitor**. Você está lendo isso provavelmente porque você compartilha das minhas previsões de que o maior momento de redefinição está chegando. Quando a crise aparecer de repente, haverá uma oportunidade de fazer melhor as coisas. Este livro não será totalmente aceito até essa redefinição acontecer. Estamos pacientemente nos preparando para o Terceiro Grande Despertar.*

AGRADECIMENTOS

A mão de Deus esteve neste livro do começo ao fim. Comecei a escrever este livro no primeiro dia da posse do presidente Trump (20 de janeiro de 2017) e terminei no dia da absolvição do presidente no julgamento de impeachment do Senado (5 de fevereiro de 2020). Demorou exatamente 1111 dias para concluir este projeto. Muitas vezes pensei que deveria ter feito isso antes. Mas, depois de muitas edições, revisões e circunstâncias fora do meu controle, meu capítulo final "chegou" em um dia propício.

Aqueles que leram os meus livros mais vendidos anteriores *O CÓDIGO DIVINO: Uma Enciclopédia Profética dos Números, vol. 1 e 2*, sabem que o pastor Steve ama códigos, padrões e números divinos. 11 é o número do caos. 1111 é um caos longo ou 11 x 101 (outros 11). Em 5 de fevereiro de 2020, o caos terminou. A reivindicação começou. O reavivamento está começando.

Gostaria de agradecer às pessoas-chave que dedicaram algum tempo para me dar um feedback útil sobre o meu manuscrito em português: Rogerio Olimpio, Graciela Ishikawa, Cristiano Benevento e Marcia Gustafsson. O Salmo 37:23 nos promete: "O SENHOR firma os passos de todo aquele cuja conduta lhe agrada!". Muitas vezes vi esse versículo acontecer, inclusive neste projeto. Obrigado, querido Senhor.

PREFÁCIO

Donald Trump está na capa, olhando para a direita para quatro dos melhores presidentes dos Estados Unidos: George Washington, Andrew Jackson, Abraham Lincoln e Ronald Reagan.

— ★ ★ ★ ★ ★ —

George Washington, como general, liderou os americanos à vitória na Guerra da Independência (1775–1783) e foi eleito o primeiro presidente dos EUA (1789–1797). Seu retrato está na nota de 1 dólar.

— ★ ★ ★ ★ ★ —

Andrew Jackson, como general, liderou os americanos à vitória na guerra de 1812. Ele fundou o Partido Democrático e foi eleito o 7º presidente dos EUA (1829–1837). Um populista como Trump, ele ficou conhecido como o "presidente do povo".

O tratamento rígido e prático de Jackson na Crise de Nulificação (1832–33) impediu a Carolina do Sul de se separar.

Ele preservou a União e evitou a Guerra Civil. Ele sobreviveu à primeira tentativa de assassinato de um presidente em exercício. Seu retrato está na nota de 20 dólares.

★ ★ ★ ★ ★

Abraham Lincoln foi o 16º presidente dos EUA. Como o primeiro presidente Republicano, ele aboliu a escravidão, fez um dos discursos mais icônicos da história mundial—o discurso de Gettysburg, e liderou a nação através de sua guerra mais sangrenta—a Guerra Civil Americana (1861–1865). Ele foi o primeiro presidente a ser assassinado. Seu retrato está na nota de 5 dólares.

★ ★ ★ ★ ★

Ronald Reagan, foi ator de Hollywood, governador da Califórnia (1967– 1975), e 40º presidente dos EUA (1981–1989). Orador eloquente e bem humorado, ele ganhou o apelido "O Grande Comunicador". Sua política externa foi baseada na clareza moral: que Deus criou o

homem para ser livre e o comunismo
era mal.

Sua forte posição contra os tiranos globalistas, uma política
conhecida como "paz pela força", levou à queda do muro de Berlim em
1989, à reunificação da Alemanha Oriental e Ocidental em 1990, ao
colapso da União Soviética em 1991 e ao fim da Guerra Fria (1946-
1991). Isso fez da América a única superpotência do mundo.

Seu modelo econômico conservador, apelidado de "Reaganomia",
provou que cortes e desregulamentação poderiam estimular a
economia e aumentar as receitas tributárias. A Reaganomia abriu o
caminho para o boom econômico da década de 1990.

Ronald Reagan sobreviveu a uma tentativa de assassinato durante
seu primeiro mandato em 30 de março de 1980. Se a história é
precedente e os padrões servem como nossos guias, seu retrato
merece estar na nota da reserva federal dos EUA.

Estes são os quatro grandes presidentes da história dos EUA.
Donald J. Trump se juntará a eles como o quinto?

A América De Deus Novamente

O Negócio Inacabado de Trump apresenta a agenda de Deus expressa
em 10 reformas, 10 plataformas vitoriosas, 10 políticas, até 10
profecias que, se atendidas, salvarão a América.

Se o presidente Trump seguir os top 10 da agenda de Deus, ele
não irá somente se tornar grande nas páginas da história, ele será
grande aos olhos do nosso Deus Criador. Seu nome será gravado para
sempre no Hall da Fama da eternidade, ao lado de homens cuja fé
inspirou o mundo: Abraão, Isaque, Jacó, José, Rei Davi, Pedro e Paulo.
Não há dúvida: qualquer um que busque o modelo de Deus para a
justiça na Terra agradará o coração de Deus e receberá as recompensas
de Deus.

Esses dez passos são inspirados nos princípios bíblicos. Essas
ações são práticas, mas também idealistas. Esse modelo para um bom
governo e sociedade socialmente justa levará mais do que o tempo de
presidência do Trump para ser completo. Trump sozinho não vai
terminar isso. A igreja precisa despertar para a retidão e justiça. O vice

presidente Mike Pence será chamado para concorrer nas eleições presidenciais em 2024 para continuar a missão.

No tempo certo, outro outsider (pessoa fora da curva, fora do padrão) que seja completamente rendido para ser usado como um vaso de Deus será levantado para esta tarefa—talvez um Kanye West ou outro membro da família Trump. Finalmente, será Jesus que terminará o trabalho.

A visão é gigante: salvar a América. Em Salmo 2:8, aprendemos que o objetivo primário de Deus é salvar nações. "Pede, e Eu te darei as NAÇÕES como herança, os confins da terra como tua propriedade". Jesus reitera a missão em Mateus 28 "Toda a autoridade me foi dada no céu e na terra. Portanto, ide e fazei discípulos de todas as NAÇÕES...".

Esse é o mandato bíblico que a igreja abandonou décadas atrás quando se desengajou da política e de outras esferas da sociedade, então Deus levantou Trump para relembrar a igreja de sua missão inacabada. A igreja não é chamada somente para a pregação pessoal de salvação, mas também para a salvação nacional.

A profecia de Isaías sobre Jesus continua a se cumprir "Afinal, um menino nos nasceu, um filho nos foi concedido, e o governo está sobre os seus ombros"[1].

Esta é a *missão inacabada*. Nosso Senhor irá completar. Ele o faz chamando homens e mulheres para um movimento. Você fará parte disso?

NOTA SOBRE O CONTEÚDO

Você pode ler os capítulos em qualquer ordem. Exceto pelos primeiros dois capítulos, todos os capítulos poderiam ser livros inteiros. Vá para o seu tópico favorito. Comece por onde você quiser. Volte nesses capítulos novamente. Eles devem continuar sendo úteis para sua vida e liderança o tempo todo.

Para uma fácil referência, o título de cada capítulo que se relaciona ao mandamento de Deus, começa com o número do mandamento. Por exemplo, "6 Proteção da Vida Infantil" significa que esse capítulo aplica o sexto dos dez mandamentos para situações modernas. É sobre o derramamento de sangue inocente e a abolição do aborto.

NOTA SOBRE O ESTILO

A tradução para o português foi feita com base no novo acordo ortográfico, português do Brasil. E neste livro quando lê-se América, refere-se aos Estados Unidos da América, ou EUA.

O MANDATO

★ ★ ★ ★ ★

Ó ser humano! Ele já te revelou o que é bom; e o que Yahweh exige de ti senão apenas que pratiques a justiça, ames a misericórdia e a lealdade, e andes humildemente na companhia do teu Deus!

— MIQUÉIAS 6:8

A VERDADE SOBRE TRUMP

A VANTAGEM LIBERAL

*E*u acredito que os Democratas estão certos. Os Democratas entendem a primazia da lei melhor que os Republicanos.

Eles não ficam confusos com questões estranhas. Eles sabem que se conseguirem aprovar as leis que querem, podem mudar tudo. Se eles puderem controlar a lei, eles podem até mesmo mudar a mentalidade das crianças. Eles podem mudar que tipo de banheiros as pessoas podem entrar. Eles podem mudar que tipo de casamentos podem acontecer. Se eles apenas controlarem a lei, eles podem encher todos os tribunais com juízes que são ativistas da agenda de esquerda, eles conquistarão tudo.

E eu acredito que estão certos sobre suas prioridades e estratégias principais. Esta é a sua vantagem vitoriosa.

Donald Trump—É Complicado

Inesperadamente o trem da esquerda descarrilhou pela eleição de Donald Trump. Como Ronald Reagan (que era um

Democrata antes de se tornar um Republicano em 1962), Trump foi um Democrata de 2001–2009 antes de se filiar como Republicano.

Ele doou e se associou à políticos da esquerda e também da direita. Muitos dos candidatos presidenciais Democratas de 2019–2020 —Joe Biden, Cory Booker, Kamala Harris, and Kirsten Gillibrand—tem recebido doações da família Trump, um constrangimento para eles enquanto tentam se distanciar dos Trump. Estar nos dois lados dá a Trump uma grande vantagem sobre seus oponentes e é uma das razões pelas quais Deus o colocou no poder.

Eu acredito que Trump estava certo quando disse em uma entrevista em 2004 para Wolf Blitzer da CNN,

> "Parece que a economia funciona melhor debaixo dos Democratas do que dos Republicanos. Agora, não deveria ser assim. Mas se você voltar atrás, eu quero dizer que parece que a economia funciona melhor debaixo dos Democratas... Mas certamente tivemos algumas boas economias debaixo dos Democratas, bem como dos Republicanos. Mas temos tido alguns desastres terríveis debaixo dos Republicanos."[1]

Quando Trump admitiu "Agora, não deveria ser assim", a suposição era de que se a campanha Republicana é sobre alíquotas e taxas de juros, a economia deveria ter um desempenho melhor sob sua vigilância. O paradoxo é que nem sempre foi esse o caso. Porque é assim é um mistério para a maioria dos conservadores e cristãos, mas não deve ser um mistério para Trump.

A economia superpoderosa americana nunca foi construída sobre a teoria econômica. Lembre-se, o livro de Adam Smith, "A riqueza das nações", não foi publicado até 1776. Cem anos depois, ainda não havia aula de "economia", havia apenas "economia política" - com ênfase na política e no direito, não na matemática e nos gráficos. O próprio Adam Smith definiu a economia política como "um ramo da ciência de um estadista ou legislador". A história concorda: paz e prosperidade são subprodutos de boas leis, não de um bom departamento de economia de uma universidade.

O presidente Trump, e os presidentes que vierem em seguida,

devem levar a questão do poder judicial a sério, lidar com a economia e regulações não é suficiente. Tudo isso pode ser derrubado por uma eleição.

A economia é o fruto de uma boa sociedade, não a raiz. A raiz da paz e da prosperidade são as leis da nação. Tem que vir do topo um esforço concentrado e consciente que eu chamo de "**Transparência Judicial e Reforma da Prestação de Contas**".

Este é o objetivo número um de Trump. Este é o *Negócio Inacabado de Trump*. Começou quando ele foi eleito em 2016, primeiramente porque os cristãos e conservadores acreditaram que suas nomeações para a Corte Suprema poderiam salvar a nação da podridão moral.

Os cristãos oraram para que Trump tivesse a oportunidade de indicar novos juízes e corrigir as injustiças na nação, especialmente aquelas fluindo do Poder Judiciário - o terceiro ramo do governo formado pelo Supremo Tribunal dos EUA e pelos tribunais inferiores. Mas Deus tem muito mais a dizer aos líderes do que nomear juízes conservadores.

Muitos pastores e líderes de igrejas não tem clareza sobre a primazia da lei, mesmo que a Palavra de Deus seja clara. Então, Deus levantou Donald Trump como fez com Ciro quando o povo de Deus estava em desespero.[2] Deus tem uma agenda para o mundo da qual Donald Trump é chamado a fazer parte, em grande parte porque nenhum líder da igreja se levantou para fazer o que ele fez. Deus não chamou Trump para ser pastor, mas vingador - agente da justiça - no plano final de Deus.

O papel de Trump é buscar a justiça. Quando ele faz isso, o favor de Deus está sobre ele e ele consegue. Quando ele confia nas pessoas erradas e em seus conselhos, a injustiça e os problemas aumentam.

Neste seu primeiro mandato, Trump confiou nas pessoas erradas quando se tratava de justiça. Ele foi traído por seu advogado pessoal, Michael Cohen, que colaborou na escavação da sujeira em seu ex-chefe.

No seu primeiro dia no escritório, Trump poderia ter substituído todos os nomeados da era Obama no Poder Executivo - ninguém o teria questionado, mas ele não o fez. Ele esperou demais para demitir a procuradora-geral Sally Yates (que disse a todo o Departamento de

Justiça para não fazer cumprir a ordem executiva do presidente sobre imigração), o diretor do FBI James Comey (que minou ativamente o presidente e foi a fonte de vazamentos do FBI para a imprensa), e o vice-procurador geral Rod Rosenstein (que nomeou Robert Mueller, ex-diretor do FBI nomeado por Obama, como conselheiro especial para investigar o suposto conluio russo).

Quando Trump substituiu Sally Yates por Je Sessions, ele lamentou sua escolha. O novo procurador geral se recusou a investigar o conluio russo. Isso levou a uma "caça às bruxas" por 22 meses (como Trump a chamou) e a uma série de mais injustiças.

Injustiça Legal

A maior parte dos problemas do presidente Trump decorrem de questões de justiça. A maioria de suas vitórias surgirá da ofensiva quando houver oportunidades de justiça. Embora este livro não seja sobre o passado de Trump, é sobre o futuro da América e as profecias que a Igreja deve cumprir, e é necessário um pouco de contexto.

Vamos recapitular desde o começo das eleições de 2016. Quando eu era um dos pouco cristãos que predisseram em 2015 que Donald Trump seria o próximo presidente americano, ele era alvo das piadas dos talk-shows à noite e os cristãos pensavam que o senador texano Ted Cruz seria o candidato Republicano nomeado. Eu também desejava que um cristão fosse o nomeado, mas não era o que o Espírito Santo estava dizendo. Era uma estação de justiça, e Trump era a escolha de Deus, não para ser um cara legal, mas para ser "um vingador que carrega a ira de Deus contra o transgressor", como o Antigo Testamento diz.[3]

Muitos dos meus vídeos do YouTube sobre Trump ultrapassaram um milhão de visualizações quando Trump era meramente um tópico de entretenimento, não um político sério. As mídias sociais da Big Tech (maiores e mais dominantes companhias na indústria de tecnologia da informação) ainda não haviam entrado no modo de censura total, como fizeram recentemente em muitos outros canais conservadores. Quando Trump se tornou o candidato Republicano, toda a mídia de elite trabalhou contra a eleição de Trump, fabricando notícias falsas de que ele tinha apenas 1% de chance de vencer, até o dia da eleição, em 8 de novembro.

Assim que Trump foi eleito presidente, deveria encerrar o debate. Quando alguém vence uma eleição, você pensa "acabou". Mas não tinha acabado, porque o poderoso povo de pensamento de esquerda que controlava a lei, pensava que poderiam também controlar o presidente.

Assim, a esquerda iniciou a Mueller Probe, uma investigação legal que realmente causou injustiça. Durante vinte e dois meses, de 2017-2019, Mueller e sua equipe gastaram quase US$ 32 milhões investigando um possível conluio entre a campanha de Trump e o governo russo para influenciar as eleições de 2016. Depois de dois anos, Mueller não encontrou evidências.

Em 18 de abril de 2019, quando o relatório de Mueller foi divulgado ao público, os Democratas perceberam que Mueller não forneceria as evidências necessárias para o impeachment. Embora o presidente Trump tenha sido inocentado, não quer dizer que acabou. No dia seguinte, eles começaram com novas acusações de encobrimento.

Trump fez o oposto de encobrir: em 23 de maio de 2019, Trump liberou o acesso à documentos da inteligência da era Obama para mostrar que o FBI estava espionando cidadãos americanos. Talvez pela primeira vez na história, o ato de liberar o acesso à segredos da inteligência tenha sido rotulado pelos jornalistas como encobrimento. Isso desafia o senso comum, mas é disso que se trata a manipulação - manipular o público psicologicamente até que duvide de seu próprio senso de sanidade.

A injustiça depende de truques lexicais e manipulação verbal. "Escolha reprodutiva das mulheres" é código para "morte de bebês". Antes da Guerra Civil Americana, os "direitos dos estados" eram um código para "escravidão". Qualquer um que se opusesse à escravidão deveria se sentir culpado por estar minando a União e questionando os direitos dos "estados" de "escolher" a escravidão. A imoralidade criminal foi formulada como uma questão de escolha. É uma habilidade que a profissão de advogado e o jornalismo moderno dominam. Quanto melhor eles elaboram e redefinem palavras, mais fácil é para eles armarem a lei. De todos os modos, eles são os fariseus modernos com quem Jesus constantemente batia cabeça.

Os oponentes de Trump mudaram do conluio russo e alegações de encobrimento para investigar seus negócios e impostos. Eles pretendiam obter suas declarações de imposto de renda e as de seus amigos de até trinta anos atrás. Você pode imaginar ser um dos amigos de Trump? Todo mundo correu o risco de ser assediado legalmente e ser alvo político.

Isto é chamado "**guerra da lei**"—uma forma de guerra na qual o sistema legal é armado contra um inimigo.

Um obstáculo para a esquerda era que as declarações fiscais de Trump eram protegidas por lei federal. Portanto, os legisladores de Nova York propuseram um projeto de lei para disponibilizar as declarações fiscais estaduais de Trump ao Congresso, mediante solicitação. Em 8 de julho de 2019, o governador Democrata de Nova York, Andrew Cuomo, assinou a lei. Os políticos de Nova York estavam dispostos a mudar as leis estaduais apenas para perseguir um homem que odiavam - Trump.

Imagine se eles podem fazer isso com Trump, o que eles podem fazer com você! Trump é o homem mais poderoso da Terra e um bilionário que tem recursos para lutar no tribunal. O cidadão comum não tem chance se pessoas poderosas do governo decidirem se opor a ele.

Porque **a luta de Trump é a luta do povo**. Se ele perde, todos nós que lutamos pela justiça também perdemos.

O oficial do governo autorizado a solicitar declarações fiscais estaduais de Trump do Departamento de Finanças e Impostos de Nova York é o presidente do Comitê de Formas e Meios, o representante Richard Neal de Massachusetts. Embora Neal seja Democrata, ele não deu nenhuma indicação de que faria esse pedido de acordo com a lei de Nova York. Você pensaria que a caça às bruxas terminaria.

Não.

No que deveria ser uma crise constitucional, a Califórnia ameaçou não permitir que o nome de Donald Trump aparecesse na votação principal do estado em 2020, a menos que ele revelasse cinco anos de declarações fiscais pelo menos 98 dias antes da eleição primária. O governador Democrata Gavin Newsom assinou a lei do Senado 27 no último dia de julho de 2019.

Até 6 de agosto de 2019, a campanha de Trump, o Comitê Nacional Republicano e a Vigilância Judicial processaram a Califórnia separadamente por causa da lei estadual, alegando que ela estabeleceu um requisito inconstitucional para a presidência.

Nós tivemos a impressão de que, mais uma vez, os Conservadores deram um passo atrás enquanto os Democratas estavam na ofensiva. Eles parecem mais espertos e mais proativos que os conservadores sobre as táticas legais.

Estude O Seu Oponente

De fato, eu vejo três estratégias claras dos Democratas para assumir todos os três ramos do governo sem depender da vontade dos atuais eleitores. São todas estratégias legais:

1. **Diminuir a idade para votar.** Isso lhes dará controle do Congresso porque os eleitores mais jovens são mais propensos a votarem na ala de esquerda – de inclinação socialista. Há um adagio atribuído a Winston Churchill, mas parece ser anônimo "Se você não é um socialista antes dos 25 anos de idade, você não tem coração; se você é um socialista depois dos 25 anos, você não tem cabeça".

A última eleição em que a idade dos eleitores diminuiu de 21 para 18 foi em 1 de julho de 1971 na 26ª emenda da Constituição Americana.

2. **Abolir o Sistema de voto do colégio eleitoral.** Isso dará aos Democratas o braço Executivo porque a população americana está concentrada em cidades onde os moradores tendem a ser de tendência esquerda.

Morando na Austrália, eu tenho observado que a "Esquerda Verde" tende a ser malandros urbanos, produzem a maior pegada de carbono e não se importam com as opiniões tradicionais das pessoas do interior. O fato é que as pessoas mais ligadas à natureza não tendem a votar em verde, mas em conservadores. O Partido Trabalhista da Austrália perdeu a eleição nacional de 2019 porque negligenciou os votos rurais, que são esmagadoramente tradicionais e conservadores.

O colégio eleitoral foi uma solução genial para eleições injustas. Impede que os traficantes da cidade dominem o resto do país e silenciem a voz dos cidadãos rurais. Impede que grandes estados controlem o país e prejudiquem estados menores. Também evita que os EUA enfrentem um problema comum às eleições parlamentares, que se baseiam unicamente em votos populares. Muitas facções políticas concorrentes se formam e candidatos sem fim são apresentados, cada um na esperança de obter um número mínimo de votos necessário.

Em Israel nas eleições de abril de 2019, por exemplo, 40 partidos concorreram com candidatos e 11 partidos ganharam cadeiras no Knesset. Os vencedores se opuseram tão fortemente que Benjamin Netanyahu não conseguiu "formar governo" ou fazer com que a maioria deles concordasse em trabalhar com ele. Nesse caso, o voto popular fez com que a legitimidade do governo fosse questionada. Uma reeleição foi necessária em setembro de 2019 para decidir o assunto novamente, desperdiçando tempo e dinheiro de todos.

Quando a segunda eleição nacional foi realizada em 17 de setembro de 2019, mais votos foram para os partidos menores e o resultado ainda estava indeciso semanas depois. Ninguém sabia quem seria o primeiro-ministro. Nem o Partido Likud de Benjamin Netanyahu nem o Partido Azul e Branco de Benny Gantz tinham os 61 assentos necessários para formar o governo. Como uma coalizão não pôde ser formada, as discussões passaram a formar um "governo de unidade", composto por partidos opostos e primeiros-ministros alternados dentro de quatro anos. Uma proposta era Netanyahu por dois anos e Gantz por dois anos. Mas os dois líderes não concordaram, então é provável que os israelenses participem de uma terceira eleição nacional sem precedentes em 2020. Uma eleição baseada no voto da maioria simples não simplifica nada. Pode aumentar o rancor político e deixar uma nação inteira em dúvida.

A legitimidade de um presidente americano sempre foi estabelecida da mesma maneira: pela maioria dos votos eleitorais. Isso não deve mudar, embora os Democratas estejam tentando ao máximo mudar isso. Quando eles não podem vencer jogando pelas regras, eles manipulam as regras. Isso é lei em poucas palavras.

Mas se eles não puderem mudar o sistema de colégios eleitorais, que está na Constituição, eles seguirão outra tática legal: o impeachment. O Mueller Report não deu provas suficientes para o impeachment, então eles mudaram as regras relacionadas ao impeachment na época em que um denunciante falso vazou o telefonema de Trump com o presidente ucraniano Volodymyr Zelensky. O agente partidário, com vínculos com um candidato nas eleições de 2020, apresentou uma queixa em 12 de agosto de 2019.

Entre maio de 2018 e agosto de 2019, a comunidade de inteligência revisou secretamente um requisito de longa data de que os denunciantes podem fornecer apenas conhecimento em primeira mão dos supostos crimes.[4] Os acusadores foram autorizados a trazer evidências de boato para derrubar o presidente. Era a preparação para um golpe de estado.

Os Democratas iniciaram a investigação de impeachment assim que surgiram as notícias do telefonema vazado de 25 de julho de 2019. Eles atormentaram o presidente com uma chuva de intimações sem ir à Câmara dos Deputados para uma votação completa. Com essa tática, os Democratas negaram o devido processo a Trump. Ele não podia enfrentar o acusador, citar os Democratas, pedir transcrições ou ter o direito de se aconselhar. Era uma zombaria de um julgamento injusto, uma câmara estelar, comum nas ditaduras e regimes comunistas. Uma votação completa na Câmara responsabilizaria os Democratas que votassem pelo impeachment perante o público e daria ao Presidente o direito de seu devido processo.

A tática do impeachment falhará em atingir seu objetivo de remover Trump do cargo, porque o Senado controlado pelos Republicanos não terá a maioria de dois terços dos votos para condenar Trump. A vergonha disso tudo é que os Republicanos não usaram seu poder constitucional de impeachment quando tiveram a chance - quando estavam na maioria e quando era apropriado – de limpar o governo e o judiciário.

Os pais fundadores usaram o poder do impeachment principalmente para remover juízes. Na história de 19 funcionários federais acusados, 15 eram juízes federais (incluindo um juiz de apelação e um juiz associado da Suprema Corte). O historiador David

Barton observou: "Esses fundadores indicaram que o impeachment era um meio de tornar os juízes responsáveis perante o povo." [5]

Trump e os Republicanos devem fazer pleno uso desse poder para drenar o pântano de juízes que não passam no teste de boa conduta. A maneira mais fácil é iniciar uma investigação pedófila em todos os juízes do tribunal distrital. Se eles são inocentes, então não devem ter medo. O público exige justiça contra pedófilos, especialmente se eles se sentam para julgar os outros.

Conservadores em todos os países não têm uma boa estratégia legal porque se concentram demais no dinheiro. Eles acham que, se a economia estiver indo bem, serão automaticamente reeleitos. Isso simplesmente não é verdade.

As pessoas se preocupam também com a justiça. Os cristãos têm muito a oferecer a qualquer partido político porque, por natureza, nos importamos com mais do que dinheiro. Nossas crenças centrais nos ensinam a cuidar de coisas eternas, como moralidade, imparcialidade, igualdade, integridade e justiça.

Um líder piedoso deve desenvolver uma estratégia legal proativa, não apenas uma estratégia pró-negócios. Hillary Clinton resumiu melhor a estratégia legal dos Democratas quando ela tuitou em 4 de outubro de 2019: "Se a disposição de impeachment na Constituição dos Estados Unidos não atingir os crimes mencionados aqui, talvez a Constituição do século XVIII deva ser abandonada em uma trituradora de papel do século 20!" Foi ela que citou uma declaração feita em 1974 pela representante Barbara Jordan, do Texas. As implicações eram claras: a) Hillary Clinton acreditava na citação e b) se os Democratas não conseguirem o que querem, eles vão fazer protestos, parar tudo, até ser incluída uma revisão ou rejeição da Constituição dos EUA.

3. Crescimento do número dos juízes da Corte Suprema de 9 para 15. Isso é chamado de "arrumar o tribunal" e negaria efetivamente as nomeações de Trump, diluindo suas vozes. Isso seria possível sempre que os Democratas recuperassem o controle de ambos presidência e Senado.

A constituição dos EUA não limita o tamanho da Corte Suprema. O Ato Judiciário de 1789 define o número de juízes em seis.

Em 1807, O Congresso aumentou o número para sete, depois para nove em 1837 e depois para dez em 1863. O Congresso reduziu o número de juízes de volta para sete em 1866. Três anos depois, o Ato Judiciário de 1869 estabeleceu que a Corte deveria consistir em nove juízes, e o número é esse há 150 anos.

A tentativa dos Democratas de entrar no tribunal enchendo-o com mais juízes de esquerda não é novidade. Em 1937, o presidente Democrata Franklin D. Roosevelt tentou aumentar o número de juízes para 15 através do Projeto de Reforma dos Procedimentos Judiciais. Isso foi uma reação à decisão da Suprema Corte de que sua legislação do New Deal era inconstitucional. A iniciativa legislativa de FDR também sofreu um grande revés quando seu principal advogado, Joseph Robinson, líder da maioria no Senado Democrata, morreu prematuramente em 14 de julho de 1937, aos 64 anos. Democratas conservadores, liderados pelo vice-presidente, revoltaram-se contra a lei de FDR. O projeto foi derrotado no Congresso.

Quando um Republicano perde, ele volta aos negócios. Quando um Democrata perde, ele volta ao tribunal até vencer. Quando os juízes se aposentaram, FDR finalmente estabeleceu uma maioria na Suprema Corte que era amigável com seus programas do New Deal.

Quando os conservadores aprenderão que o próprio Deus estabeleceu uma nação concentrando-se em leis, não em políticas econômicas? Justiça, não dinheiro, é a base para um bom governo que Deus abençoará e as pessoas reelegerão. O dinheiro pode evaporar em um momento, mas a justiça é para sempre.

Ao invés de tolerar as táticas dos Democratas, Trump e os conservadores devem aprender com eles. Em vez de rejeitar os pedidos dos Democratas por seu impeachment, Trump deve adotar essa via legal de impeachment fornecida pelos pais fundadores para corrigir muitas injustiças (abordaremos mais sobre isso nos capítulos sobre tribunais e justiça da família).

Pontos Cegos Dos Conservadores

Eu acredito que a esquerda política está mais sintonizada com as questões de direito e justiça do final dos tempos do que a direita política. Quase todas as causas que estão defendendo são sobre igualdade social e justiça social. A esquerda - sejam os que pertencem ao Partido Democrata na América ou ao Partido Trabalhista na Austrália ou no Reino Unido - realiza campanhas eleitorais em grandes governos e grandes programas sociais.

Os Conservadores— os do Partido Republicano na América, o Partido Liberal na Austrália, ou o Partido Conservador no Reino Unido - falam principalmente de questões econômicas: menos impostos, menos regulamentação, menos governo.

Se você tivesse que ponderar os principais problemas de nosso tempo e determinar o mais importante, qual seria: negócios, escolas, tribunais, famílias ou bem-estar social?

Os conservadores tendem a responder aos negócios ou à economia. Minha pergunta é: "Quando Deus quis criar uma nação modelo na Terra, como Ele fez isso?" Ele disse a Moisés: "Aqui estão 10 leis".

Deus não começou com a educação, ele não começou com a economia, ele não começou com mais nada. Por quê? Porque tudo o mais flui da lei. Se você tem boas leis que não mudam e não podem ser facilmente mal interpretadas a critério do juiz, você pode ter justiça. Se você tem justiça, pode ter paz. Se você tem paz, então e somente então você pode ter prosperidade a longo prazo.

Se você experimentou alguma injustiça em sua vida, conhece em primeira mão o efeito de uma falta de paz. Quando você não tem paz, não será muito produtivo - mental, emocional, econômica, social ou espiritualmente. Quando você não tem paz, não é mais o ideal. Você não pode mais resolver problemas com eficiência, pensar em novas invenções ou iniciar novos negócios. Sua família e relacionamentos pessoais também sofrerão. Tudo de bom em uma sociedade segura e forte flui da justiça.

Justiça é a fundação.

Por esse motivo, quando Deus quis formar uma nação especial na Terra – a Israel bíblica - Ele lhes deu as melhores leis.

* * * * *

Triunfo De Trump
Assim como os problemas de Trump se relacionam com a justiça, seus maiores sucessos também se relacionam com a justiça. Quando ele nomeou os juízes pró-vida Neil Gorsuch e Brett Kavanaugh, reconheceu Jerusalém como a capital de Israel, perdoou Dinesh D'Souza (alvo de perseguição política pelo governo Obama-Clinton) e comutou a sentença de prisão perpétua, pela primeira vez, de Alice Marie Johnson (condenada por drogas, e já havia cumprido mais de 21 anos de prisão), a luz da justiça rompeu em meio à nuvem de escuridão.

Muitos cristãos me pediram minha lista das realizações pró-cristãs de Trump. Está realmente além do escopo e do foco deste livro, mas estará disponível como um livreto, que poderei compartilhar em 2020. Todo cristão deve conhecer essas realizações antes de confiar em qualquer coisa que a grande mídia tenha a dizer.

Antes de encerrarmos esta introdução, acredito que os cristãos têm duas preocupações sobre o presidente que colocam um ponto de interrogação sobre sua qualificação como agente da justiça: Trump é racista e é um ditador como Adolf Hitler?

Trump É Racista?
Como empresário, Donald Trump estava familiarizado com a burocracia dos burocratas locais e o incômodo dos processos. Mas não tão fortemente quanto quando se tornou presidente, ele sentiu toda a força da injustiça legal.

Quando assinou uma de suas primeiras ordens executivas em 27 de janeiro de 2017 para examinar os imigrantes de sete países instáveis (Iraque, Irã, Líbia, Somália, Sudão, Síria e Iêmen), sua própria procuradora-geral Sally Yates, juízes federais de esquerda em Washington e no Havaí e a mídia usaram seu poder para interromper suas ordens. A acusação principal era que ele estava sendo "racista".

Imigração, cidadania e segurança nacional são inquestionavelmente os poderes do Presidente. Todos os presidentes antes de Trump usaram seu privilégio executivo para deter e deportar certos imigrantes. O presidente Ronald Reagan emitiu quatro proibições de imigração, Bill Clinton seis, George W. Bush seis e Barack Obama seis. Todos eles citaram a mesma lei que Trump citou - Seção 212 (f) da Lei de Imigração e Nacionalidade de 1952.

A proibição de viagens de Trump não era uma "proibição muçulmana", pois a maioria das nações muçulmanas não estava na lista. De fato, dos 10 países muçulmanos mais populosos do mundo, apenas o Irã (o sétimo maior) foi incluído. Esses sete países instáveis também tiveram restrições de viagem no governo de Barack Obama. Ironicamente, seis das sete nações proíbem a entrada de judeus em seus países (a Somália é a única exceção). A Líbia impõe sua própria proibição aos visitantes iranianos, sírios e palestinos! Então por que a indignação?

O que foi omitido nas notícias foi a cláusula 5 (b) da ordem executiva de Trump, que mostrou sua preocupação com os verdadeiros refugiados. Trump ordenou ao Departamento de Justiça "que priorizasse as reivindicações de refugiados feitas por indivíduos com base em perseguições religiosas, desde que a religião do indivíduo seja uma religião minoritária no país de nacionalidade do indivíduo". Isso não restringiu os refugiados. Pelo contrário, abriu um caminho rápido para os cristãos perseguidos migrarem para a América.

Por quatro motivos diferentes, podemos dizer que Trump não estava sendo racista. Primeiro, os muçulmanos não são uma raça, mas fazem parte de uma religião.

Segundo, os cristãos perseguidos a quem Trump priorizou fazem parte da mesma raça árabe que seus colegas muçulmanos, então a etnia não era um problema.

Terceiro, Trump não estava mirando uma religião inteira. Muçulmanos de países estáveis estavam livres para entrar. Até imãs muçulmanos da Austrália estavam livres para entrar nos Estados Unidos.

Quarto, Trump não estava recusando refugiados - ele estava apenas escolhendo priorizar refugiados que pertenciam a minorias perseguidas.

A ironia é que ninguém gosta de banir as pessoas mais do que a esquerda.

Eles não se importam em usar o ativismo judicial para proibir a proibição de Trump. Eles não se importam em usar táticas de censura para proibir oradores conservadores nos câmpus universitários e amordaçar atores conservadores em Hollywood. Eles não se importam em criar códigos de fala e "leis de ódio" que proíbem as pessoas de usarem linguagem não aprovada.

Trump foi justificado em exercer seu privilégio executivo. A Suprema Corte anulou a ordem da primeira instância e confirmou a Proclamação Presidencial 9645 de Trump em 26 de junho de 2018.

O presidente deve encontrar uma maneira de controlar o terceiro ramo do governo federal, pois, se esse ramo pode assediar um presidente bilionário com desprezo e impunidade, e nós? Não temos praticamente nenhuma chance de enfrentar advogados corruptos e juízes ativistas.

Muitos cidadãos americanos estão sofrendo injustiças legais. Eles são abusados legalmente e não têm poder para corrigir isso. É algo que deve ser tratado por líderes piedosos - por Trump, o próximo presidente depois dele e pela Igreja. Isso faz parte do negócio inacabado de Trump.

Trump Pode Ser Comparado A Um Ditador Como Adolf Hitler?

Para citar Mike Godwin, da Fundação Electronic Frontier *"é geralmente aceito que quem é o primeiro a jogar a 'carta de Hitler' perdeu o argumento, bem como qualquer sinal de respeito, como ter que recorrer a comparar seu adversário ao mais infame ditador assassino em massa da história, geralmente significa que você ficou sem argumentos melhores"*.[6] Esse princípio também é conhecido como "comparação gratuita de Hitler".

Ou como meu pai costuma me dizer: "É preciso conhecer um". O caráter do acusador é revelado pelo que ele projeta para os outros. Os pontos de vista dos Democratas alegam que a retórica de Trump é odiosa e divisória, mas as palavras "ódio" e "divisão" são ouvidas mais comumente na boca dos Democratas do que na do presidente. Após dois anos de suas alegações de conluio russo e um ano tentando seu impeachment, o verdadeiro conluio parece ser entre as elites de esquerda que trabalham juntas para derrubar um presidente devidamente eleito.

Sua série de ataques constitui injustiça legal. Segundo o Novo Testamento, essa é uma tática do diabo - que os fariseus usavam contra Jesus Cristo. Eles queriam o rei dos reis morto, mas eles tinham que justificar, eles tinham que fazer isso legalmente.

A injustiça mais perversa já cometida contra a pessoa mais inocente foi praticada legalmente. O diabo não quer apenas fazer o mal ilegalmente. Ele não quer se parecer com o bandido. Seu método é inspirar as pessoas a cometerem crimes terríveis, mas praticá-los legalmente.

Foi isso que Adolf Hitler e os nazistas fizeram antes e durante a Segunda Guerra Mundial. Hitler garantiu que o extermínio de milhões de judeus fosse feito legalmente. As "Leis de Nuremberg" foram promulgadas pelo Terceiro Reich para legalizar a marginalização, perseguição e, finalmente, o extermínio dos judeus.

Após a derrota militar da Alemanha, durante os julgamentos de Nuremberg de 1945-1946, os oficiais nazistas que assassinaram judeus alegaram em sua defesa que estavam agindo legalmente. Eles diziam, com efeito: "Nós apenas obedecemos às ordens. Seguimos as leis de nossa nação."

Os julgamentos de Nuremberg foram a decisão legal mais importante da civilização ocidental porque estabeleceram que "legalidade" não é uma defesa contra crimes e que a moralidade não vem do governo.

Existe uma lei superior às leis de uma nação. Quando você sabe moralmente que a lei de seu país não deve ser obedecida, e ainda assim as segue contrariamente à moral objetiva, então você não tem mais uma defesa legal.

Esse veredito não é amplamente ensinado hoje, mas é algo que o governo Trump deveria estudar porque os oponentes do presidente - membros do Deep State (governo oculto comunista) - estão seguindo um caminho totalitário semelhante. Não é o presidente, mas seus oponentes, que estão usando as táticas históricas dos nazistas e fariseus.

Os burocratas entrincheirados de Washington cometeram injustiça ao assediar um presidente devidamente eleito ao grau de questionar o sistema de colégios eleitorais e acusando-o falsamente de ser um agente russo. Trump tem uma pele grossa - muitos outros líderes mundiais não aceitariam o ataque que ele sofreu - mas algo deve ser feito.

Mas o que deve ser feito?

2

DESPERTA AMÉRICA

O PRIMEIRO GRANDE DESPERTAR

Primeiro Grande Despertar da América, um grande reavivamento Cristão que moldou o tecido da cultura americana, ocorreu de 1730 a 1740. Criou uma identidade cristã comum entre americanos porque os pregadores cristãos procuravam incluir todos - não importava se você era rico ou pobre, preto ou branco, homem ou mulher, todos poderiam se arrepender, acreditar em Jesus e ser lavados de seus pecados. Estabeleceu as bases para a igualdade de raça e gênero muito antes do movimento pelos Direitos Civis da década de 1960.

Também trouxe uma unidade inter-denominacional na América, na qual diferentes denominações que brigavam na Europa encontraram um terreno comum na América através do "novo nascimento". Os protestantes evangélicos concordaram que o comparecimento físico a uma igreja e o acordo intelectual com a doutrina da igreja não faziam de você um cristão. Você tinha que "nascer de novo".

O Primeiro Grande Despertar teve um profundo impacto na educação americana. As universidades da Ivy League que hoje são principalmente seculares, como a Universidade de Princeton e o Dartmouth College, foram as fontes desse reavivamento protestante. O fundador de Princeton foi o avivalista **Jonathan Edwards** (1703–1758) que pregou um dos mais famosos sermões de 'novo nascimento', "Pecadores nas mãos de um Deus irado" (a primeira vez em 8 de julho de 1741).

A primeira poeta negra publicada, **Phillis Wheatley** (1753-1784), foi o produto do Primeiro Grande Despertar. Ela escreveu sobre sua jornada da África Ocidental para a América, do paganismo ao cristianismo. George Washington elogiou seu trabalho. Seus poemas abertamente cristãos trouxeram sua fama até a Inglaterra e América.

Outro produto do Primeiro Grande Despertar foi o ministro da Congregação **Jonathan Mayhews** (1720–1766), cujos sermões foram "lidos por todos", de acordo com John Adams, o segundo presidente dos Estados Unidos. Seu sermão "Discurso a respeito da submissão ilimitada e da não resistência às potências mais altas" pode ser o sermão mais importante que levou à Revolução Americana, pois deu justificativa bíblica para se rebelar contra tiranos ímpios. Não haveria América livre e unida sem o Primeiro Grande Despertar.

O Segundo Grande Despertar

O Segundo Grande Despertar foi um jubileu de 1790 a 1840. Como o Primeiro Grande Despertar, um grande número de convertidos se uniu às igrejas cristãs. Mas o Segundo Grande Despertar foi além da mensagem de novo nascimento, que exigia que os pecadores se arrependessem apenas dos pecados pessoais e cressem em Jesus.

Os avivalistas começaram a ensinar os cristãos a aplicar sua fé para resolver problemas sociais. Este foi o começo do Evangelho Social, o movimento de abolição, o movimento da temperança, o movimento dos direitos das mulheres e outras reformas políticas.

O Partido Republicano nasceu do Segundo Grande Despertar. Foi formado em 1854 como um partido anti-escravidão. **Abraham Lincoln**, um cristão devoto, tornou-se o primeiro presidente Republicano.

A economia da América também foi transformada neste momento. Uma ilustração do efeito dos avivalistas foi o ministério de **Charles Finney** (1792-1875) - um advogado que se tornou pregador. Onde quer que Finney fosse, bares e tabernas se fechavam porque os pecadores paravam de beber álcool. Os cristãos levaram a erradicação do pecado a sério e começaram a ver o trabalho como um serviço a Deus. Os cristãos americanos tornaram-se tão produtivos que o economista alemão Max Weber cunhou a frase "ética de trabalho protestante" para descrever a produtividade incomum que define o trabalhador americano até hoje.

Em 2003, o historiador escocês Niall Ferguson se referiu ao conceito de Weber como uma explicação do motivo pelo qual os EUA continuam superando a Europa: "Para ser franco, estamos testemunhando o declínio e a queda da ética de trabalho protestante na Europa. Isso representa o impressionante triunfo da secularização na Europa Ocidental..."[1]

Durante esse período, como as coisas eram tão boas que havia uma expectativa entre os cristãos de que o Reino de Deus estava sendo estabelecido e que Cristo retornaria à Terra a qualquer momento, havia um interesse crescente em estudar o fim dos tempos e entender o Livro do Apocalipse. William Miller previu que Cristo retornaria em 22 de outubro de 1844. Duas atividades religiosas surgiram da "Grande decepção" devido a falha na previsão de Miller do Segundo Advento: os Adventistas do Sétimo Dia (com Ellen White - discípula de Miller) e os Testemunhas de Jeová (por Charles Taze Russell, que mudou os dados de Miller para outubro de 1914. Quando Jesus não voltou fisicamente, alegou que Jesus veio em uma "presença" invisível e começou a governar como rei naquele ano).

A América emergiu desse período como líder industrial. Não haveria Partido Republicano, liberdade da escravidão, economia em expansão, sem o Segundo Grande Despertar.

O Terceiro Grande Despertar

Há alegações de que houve um terceiro e quarto despertar na América. Por exemplo, o ministério de Billy Graham é considerado pelo historiador econômico Robert Fogel como parte de um quarto despertar.

O ministério de Graham foi um período extraordinário de divulgação evangelística. No entanto, não considero esse período "grande" no mesmo sentido do Primeiro e Segundo Grande Despertar. Pregar o Evangelho foi um "reavivamento" no sentido mais verdadeiro - reviveu a mensagem do Primeiro Grande Despertar. Nada novo foi adicionado.

De fato, o período entre as décadas de 1960 e 1980 foi definido pelo aumento da secularização da cultura americana, o declínio na frequência da igreja e uma série de perdas cristãs, incluindo a proibição de oração e a proibição da Bíblia nas escolas, a legalização do aborto e uma campanha em direção à legalização dos casamentos homossexuais. O crescimento da igreja veio de denominações que "adicionaram" algo à experiência do novo nascimento - igrejas pentecostais e carismáticas. Isso acrescentou à experiência cristã um relacionamento maior com a Pessoa do Espírito Santo.

As maiores congregações do mundo agora estão falando em línguas e operando nos dons do Espírito; no entanto, elas não lutaram contra a corrupção nem levaram a cultura a um casamento pró-vida ou pró-tradicional. Mega-igrejas como Lakewood na América, Hillsong na Austrália e Yoido Full Gospel na Coréia do Sul têm influência marginal sobre a cultura, educação, política e sistema jurídico de suas respectivas nações. Um Terceiro Grande Despertar mudará isso.

Não haverá Terceiro Grande Despertar até que a Igreja perceba o clímax de suas próprias Boas Novas. A última fase do programa de Deus é a justiça! O Senhor Jesus está voltando para demonstrar a justiça de Deus na Terra. Deus está nos chamando para adicionar à mensagem da salvação pessoal a mensagem da salvação nacional. Cristo é a solução não apenas para o pecado pessoal, mas também para a injustiça social.

O objetivo das leis de Deus é convencer os pecadores e predizer a justiça. Quando você conhece a lei, conhece o futuro. Isto é verdade tanto para as leis científicas quanto para as espirituais. Uma lei não é verdadeira a menos que seja profética: quebre-a e haverá certas consequências.

O evangelho promete perdão dos pecados aos crentes e julgamento sobre pecadores impenitentes. O livro do Apocalipse termina com a justiça aplicada aos governantes e nações iníquas. A lei previu isso. Estamos caminhando em direção à justiça e nossos amigos de esquerda foram mais rápidos em captar esse encontro espiritual do que a maioria dos cristãos e conservadores. Nossos jovens estão exigindo "justiça social", os cristãos têm a resposta, mas ainda estamos adormecidos.

O problema que vejo com os Grandes Despertares é que eles nos preparam para a guerra. O Primeiro Grande Despertar preparou a América para a Guerra Revolucionária. O Segundo Grande Despertar preparou a América para a Guerra Civil. Receio dizer que o Terceiro Grande Despertar preparará os Estados Unidos para a Segunda Guerra Civil. Se uma Segunda Guerra Civil puder ser evitada, o Terceiro Grande Despertar nos preparará para a Terceira Guerra Mundial, que a Bíblia chama de Guerra Gogue-Magogue[2] e Armagedom.[3]

Porque A América Precisa Ser Despertada

Se não tivermos um Terceiro Grande Despertar, a América não emergirá da próxima guerra como uma superpotência. Terá completado seu ciclo de vida como um Império, que o historiador militar britânico Sir John Glubb calcula em 250 anos.

1776 + 250 = 2026.

Meu livro é para definir claramente o que a Bíblia diz que o Presidente Donald Trump e a Igreja Cristã devem fazer para mudar a América e colocar a nação de volta no caminho certo.

Os cristãos de todo o mundo se preocupam com o que acontece com a América, porque, o que acontece com a América, o mesmo acontece com o resto do mundo. Isso foi demonstrado de maneira vívida durante o Protesto de Hong Kong, iniciado em 31 de março de 2019. Quase dois milhões de manifestantes defenderam a justiça e a liberdade religiosa, e a quem eles apelaram? América. Nas mídias sociais, vimos muitos manifestantes cantando canções de adoração cristã, agitando bandeiras americanas e chamando Trump a intervir.

O mesmo acontece entre os norte-coreanos e sul-coreanos,

divididos como povo desde 1945. A liderança americana é buscada por paz, estabilidade e um dia a reunificação da península. O Oriente Médio, especialmente Israel, espera que os EUA atuem como intermediários regionais da paz. Países do Leste Europeu como Hungria e Polônia, outrora arrebatados pelo comunismo, mas agora cada vez mais cristãos, procuram a liderança e a proteção militar americanas. Entre os países latino-americanos, El Salvador, que sofreu crimes e injustiças durante uma guerra civil de 12 anos, de 1979 a 1992, mas depois experimentou o avivamento cristão, tem uma alta opinião positiva sobre os Estados Unidos. Os Estados Unidos estão em evidência porque são a nação mais cristã do mundo, ou pelo menos costumava ser até recentemente.

Muitas pessoas não têm ideia de quanto perigo a América está passando e de como estamos perto de perder nossas liberdades e valores. Os Estados Unidos, outrora um farol da liberdade, agora se encontram em um precipício moral, onde os códigos de fala estrangulam a liberdade de expressão, as notícias falsas envenenam a imprensa livre e a intolerância da Bíblia é confundida com a liberdade religiosa. Há manipulação em escala nacional. Nossa juventude está perdida, nossos adultos deprimidos, nossas famílias destruídas, nossos veteranos esquecidos, nossos idosos sozinhos, nossos funcionários públicos incultos e nossos líderes corruptos. Como o presidente Trump disse em uma reunião a portas fechadas com 100 líderes cristãos em 27 de agosto de 2018, os americanos estão "a uma eleição de perder tudo o que têm".[4]

Tudo o que precisamos para resolver esses problemas está na Bíblia. O fato de duvidarmos disso é a razão pela qual ainda estamos aqui. Nosso tempo na Terra é um campo de prova de que nosso Plano B, nossas alternativas e nossos desafios aos caminhos de Deus não funcionarão. Mas a Bíblia funciona.

No final, aqueles que vão sobreviver e entrar na vida eterna não são apenas aqueles que escolhem crer em Jesus como Salvador, mas também são chamados a interpretar e aplicar a Bíblia em retidão e justiça. Tais responsabilidades distinguiam os líderes de destaque da antiguidade.

O que fez do rei Salomão o homem mais sábio do mundo? O fato de ele poder julgar com retidão.[5] O que fez de Jesus o Messias? O fato de ele ter sido capaz de interpretar a Lei Mosaica e lhe dar todo o significado.[6] A ideia - de que estamos sendo treinados não apenas para entender a Bíblia, mas para ter a capacidade, a flexibilidade e a sabedoria para interpretar a Bíblia, de tal maneira que introduzimos justiça e paz em nossas vidas, nossas famílias, nosso local de trabalho e, finalmente, nossa nação - é para isso que estamos nos movendo quando nos referimos ao profético fim dos tempos ou os últimos dias. A agenda de Deus para o fim dos tempos é justiça. Estamos caminhando para a ideia de que os cristãos estão sendo treinados para se tornarem juízes de pecadores e até juízes de anjos.

CORÍNTION 6:2-3

Ou desconheceis que os santos julgarão o mundo todo? E, se o mundo será julgado por vós, como sois incompetentes para julgar assuntos de tão menor importância?

E mais, não sabeis vós que iremos julgar inclusive os anjos? Quanto mais as demandas triviais desta vida!

Isso pode parecer muito estranho para a maioria das pessoas, mesmo para os cristãos, porque raramente falamos sobre isso. Certamente não ouvimos isso sendo ensinado em nossas igrejas, escolas ou mídia. Este livro vai mudar isso.

A Falha dos Pais da América

Nossos fundadores americanos produziram uma soberba Constituição que lançou as bases para que a América se tornasse "a república constitucional mais longa da história do mundo", segundo o historiador David Barton.[7] Por mais sábios que fossem os fundadores, eles não poderiam saber as coisas que sabemos agora, coisas como a nossa necessidade de: garantir direitos digitais; proteger os bebês de abortos ou "pós-parto" (infanticídio); proteger os estudantes da sexualização precoce, do uso de roupas do gênero oposto, dos banheiros transgêneros nas escolas; proteger os direitos dos pais contra o estado que os afasta dos filhos com base no divórcio ou crenças religiosas; e garantir a definição de casamento. Vivendo no contexto dos tempos coloniais com atitudes cristãs predominantes, eles não podiam prever nenhuma dessas necessidades.

Mas eles não precisavam.

Deus os previu e os antecipou com respostas que teriam resolvido todos os nossos problemas na Bíblia. É uma falha dos Pais Fundadores, eles imaginaram que os valores cristãos prevaleceriam e que alguns dos princípios que Deus revelou na Bíblia seriam desnecessários na Constituição. Muitos problemas poderiam ter sido evitados se eles seguissem fielmente o modelo testado pelo tempo para um bom governo.

Ainda não é tarde demais...

Se o Presidente e a Igreja acreditarem que os caminhos de Deus são mais altos que os nossos, a nação ainda pode ser mudada. Por muito tempo, permitimos que os zombadores silenciassem nossas vozes e censurassem a sabedoria da Bíblia. Eles citam a Bíblia e intencionalmente enganam o público, alegando coisas como: "Mas a Bíblia apoia a escravidão". A falácia de tal acusação é óbvia pelo fato de que o segundo livro da Bíblia se abre com o Senhor libertando três milhões de judeus da escravidão no Egito.

Esse ato de emancipação é a credencial de Deus mais citada em todo o Antigo Testamento: "Eu Sou Yahweh, o SENHOR, teu Deus, que te fez sair da terra do Egito, da casa da escravidão!" (Êxodo 20:2, ver também Deuteronômio 5:6, 6:12, 8:14, Josué 24:17, Jeremias 2:6). A coisa mais básica que qualquer crente sabe sobre Deus é que Deus ama a liberdade.

Outra mentira comum é que "os cristãos não devem falar sobre política". Essa afirmação falsa era o que os reis maus costumavam dizer aos profetas antigos.[8] Pouco mudou. A maioria das profecias da Bíblia não era pessoal, mas política. Ou seja, eles não eram direcionados a guiar indivíduos, mas a salvar nações. Se tirássemos a política da Bíblia, teríamos que remover livros inteiros: Juízes, 1 Reis, 2 Reis, 1 Crônicas, 2 Crônicas, Daniel, Neemias e Esdras.

Jesus comentou sobre a política de seus dias quando confrontou os saduceus, fariseus e herodianos. Esses grupos são mais parecidos com nossos partidos políticos do que com nossas denominações religiosas.

Os saduceus eram parecidos com os Republicanos - eram considerados o partido dos ricos, apoiavam os hasmoneanos (descendentes nacionalistas da revolta dos Macabeus), mantinham visões conservadoras da Torá (eles acreditavam que Deus só dava a Lei Escrita e a Lei Oral não era confiável) e acreditavam em punições rigorosas.

Os fariseus eram parecidos com os Democratas - eram considerados o partido dos plebeus, queriam restaurar o reino a um descendente de Davi, tinham uma visão liberal da Bíblia (eles acreditavam que Deus dava tanto a Lei Escrita quanto a Lei Oral), e eram brandos em suas punições.[9]

Os herodianos eram parecidos com os monarquistas nos países de hoje da CommonWealth, como o Reino Unido e a Austrália - eles queriam restaurar o reino a um descendente de Herodes (um rei nomeado por Roma) e eram mais favoráveis à teocracia.

Desses três partidos, os fariseus eram o maior partido político. Sua interpretação liberal da Lei de Deus, semelhante ao conceito de esquerda de uma "Constituição viva", ajudou-os a sobreviver além da destruição do Segundo Templo, quando a obediência à Lei de Deus sem templo e sem o Messias se tornou impossível. Assim, suas crenças liberais substituíram o judaísmo antigo baseado na Bíblia e se desenvolveram na forma moderna de religião chamada judaísmo rabínico ou talmúdico. As semelhanças entre os rabinos liberais e os Democratas liberais são impressionantes (não é de se admirar que muitos judeus americanos apoiam os Democratas hoje).

O fato de a palavra "farisaico" se tornar sinônimo de "hipócrita" em inglês é mais um comentário político do que religioso. Os fariseus, saduceus e herodianos estavam em constante conflito entre si, mas estavam unidos pela visão comum de que a aparição de Jesus como Messias, o rei, era uma ameaça política para o futuro de seus partidos. Ao nos aproximarmos do fim dos tempos, Jesus afirmará Sua reivindicação como Legislador, Juiz e Rei sobre as nações.[10] A Igreja e todas as pessoas no poder devem se preparar adequadamente.

SALMOS 2:10-12

10 Por isso, ó reis, sede prudentes; aceitai a correção, magistrados da terra!

11Servi ao SENHOR com temor, e vivei nele com alegria e tremor.

12Rendei ao Filho adoração sincera, para que não se ire e vos sobrevenha repentina destruição, pois a sua ira se acende depressa. Verdadeiramente felizes são todos os que nele depositam sua plena confiança.

Não há dúvida na Bíblia de que:

1. A religião bíblica serve como controle e equilíbrio da política,
2. as melhores leis vieram da religião bíblica, não dos políticos,
3. os políticos perversos há muito odeiam ser corrigidos pelos profetas, e
4. bons políticos há muito procuram o conselho de crentes piedosos.

Embora a Bíblia não nos dê uma teocracia como modelo político para a era atual, a Bíblia não se esquiva de falar sobre política. Deus não isenta os políticos da influência da moralidade e profecia.

Deus fornece o melhor modelo para o sucesso político, se apenas os governantes quisessem ouvir. No final, o livro do Apocalipse é ousado em proclamar o futuro da política: os políticos perversos perderão seu poder e serão punidos; o Messias será a pessoa que os julgará e os substituirá por melhores governantes.

Alguns governantes veem isso como uma ameaça, mas devem receber isso como um conselho amoroso. A melhor coisa para a China e a Coréia do Norte se tornarem grandes entre as nações é parar de perseguir os cristãos. Quantos regimes historicamente lutaram contra Jesus Cristo e Seus discípulos, apenas para entrar em colapso enquanto a Igreja prosseguia:

Império Romano, Império Otomano, Império Soviético, só para citar alguns. Beije o filho! Confie em Suas leis e execute Sua justiça.

· · ·

A Igreja Adormecida

As pessoas anseiam por justiça nesta vida. O estranho é que os líderes mais proeminentes da Igreja não pregam mais sobre justiça. A falta de justiça na Igreja significa que o mal corre solto na sociedade.

Ironicamente, as únicas pessoas na Terra falando sobre justiça em público e em voz alta são a esquerda radical. Por esquerda, queremos dizer ideólogos que são marxistas, comunistas e geralmente não acreditam em Deus - pessoas que querem que o grande governo interfira em nossas vidas, nos taxe e nos controle. Como isso soa? Não é tão bom para os amantes da liberdade!

Os líderes da igreja americana mais influentes desistiram de qualquer papel nessa área porque não falam de justiça de seus púlpitos ou de suas plataformas de TV. No entanto, é exatamente por isso que Salomão era conhecido e pelo que Jesus é conhecido.

Os judeus que estão procurando o Messias sabem que uma das características do Messias é que Ele terá uma capacidade especial de reinterpretar a Torá (a Lei). Isso é mencionado repetidamente em comentários judaicos sobre a Bíblia chamados Midrash[11].

A Igreja adotou uma política de "dar a outra face" em todas as questões, em vez de uma mistura de misericórdia e um amor do tipo "chicoteá-los no mercado" que Jesus demonstrou. Jesus era equilibrado. Jesus encorajou e repreendeu as pessoas, recompensou e puniu, perdoou e fez justiça. Jesus é o leão e o cordeiro de Deus.

A Igreja moderna decidiu que não precisa de tudo de Jesus e abdicou de seu próprio papel na justiça, então Deus levantou um líder forte como Donald Trump, não apenas para liderar politicamente, mas também para lembrar a Igreja de seu mandato negligenciado.

Trump nem sempre "dá a outra face". Ele confronta os perversos e expulsa os enganadores. Quando Trump se posiciona contra os valentões na América e no exterior, ele é mais como Jesus do que cristãos que decidem fazer as pazes com o mal.

A ironia dos cristãos que criticam Trump é que eles não ofereceram nada melhor que levaria a América ao seu destino - o Terceiro Grande Despertar. Se a Igreja despertar para a plenitude de Cristo e o objetivo da justiça do fim dos tempos, o período a seguir será o melhor ano que a América já viu.

O PAPEL PROFÉTICO DA AMÉRICA

A profecia bíblica prediz uma série de eventos que culminarão na vitória. Embora exista uma tribulação momentânea no final desta era, estamos nos preparando para o triunfo da justiça - pessoal, nacional, global e universal.

O papel profético da América é ser uma nação conhecida por resolver disputas. Os Estados Unidos costumavam ser intermediários da paz - terminaram a Primeira Guerra Mundial, a Segunda Guerra Mundial e a Guerra Fria. Fizeram as pazes com ex-inimigos - como Alemanha, Japão e Vietnã - e os transformaram em aliados próximos. Às vezes, a guerra era necessária para fazer inimigos recalcitrantes deporem armas e aceitarem os termos da paz. Em outros momentos, os Estados Unidos obtiveram vitórias sem derramamento de sangue ou tiro, como a queda do muro de Berlim em 1989 e o colapso da União Soviética em 1991.

Como Alexis de Tocqueville reconheceu em 1835, "a América é grande porque é boa; e se a América deixar de ser boa, a América deixará de ser grande". Essa bondade surgiu de um povo que temia a Deus, lia a Bíblia, frequentava a igreja, cuidava de seus vizinhos e levava o Evangelho ao mundo.

A REPUTAÇÃO DA AMÉRICA

Ultimamente, essas boas qualidades foram atacadas. A prosperidade gera complacência. Bons tempos geram caráter ruim. Por outro lado, tempos difíceis geram sacrifício, resiliência e heróis. A reputação da América em resolver disputas foi prejudicada por uma guerra sem fim no Afeganistão, conflitos não resolvidos na Síria, hostilidades com o Irã, uma guerra comercial com a China e possivelmente uma Segunda Guerra Civil interna. É hora da América retornar ao seu destino.

Havia uma antiga cidade israelense que pode servir de modelo para a América, pois era famosa por resolver disputas.

2 SAMUEL 20:18

Então ela falou: "Antigamente costumava-se dizer: 'Peça-se

CONSELHO na cidade de ABEL', e era desta maneira que se encontrava SOLUÇÃO para os grandes impasses.

Abel era um lugar onde você poderia ir buscar justiça. Todo mundo sabia disso. Abel era formado por pessoas que temiam a Deus, liam a Bíblia, cuidavam de seus vizinhos e sabiamente aplicavam a Palavra de Deus em situações difíceis.

A América deve se tornar como Abel novamente. Este é o caminho.

A América pode ser salva. Quando a bondade dos cidadãos americanos e a sabedoria de seus líderes forem restauradas, reinará a justiça e a paz. Boas pessoas com líderes tolos não salvarão a América. Líderes sábios sem bons seguidores não levarão a nação ao seu destino.

Nesse momento crítico, a América é abençoada por ter um presidente conhecido por seu livro *A arte da negociação* - por um presidente cuja principal habilidade é a negociação. Ele provou suas habilidades ao se tornar o primeiro presidente dos EUA a negociar com o líder supremo da Coréia do Norte em 12 de junho de 2018. Uma guerra nuclear provavelmente foi evitada!

O presidente também negociou a libertação de um número sem precedentes de reféns americanos em lugares onde o presidente anterior não podia fazer nada. Entre os presos que voltaram para casa estão: três cristãos americanos detidos na Coréia do Norte, o pastor Andrew Brunson na Turquia, um empresário no Iêmen e o rapper ASAP Rocky na Suécia. Trump tem sido tão eficaz que o The New Yorker comentou: "Ele parece gostar de libertar cativos."[12]

Jesus disse: **"O Espírito do Senhor está sobre mim, porque me ungiu para pregar o Evangelho aos pobres. Ele me enviou para proclamar a LIBERTAÇÃO dos APRISIONADOS e a recuperação da vista aos cegos; para restituir a LIBERDADE aos OPRIMIDOS"** (Lucas 4:18). Pelo menos dois dos propósitos da vinda do Espírito Santo estão relacionados à reversão da injustiça. O poder sobrenatural de Deus está disponível para servir à justiça.

No entanto, as habilidades de negociação não são suficientes para salvar a América de cair na Guerra Civil. O favor de Deus, graça e sabedoria, são todos requisitos para o sucesso. Trump, como muitos líderes mundiais, está ouvindo muitas vozes. Embora haja segurança na "multidão de conselheiros"[13], nenhuma voz pode melhorar o modelo bíblico para um bom governo e uma sociedade justa.

"A fonte da lei de uma sociedade é o deus dessa sociedade.
A lei que você obedece emana do seu deus."
~Stephen McDowell[14]

Deus faz leis. O trabalho de um líder é descobri-las. Um político não pode fazer uma lei moral, assim como um cientista não pode declarar por decreto: "Eu faço uma nova lei científica que a água ferve a 52 graus Celsius na terça-feira". Ele é incapaz de mudar leis científicas, ele só pode descobri-las. Quando um político tenta fazer leis que contradizem os caminhos de Deus, ele está se estabelecendo como um ídolo.

As leis que você segue dizem a você o Deus ou os deuses que você segue. Esta é a lógica por trás da advertência do Senhor em Deuteronômio 28:14: " Portanto, não te desviarás, nem para a direita nem para a esquerda, de qualquer dos mandamentos que hoje te ordeno, a fim de seguires outros deuses e prestar-lhes culto." Isso implica que, quando as pessoas se afastam das leis de Deus, estão por definição servindo outros deuses, o que é idolatria.

Isso também significa que todas as nações são religiosas. As nações cristãs são baseadas em princípios bíblicos. As nações muçulmanas são baseadas em princípios islâmicos. As nações budistas são baseadas em princípios budistas. Toda nação é construída sobre um conjunto de crenças e suposições registradas e transmitidas na fé religiosa de seu povo.

Os sucessos e lutas dessas nações são uma prova de quão verdadeiros são seus princípios religiosos. Até agora na história da humanidade, as nações que foram estabelecidas em uma fundação cristã superaram todas as outras nações em quase todas as matrizes. Foi assim que a América, que já foi a nação mais cristã do mundo, se transformou na única superpotência do mundo. É uma função natural das leis e legisladores originais da América.

COMO SALVAR A AMÉRICA

A Bíblia foi ensinada aos americanos como um modelo para uma boa família e boa igreja, mas não tanto para boas políticas e justiça. Os cristãos se referem à Bíblia para ajudar nossas famílias e igrejas a se alinharem com a vontade de Deus, mas raramente nos referimos a ela para mostrar como os políticos devem agir e como os governantes devem governar. A Igreja é negligente. É por isso que Donald Trump parece trazer a questão da justiça à vanguarda.

Seguindo o modelo antigo, submeto ao leitor **dez profecias para salvar a América** - dez palavras inspiradas que os servos de Deus, espirituais e civis, devem considerar implementar para mudar a América e impedir que a nação seja corrompida por uma única administração, Congresso ou tribunal. Cada uma das dez maneiras não vem da opinião humana; elas se originam ou são inspiradas pelo modelo de Deus para um bom governo e uma sociedade justa. Foram testadas pelos antigos hebreus e líderes cristãos que buscaram reforma na direção de Deus.

Os dez planos de ação a seguir são, em essência, um aulão sobre boa governança e justiça. Não é um roteiro Republicano, um roteiro Democrata ou um roteiro libertário, mas um roteiro bíblico para a vida, a liberdade e a busca pela justiça.

3

10 ELEIÇÕES, IMIGRAÇÃO & TERMO DE FRONTEIRAS

★ ★ ★ ★ ★

O DÉCIMO MANDAMENTO

★ ★ ★ ★ ★

"Não cobiçarás a casa do teu próximo. Não cobiçarás a mulher do teu próximo, nem seus servos ou servas, nem seu boi ou jumento, nem coisa alguma que lhe pertença". (Êxodo 20:17)

Todos os problemas de Trump dizem respeito à justiça (Michael Cohen, seu advogado pessoal que o traiu, a Investigação Mueller contra o conluio russo inexistente, a tentativa dos Democratas de impeachment, os juízes do tribunal federal do distrito revogam suas ordens executivas, só para citar alguns) e todos de seus maiores sucessos estão relacionados à justiça (suas duas indicações à Suprema Corte Neil Gorsuch e Brett Kavanaugh, a libertação de reféns americanos de várias nações, sua repressão a pedófilos e sua reforma da justiça criminal). Sempre que Trump lida com a justiça, ele experimenta sucesso. É a agenda final de Deus antes da Segunda Vinda de Cristo.

MATEUS 12:18, 20

18 Eis o meu Servo, que escolhi, o meu amado, em quem tenho alegria. Farei repousar sobre Ele o meu Espírito, e Ele anunciará JUSTIÇA às nações.

20 Não esmagará a cana rachada, nem apagará o pavio que fumega, até que faça VENCER a JUSTIÇA.

Tanto a justiça quanto a profecia são baseadas nas leis de Deus. Quando as leis são seguidas, trazem justiça. Quando são desobedecidas, produzem profecias, que não são necessariamente previsões do futuro, mas um alerta sobre o caráter justo de Deus. Ficamos confusos sobre a profecia bíblica quando pensamos que Deus está prevendo eventos para competir com adivinhos como Nostradamus. Não! A lei de Deus exige justiça. O amor de Deus permite que profecias avisem as pessoas que a justiça não pode ser negligenciada e que a desobediência deve ser julgada, a menos que as pessoas se arrependam. Os dez mandamentos são, portanto, a base não apenas de toda a boa lei, mas também da profecia. Uma vez que conhecemos a lei de Deus, o futuro é previsível.

Os dez mandamentos podem trazer justiça e um futuro melhor para a América. Eles trarão justiça e um futuro melhor a qualquer nação cujos líderes estejam dispostos a ensinar a verdade ao seu povo. Vamos começar do fim - aplicando o décimo mandamento primeiro na América - e depois trabalhando até o topo.

O Décimo Mandamento é uma proibição contra a cobiça, que significa desejar o que as outras pessoas têm. É a única lei entre as dez principais que lida exclusivamente com algo que a maioria das leis do mundo ignora: atitude.

Muitas vezes, quando as pessoas são más, nossos policiais e juízes são incapazes de lidar com o mal por causa de evidências insuficientes. Até que alguém seja ferido ou que algo seja quebrado, aí nossa polícia e sistema legal tentam lidar com o causador de problemas.

A genialidade da lei de Deus é que ela inclui entre os "dez primeiros" um mandamento sobre a causa raiz de muitas injustiças sociais: ciúme. Uma pessoa ciumenta ou cobiçosa anseia pelas coisas de outras pessoas.

Imigrantes ilegais não documentados que agem como migrantes legais, isso é cobiça. Os migrantes são bem-vindos à América, mas votar ilegalmente em uma eleição é cobiça, porque você vê o seu vizinho e deseja ter o que ele tem. Você vê o país dele, o bem-estar dele, a capacidade de votar e deseja o mesmo.

Essa atitude é proibida pelos Dez Mandamentos.

Muitos "Nunca Trump" são americanos que têm um membro da família, um cônjuge ou algum outro ente querido que vieram para a América ilegalmente. Eles são ameaçados pela aplicação da lei por Trump. Não importa o quanto Trump faça para ajudar esses eleitores, eles nunca amarão Trump, porque estão violando a lei da terra e a Lei de Deus.

Eleições de 2020

Donald Trump deve emitir uma ordem executiva ou trabalhar com o Congresso para aprovar uma lei antes das eleições de 2020, que se você for um imigrante ilegal e tentar votar em uma eleição federal, haverá duas consequências: número um, você nunca poderá se tornar um cidadão dos Estados Unidos da América; número dois, você será imediatamente deportado e impedido de entrar novamente.

Se você é um estrangeiro que entra em outro país, não tem permissão para agir como um imigrante legal até passar pelos procedimentos e exames adequados. Para permanecer, você deve amar o país, compartilhar seus valores e falar sua língua.

Além disso, qualquer cidadão que esteja envolvido em liderar, organizar, pagar ou promover uma tentativa de fraude eleitoral em massa deve ser julgado por traição. A fraude eleitoral é nada menos que uma tentativa de derrubar um governo devidamente eleito, invalidando a escolha do povo; portanto, é traição, um crime capital punível com a morte ou com pena de prisão grave. A fraude de eleitores na era da Internet deve incluir hackers, manipulação de mecanismos de pesquisa e adulteração de urnas eletrônicas, como a Smartmatic foi acusada de fazer na Venezuela e nas eleições nas Filipinas.[1] Os culpados de traição devem perder permanentemente seu direito a votar ou ocupar qualquer posição política.

Imigração Israelita

Quase sempre é dito aos cristãos para terem compaixão dos imigrantes, e isso é verdade apenas na condição de que não violemos o Décimo Mandamento. O modelo bíblico para imigração e assimilação na invejável nação de Israel é Rute. Rute era de Moabe (na atual Jordânia), mas ela queria seguir sua sogra e se estabelecer em Israel. Ela prometeu a Noemi:

> "Ao que lhe respondeu Rute: "Não insistas comigo para que te abandones e deixe de seguir-te. Pois aonde quer que fores, irei eu e, onde quer que pousares, ali pousarei eu; o teu povo é o meu povo, o teu Deus é o meu Deus! Onde quer que morreres, morrerei eu e aí haverei de ser sepultada; que o SENHOR me castigue como lhe aprouver, se outro motivo que não seja a morte me separar de ti!" (Rute 1:16-17)

No antigo Israel, quatro classificações dos habitantes de Israel foram reconhecidas como tendo permissão legal para permanecer:

1. o cidadão nativo (*ezrach* em hebraico)

2. o estrangeiro (*ger* em hebraico) que escolhe morar na terra de Israel e não adorar ídolos.

3. o "estrangeiro do portão" ou "estrangeiro residente" (*ger toshav* em hebraico) que escolhe morar na terra de Israel e viver de acordo com as sete leis de Noé, mas não quer se converter ao judaísmo. Ele também é conhecido como "um estrangeiro peregrino" ou "um Noahide."[2]

4. o "estrangeiro justo" (*ger tzedek* em hebraico) ou um gentio que decidiu fazer de Israel seu lar e se converteu totalmente ao judaísmo, incluindo a circuncisão para os homens. Ele é conhecido como um

"gentio justo."

Observe que o "estrangeiro" em todos os casos deve atender às condições de assimilação - o mínimo sendo nenhuma idolatria e o máximo sendo submetido à circuncisão masculina. Os gentios tendem a citar fora de contexto Levítico 19:34: "O forasteiro que mora convosco será para vós como um compatriota, e vós o amareis como a vós mesmos, pois fostes igualmente estrangeiros na terra do Egito. Eu Sou o Eterno, Yahweh vosso Deus..." O estrangeiro que reside com você "seria no mínimo um ger toshav, alguém que cumpre as sete leis de Noé, mas a interpretação judaica diz que esse versículo refere-se ao ger tzedek, alguém que se converteu totalmente à fé no Deus de Abraão, Isaque e Jacó.[3]

Rute, como ancestral do rei Davi e do rei Jesus, teria sido considerada uma ger tzedek. Rute entrou em Israel como uma viúva destituída, aprendeu a cultura de Noemi, trabalhou duro e foi assimilada com sucesso.

Imigração Australiana

A Austrália tem um sistema de pontos para imigração. Os imigrantes devem ter pontos suficientes para se qualificarem para residência permanente e cidadania. Portanto, simplesmente não há tantos imigrantes. Claro, é difícil inundar a Austrália de gente porque é uma nação insular, enquanto é muito fácil inundar a América.

O que acontece se você inundar os compradores no mercado imobiliário? Os preços aumentam. O que acontece se você colocar muitos trabalhadores no mercado de trabalho? Os salários caem. Então, o que acontece com você se você é um cidadão legal em um país onde ilegais estão inundando o país?

Você não conseguirá empregos tão facilmente. Os empregos que você consegue pagam menos. Enquanto isso, seus custos continuam subindo. É isso que a imigração ilegal não documentada faz. Essas são algumas das várias razões porque a imigração ilegal precisa ser contida. O outro problema é que alguns migrantes não têm vontade de assimilar e contribuir. Eles vêm para ordenhar o peito de bem-estar do estado. Não importa que eles paguem impostos direta ou indiretamente. Eles estão quebrando o décimo mandamento de Deus. Em vez de diversidade, a cobiça deles cria divisão.

Os australianos são um povo que deseja mostrar compaixão pelos refugiados que fogem de países problemáticos, então o que a Austrália faz? A Austrália possui imigração qualificada. A Austrália usa um sistema de pontos. É isso que a América não tem.

O presidente Trump está tentando mudar o sistema. Ele chama isso de imigração por mérito. Eu acho que "imigração qualificada" é um termo mais fácil de engolir - imigração qualificada que trabalha em um sistema de pontos, para que o governo possa criar uma cultura de mérito. Uma cultura de direitos assumidos quebra o Décimo Mandamento.

O Décimo Mandamento resolve o problema dos imigrantes ilegais porque os cidadãos devem mostrar compaixão, e os imigrantes, se vierem, devem se mostrar sem cobiça.

Imigração Suíça

A Suíça, antes era tão cristã que sua bandeira vermelha ostenta uma proeminente cruz branca no centro, é um modelo de obediência ao Décimo Mandamento. A Suíça há muito tempo impede os imigrantes que recebem benefícios sociais de se tornarem cidadãos. Em janeiro de 2018, entrou em vigor uma nova lei que estende a proibição ainda mais aos solicitantes de cidadania que aceitaram benefícios sociais a qualquer momento durante os três anos anteriores. Uma exceção é feita se os benefícios "forem pagos integralmente".[4] Isso, de fato, filtra a cobiça entre os solicitantes de cidadania.

Para que ninguém interprete mal a Suíça como anti-imigrante, a Suíça e a Austrália são as duas nações com a maior proporção de imigrantes no mundo ocidental. Os estrangeiros residentes compõem um quarto da população nos dois países, em comparação com 13,7% nos Estados Unidos.

O modelo suíço lida com a cobiça de outra maneira: fazendo uma distinção entre participação no sistema econômico e no sistema político. Como Ryan McMaken, do Instituto Mises, apontou: "A admissão de um migrante na esfera econômica suíça não significa necessariamente que o Estado também deve conceder acesso à esfera política... O acesso ao sistema econômico está aberto a qualquer pessoa que as pessoas estejam dispostas a contratar (...) Conceder acesso à esfera política, no entanto, abre uma variedade de outros problemas, como estender o acesso às urnas e incentivar o uso do poder político para enriquecer a si mesmo ou o próprio grupo... Portanto, faz sentido ser aberto à imigração, embora menos aberto com a extensão dos privilégios de cidadania."[5]

Os imigrantes que desejam solicitar uma autorização de residência temporária (permissão B) ou permissão de residência (permissão C) procuram entrar na esfera econômica. Eles devem ter vivido na Suíça por pelo menos cinco anos. Os imigrantes que desejam se candidatar à cidadania procuram entrar na esfera política. Eles devem ter uma permissão C, fazer residência ininterrupta na Suíça por pelo menos 10 anos e mostrar que se integraram com sucesso à cultura suíça. As evidências incluem uma reputação sem mácula, respeito pelos valores constitucionais suíços, fluência em uma das línguas oficiais da Suíça (Francês, alemão, italiano ou romansh) e emprego ou vontade de trabalhar ou ser treinado para um emprego.[6]

A Lei Federal da Suíça revisada sobre estrangeiros e integração, que entrou em vigor em 1 de janeiro de 2019, define as habilidades linguísticas como parte da integração na cultura suíça. Os candidatos que não falam uma das línguas oficiais da Suíça como língua nativa devem cursar três anos de escolaridade obrigatória.

A partir de 1 de janeiro de 2020, os candidatos devem obter um certificado de idioma somente de uma instituição credenciada. Os titulares de licenças B que não cumpram os requisitos de integração podem perder o privilégio de permanecer na Suíça. Titulares de licenças C que não cumpram a obrigação de teste e integração de idiomas pode ter sua permissão C relegada ao status de permissão B.[7]

A Suíça é considerada uma das nações mais atraentes, socialmente avançadas e politicamente estáveis da Terra. O U.S. News and World Report classificou a Suíça como "o melhor país" do mundo por três anos seguidos.[8] Sua política de imigração é uma aplicação sensata da proibição de Deus contra a cobiça.

. . .

Cidadãos Cobiçosos

Para ser justo, devemos aplicar o Décimo Mandamento não apenas aos imigrantes. Também devemos aplicá-lo a cidadãos dos EUA. Não conheço outro exemplo de cobiça entre os residentes e cidadãos legais de um país além da cobiça pelo poder político. Nenhum outro privilégio na vida corrompe uma pessoa humilde mais rapidamente e uma pessoa orgulhosa tão absolutamente.

Os funcionários públicos não devem ser incentivados a cobiçar o poder político por si mesmos. No início da democracia grega e da soberania americana, os líderes comunitários que haviam conseguido seu próprio comércio e participavam da comunidade (como a propriedade da terra) se ofereciam ao serviço público, não esperavam ganhar nada e muitas vezes tinham muito a perder.

Todos os 56 signatários da Declaração de Independência arriscaram suas vidas e fortunas. Nove lutaram e morreram na Guerra Revolucionária. Dois perderam seus filhos no Exército Revolucionário. Francis Lewis perdeu sua casa e sua esposa, que morreram poucos meses depois de serem levados presos para uma prisão britânica. Vários signatários tiveram suas propriedades saqueadas ou confiscadas pelos britânicos, incluindo Thomas McKeam, que serviu no Congresso sem remuneração.[9] Esses homens não entraram na política por cobiça. Como podemos encontrar líderes tão altamente qualificados novamente? Para atuar no décimo mandamento, os EUA devem ter uma emenda constitucional que estabeleça limites de prazo para todos os cargos políticos - "todos" inclui membros do judiciário.

Os Pais Fundadores eram sábios, mas não podiam prever tudo. O primeiro presidente da América era um homem de integridade que não queria que a América fosse governada por um ditador. George Washington recusou a oportunidade de ser eleito presidente para um terceiro mandato, mesmo sendo popular o suficiente para manter o poder.

Seu limite de dois mandatos tornou-se uma regra não escrita para os presidentes subsequentes, até Franklin D. Roosevelt quebrar a tradição e permanecer no cargo por quatro mandatos. O ex-governador de Nova York foi presidente de 1933 a 1945 - da Grande Depressão a quase o fim da Segunda Guerra Mundial.

FDR não se importava com outras tradições. Ele tentou tomar o controle da Suprema Corte "lotando a corte" com 15 juízes. Seu "New Deal" era um socialismo radical, vestido com uma linguagem heroica. Aumentou dramaticamente o estado de bem-estar social, expandiu a burocracia federal, limitou as liberdades pessoais e mudou o espírito americano de individualismo para um coletivismo ao estilo europeu e dependência do governo.

Gostando ou não de Roosevelt, o Congresso o viu como uma razão para limitar o poder presidencial a dois mandatos. Para esse fim, o Congresso aprovou a 22ª Emenda em 1947, que foi ratificada em 1951.

Isso corrigiu um erro dos Pais Fundadores, que não previam a importância dos limites de mandato. O Congresso deu um passo na direção certa; agora deve ir além. Deveria haver limites de prazo para juízes e congressistas, a fim de reduzir sua probabilidade de violar o Décimo Mandamento.

Ninguém, especialmente membros do judiciário e do Congresso, deve ter permissão para manter seus empregos indefinidamente, independentemente de seu desempenho. Isso é contraproducente para o conceito de ser um "servidor" civil. É uma questão de justiça.

Mesmo se você for um bom governante, não terá poder para sempre. Todo mundo precisa se aposentar em algum momento. Trinta estados na América têm uma idade de aposentadoria obrigatória para juízes, geralmente entre 70 e 75. Uma idade de aposentadoria obrigatória significa que quando você atinge uma certa idade, seu tempo no banco ou no Congresso está terminado.

No entanto, a longevidade das pessoas varia de geração para geração; então, qual seria um bom limite superior? E ter um limite superior realmente atinge a meta de reduzir a cobiça se um servidor público estiver no poder dos 18 aos 70 anos de idade?

Como sempre, a Bíblia antecipa essas perguntas e fornece soluções além dos problemas que cada geração enfrentou.

O modelo de Deus para a servidão são os levitas. Eles eram uma das 13 tribos de Israel, a única designada para o serviço religioso. Isso incluiu a construção e manutenção do templo, a liderança do culto, a manutenção de cidades de refúgio,[10] e como professores e juízes da moral.

A primeira lição que aprendemos de Deus é que ninguém deve ser um político de carreira. Os juízes se saem melhor na vida em comunidade, interagindo com pessoas fora da sala do tribunal e, antes de julgar alguém, são os primeiros responsáveis por ensinar moral e lei às pessoas que um dia eles julgarão. O próprio Deus não julga ninguém até que Ele ensine Seus mandamentos. Os pais não podem punir uma criança até que tenham ensinado a ela o que é necessário. A ideia de que juízes sentam em um banco para não fazer nada além de julgar faz parte da disfunção de nosso sistema judicial moderno.

É injusto para o juiz que muitas vezes fica sobrecarregado de trabalho e tem pausas insuficientes da tarefa antinatural de julgar constantemente os outros. Também é injusto para o povo. Eles buscam justiça no tribunal, mas a decisão que obtêm é influenciada por outros fatores além da lei, como o esgotamento do juiz e quando foi a última vez que ele fez uma pausa ou comeu algo.

Como Andreas Glöckner observou no estudo *O Efeito Irracional Revisitado da Fome*, "Demonstrou-se que os juízes mostram as mesmas falácias e preconceitos que os outros indivíduos... O realismo jurídico sustenta que - além dos materiais legais oficiais - fatores estranhos influenciam decisões jurídicas como a ideologia ou preferências políticas dos juízes, a ordem dos casos ouvidos, a quantidade de tempo decorrido desde o último intervalo da sessão e o que o juiz comeu. Tornou-se uma piada entre os realistas do direito que justiça é o que o juiz comeu no café da manhã."[11]

Deus sabiamente designou aos levitas uma balança de deveres, incluindo canto coral, trabalho físico, trabalho social (para proteger aqueles que são acusados de homicídio culposo) e o trabalho intelectual positivo de ensinar a lei. Uma vida equilibrada faz melhores juízes e melhor justiça.

A segunda lição que aprendemos dos levitas é que Deus estabeleceu um limite para o serviço deles de 20 a 50 anos. Isso nos fornece um modelo de limite de prazo e aposentadoria: 30 anos de serviço público. Isso serve como um limite razoavelmente de longo prazo - no máximo 30 anos, independentemente da idade. Lembre-se de que a pessoa que escreveu isso, Moisés, viveu até os 120 anos de idade. Seu irmão mais velho, Arão, viveu até 123; sua irmã mais velha, Miriã, viveu até 126 anos. Com nossa medicina moderna, mas dieta artificial e ambiente tóxico, ainda precisamos atingir esse nível de longevidade, de modo que o limite de 30 anos de serviço público nos é aplicável.

Surge uma pergunta lógica: o que os levitas faziam depois dos 50 anos? A resposta revela a genialidade do limite de fronteiras de Deus. Em vez de perseguir sua própria ambição egoísta de proteger ou promover seu ministério, os levitas sabiam que seu ministério deveria ser transmitido por um tempo fixo. Assim, a partir dos 50 anos de idade, os levitas maduros passariam seu tempo ensinando, treinando e preparando a geração mais jovem de levitas para servir.

Os idosos de qualquer profissão podem acumular muita sabedoria ou muito poder. Qual serve mais ao interesse público? Deus criou um controle e equilíbrio para o poder levítico. Ele guiou os levitas a se concentrarem em transmitir sua sabedoria para a próxima geração de líderes, em vez de manter o poder para si. Simplesmente não podemos melhorar os caminhos de Deus.

Nações Cobiçosas

Eu mantive cada capítulo curto o suficiente para que os líderes possam ler e implementar rapidamente cada lei / profecia com o objetivo de criar uma nação segura, próspera e justa. Na minha opinião, o Décimo Mandamento tem três aplicações práticas para a América: 1) limitar a cobiça dos imigrantes, 2) limitar a cobiça dos funcionários públicos, e 3) limitar a cobiça da nação.

Qualquer nação que implementasse a lei do décimo mandamento teria parado o comunismo ou matado o socialismo em seus caminhos. O socialismo é a cobiça institucionalizada. Legaliza o roubo pelo governo. Isso gera uma atitude generalizada de ter direito, egoísmo e ingratidão - todos os sintomas de uma sociedade em declínio.

O capitalismo de mercado livre exige uma atitude de respeito pela propriedade privada, serviço aos outros e trabalho duro. A única maneira de ganhar dinheiro em um mercado livre é servir os outros e resolver seus problemas. Em tal economia, uma rede social de segurança é criada pela generosidade voluntária de famílias e igrejas. É por isso que existem tantos mandamentos na Bíblia para indivíduos particulares, e não o governo, para cuidar de pessoas pobres, doentes, viúvas, órfãos e falsamente acusados.

Numa economia socialista, os políticos concedem a si mesmos o poder de roubar do trabalho dos cidadãos e redistribuir seus ativos da maneira que as elites considerarem adequada. Como nem todo mundo quer que seus bens sejam retirados, isso requer o uso da força. O socialismo, portanto, ameaça à liberdade em todos os lugares em que foi tentado.

A Venezuela, que já foi o país mais rico da América Latina, com as maiores reservas comprovadas de petróleo da Terra, é uma catástrofe socialista. É também um desastre humanitário. Foi destruído pelas políticas marxistas de seus presidentes Hugo Chávez (1999-2013) e Nicolás Maduro (2013-2019). Ambos defendiam uma economia de comando central, a nacionalização das principais indústrias e a redistribuição da riqueza do país pela força política. A tentativa de direcionar a economia pela força reduziu seus cidadãos a usar sua moeda como papel higiênico – um produto que todos consideram corriqueiro numa economia de mercado livre.

A economia da Venezuela entrou em colapso durante o primeiro mandato de Trump, mas a grande mídia global não relata amplamente esse fracasso flagrante do socialismo. Por quê? Porque é também a política dos Democratas, e os jornalistas ocidentais são predominantemente apoiadores dos Democratas. A verdade é que a Venezuela entrou em colapso porque ela violou o Décimo Mandamento - a proibição contra os ciúmes ou o desejo de tomar as coisas de outras pessoas.

A missão inacabada de Trump é encontrar formas de implementar o Décimo Mandamento. Um dia, Trump terá ido embora. Minha oração é que, antes que isso aconteça, a Igreja desperte para seu mandato de pregar e aplicar o Décimo Mandamento novamente.

Para os cristãos que foram mal ensinados que a lei de Deus não se aplica a nós hoje, voltemos à profecia de Jeremias sobre o propósito da nova aliança.

JEREMIAS 31:31-33

31 Dias virão", afirma o Senhor, "quando estabelecerei uma nova Aliança com a Casa de Israel e a Casa de Judá.

32 Não será como a Aliança que firmei com seus antepassados quando os tomei pela mão para tirá-los do Egito, pois eles não honraram o meu pacto, mesmo sendo Eu o Marido divino deles!" assevera Yahweh.

33 "Eis, no entanto, a Aliança que celebrarei com a comunidade de Israel passados aqueles dias", afirma o Senhor: "REGISTRAREI o conteúdo da MINHA Torá, LEI, na MENTE deles e a ESCREVEREI no mais íntimo dos seus sentimentos: seus CORAÇÕES. Assim, serei de fato o Deus deles e eles serão o meu povo!

Deus deu a Israel duas alianças. A primeira pode ser chamada de "Aliança de Casamento", pela qual Deus se tornou um marido para eles. Um marido provê e protege sua família; em resposta, a esposa lhe dá fidelidade e lealdade. Deus culpou Israel por quebrar essa aliança através de sua idolatria.

Deus deu a Israel uma segunda chance, prometendo uma segunda aliança que substitui a primeira - que se tornou aberta a judeus e gentios. Por um novo acordo ratificado na Cruz de Jesus Cristo, Deus promete escrever suas leis em nossos corações pelo Espírito Santo. Isso ocorre no momento em que nascemos de novo pela fé em Jesus Cristo.

Observe que ao prever uma nova aliança, Deus não disse que escreveria Seu amor, Sua graça ou mesmo Seu Filho em nossos corações. Quem diria que Ele quer escrever Suas leis em nossos corações? Somente um juiz faria isso! Portanto, esta nova e melhor aliança deve ser chamada de "Aliança de Justiça".

Se os cristãos se recusarem a aplicar as leis de Deus como padrão de justiça para nossas nações, então, sob as leis de quem viveremos? A alternativa são leis imperfeitas e muitas vezes autocontraditórias dos homens que produzem injustiça.

Os cristãos não podem e não devem exigir que todos acreditem em suas crenças - a fé depende da escolha de cada indivíduo. Mas os cristãos têm o dever de proclamar o modelo de Deus para retidão, justiça e bom governo.

Idealmente, cada cidadão tem um relacionamento com Deus. Quando entregamos nossas vidas a Ele, Deus escreve Suas leis em nossos corações, após o que inicia o processo ao longo da vida de aprender a implementar a justiça de Deus. A santificação leva tempo.

No entanto, mesmo que alguns cidadãos não tenham um relacionamento com Deus, mesmo que as leis de Deus sejam implementadas apenas como regras externas, Suas leis têm o poder inato de criar uma sociedade mais justa para todas as pessoas que desejam menos sofrimento nesta vida. Não é preciso ser cristão para ver o poderoso efeito das leis de Deus na sociedade, embora seja preciso ser cristão para se tornar pessoalmente justo e governado internamente pelas leis de Deus.

Trump É Cobiçoso?

Por que Deus escolheu Trump para a tarefa da justiça? O que o diferencia de outros políticos?

Certa vez, um lutador professional que se tornou o governador de Minnesota, Jesse "The Body" Ventura, explicou na TV por que seu pai acreditava que a maioria dos políticos é corrupta. "Meu pai me disse uma vez quando eu tinha 16 anos - ele era um veterinário da Segunda Guerra Mundial - ele disse: 'Você sabe que todos os políticos são bandidos'. Eu disse: 'Vamos lá, pai. Você não pode fazer uma declaração geral como essa. Como você sabe disso? Ele disse: 'Fácil. Eles pagam um milhão de dólares por um emprego que paga apenas cem mil.'"[12]

O fato é que uma campanha eleitoral presidencial agora custa muito mais de um milhão de dólares por um emprego que paga US$ 400.000 por ano. Barack Obama gastou US$ 775 milhões em sua campanha eleitoral. Hillary Clinton gastou US$ 768 milhões em sua campanha perdida para a Casa Branca. Donald Trump gastou muito menos do que seu oponente, US $ 398 milhões em 2016.[13]

Desde o momento em que anunciou sua candidatura presidencial em 2015 à vitória nas eleições de 2016, o patrimônio líquido de Trump diminuiu 31% ou US$ 1,4 bilhão.[14] Desde que passou pela Sala Oval, Trump doou todos os seus contracheques a veteranos, parques nacionais, e departamento de educação, para citar alguns de seus destinatários.

Compare a queda de riqueza de Donald Trump ao aumento de seu antecessor. O patrimônio líquido de Barack Obama antes de entrar na Casa Branca era de US$ 1,3 milhão. Depois de deixar a Casa Branca, eram US$ 40 milhões em 2018.

Muitos políticos de carreira e membros de suas famílias lucram bastante com suas conexões políticas. A congressista Democrata Maxine Waters foi criada na pobreza como a quinta dos treze filhos que cresceram em uma casa de mãe solteira. Waters passou toda a sua vida na política, mas hoje ela é milionária. O jornalista Tucker Carlson observou: "Considere onde ela mora, uma mansão de quase 600 metros quadrados de área construída que vale US$ 4,3 milhões em um dos bairros mais ricos de Los Angeles. Agora, como ela conseguiu um lugar assim depois de passar os últimos 40 anos trabalhando no governo?"[15]

Parece um mistério quantos políticos de carreira ficaram ricos. Eles não inventaram um iPhone ou construíram um hotel. Os royalties de livros e as palestras geralmente não valem US$ 40 milhões.

Quer você goste de Trump ou não, uma coisa é certa: ele é diferente. Ele fez sua fortuna fora da política, não pode ser comprado por lobistas, e ele - como o apóstolo Paulo - pode dizer: "De ninguém cobicei prata, nem ouro, nem roupas" (Atos 20:33).

Na transferência de poder de Samuel (um juiz tribal) para Saul (um rei nacional), Samuel se dirigiu ao povo de Deus:

2 De agora em diante, será o rei quem marchará à vossa frente. Já estou velho e de cabelos brancos, e meus filhos habitam entre vós. Fui vosso guia desde a minha mocidade até hoje.

3 Aqui estou! Testemunhai contra mim diante do SENHOR e

do seu ungido: a quem tomei um único boi ou jumento? A quem defraudei e a quem oprimi? De quem tenho recebido presentes, a fim de que finja não ver a injustiça? E eu vos restituirei!".
(1 Samuel 12:2-3)

O significado é claro: nenhum político deve se enriquecer de sua posição no serviço público. Ninguém deve cobiçar.

4

9 DECLARAÇÃO DOS DIREITOS DIGITAIS, BIG TECH & FAKE NEWS

* * * * *

O NONO MANDAMENTO

* * * * *

Não darás falso testemunho contra o teu próximo. (Êxodo 20:16)

Muitas pessoas citam erroneamente o Nono Mandamento como: "Não mentirás". O que Deus disse a Moisés era na verdade: "Você não dará falso testemunho contra o seu próximo". Existe uma enorme diferença.

Mentir ou fazer uma afirmação falsa não está certo. Apocalipse 21:8 deixa claro: "...todos os mentirosos, a parte que lhes cabe será no lago de fogo, que arde perpetuamente em meio ao enxofre. Esta é a segunda morte!". Mas mentir não faz parte da lista curta dos 10 principais mandamentos. Dar falso testemunho faz. Por quê?

Nem todas as formas de mentir são pecado. Todos os filmes são uma forma de fingir ou mentir para se divertir. A maioria das piadas envolve mentir. Brincar ou fingir com seus filhos geralmente envolve não contar a verdade imediatamente. Essas formas de mentir são benignas. Se mentir estivesse nos 10 principais mandamentos, toda ficção quebraria um dos principais mandamentos de Deus. Os cristãos que mentiram sobre proteger os judeus do holocausto alemão não estavam pecando ou quebrando o Nono Mandamento. Você poderia até dizer que eles mentiram para sempre.

Rei Davi X Doegue O Edomeu

Houve um episódio famoso na vida do rei Davi: quando ele estava fugindo do rei Saul, não confiando que Aquis, o rei de Gate, o protegeria, ele fingiu ser louco (1 Samuel 21:13). Davi era um homem justo e não deu falso testemunho contra ninguém, por isso não estava pecando.

Por outro lado, um edomeu chamado Doegue disse a verdade ao rei Saul, que tinha visto Davi em Nobe, e Doegue estava pecando porque apresentou a verdade para criar uma impressão falsa. Ele prestou falso testemunho ao sugerir que Davi estava traindo Saul, que os sacerdotes de Nobe estavam cometendo traição ajudando Davi e que havia uma conspiração entre Davi e os sacerdotes.

Os sacerdotes, em sua inocência, haviam alimentado Davi e seus homens que viajavam e estavam com fome. Doegue então intencionalmente procurou difamar as partes inocentes. Sabemos disso porque Doegue acrescentou um detalhe questionável à verdade. Ele relatou ao rei Saul: "Aimeleque (sacerdote) consultou o SENHOR em favor dele (Davi) e lhe deu mantimento; e também lhe entregou a espada de Golias, o filisteu." (1 Samuel 22:10).

Havia três detalhes em seu relatório que pareciam verdadeiros, mas eles prestavam falso testemunho de Davi e dos sacerdotes. A verdade era que nenhum deles havia feito mal ao rei Saul. Doegue plantou três sementes e deixou para Saul decidir qual delas o incomodaria mais: a ideia de que os sacerdotes oraram por Davi, alimentaram Davi ou deram uma espada a Davi (que representava seu sucesso militar passado contra Golias).

Como se viu, Saul ficou mais chateado com a oração dos sacerdotes, que teria sido a mais difícil de provar ou refutar. Os sacerdotes oraram ou não oraram por ele? Foi a palavra deles contra a de Doegue. Foi contra essa acusação em particular que Abiatar tentou se defender,

"Comecei eu, então, a consultar Deus por ele? Esteja isto longe de mim; que o rei não impute qualquer coisa ao seu servo, nem a toda a casa do meu pai; pois o teu servo não sabia nada de tudo isso, menos ou mais.." (1 Samuel 22:15 VKJ)

Saul ficou tão enfurecido que ordenou que seus guardas reais matassem todos os sacerdotes de Nobe. Os sacerdotes eram uma classe intocável sobre a qual o rei não tinha autoridade. Sabendo o quão profano e injusto teria sido cumprir as ordens, os guardas se afastaram. A Bíblia registra sua justiça,

"...Entretanto, os servos do rei se recusaram a levantar as mãos para matar os sacerdotes de Yahweh" (1 Samuel 22:17)

Saul virou-se para o informante - a falsa testemunha - e pediu que ele executasse. Doegue atacou e matou 85 sacerdotes inocentes. Ele continuou sua matança em toda a cidade de Nobe, matando homens, mulheres, crianças, bebês, bois, burros e ovelhas.

O Codex Judaico registra sob o ano de 2884 AM (Ano Mundi) ou 877a.C. que Saul nomeou Doegue como o Av Beit Din, que em hebraico é Chefe de Justiça.[1] Esse estrangeiro que violou o sexto e o nono mandamentos foi feito o equivalente a um juiz da Suprema Corte.

Esse incidente sugere muitas coisas erradas no governo quando os Dez Mandamentos não são levados a sério. Primeiro, aprendemos como as pessoas astutas costumam se tornar advogados e juízes, mas não são qualificados para julgar ninguém. Que tragédia quando há o domínio imoral sobre os justos.

Segundo, aprendemos que um dos piores pecados de todo o Antigo Testamento tinha a ver com a violação da separação de poderes. O rei e os sacerdotes estavam em diferentes departamentos. O rei governava questões políticas e militares. Os sacerdotes governaram assuntos religiosos e judiciais. Ambos tinham uma palavra a dizer em questões financeiras, na medida em que cobravam seus próprios impostos, mas fora isso, cada lado nunca deveria cruzar a fronteira e passar para o território um do outro.

A cortina sagrada que separava os poderes foi rasgada por um homem que violava o Nono Mandamento. Isso deve servir de alerta para a seriedade com que todo líder deve levar o Nono Mandamento.

Terceiro, aprendemos que Deus é sábio ao enfatizar uma proibição estrita de "prestar falso testemunho" em vez de "mentir". Você pode mentir e NÃO prestar falso testemunho. Você pode dizer a verdade e prestar falso testemunho.

Por exemplo, você pode dizer sinceramente que Donald Trump considera sua filha Ivanka uma mulher atraente, mas dar falso testemunho ao sugerir que ele cometeu incesto com a filha.

Você pode dizer com sinceridade que um cristão era divorciado, mas omite a verdade completa de que sua ex-esposa era domesticamente violenta e abusiva com os filhos. A primeira verdade implica que ele é imoral e desqualificado para o trabalho da igreja. A segunda verdade dá uma impressão completamente diferente da mesma pessoa e revela uma tentativa pecaminosa de prestar falso testemunho.

A ênfase na Bíblia não está em mentir, mas em prestar falso testemunho. Na linguagem moderna, quando você tenta prejudicar ou desacreditar alguém mentindo ou dizendo uma verdade parcial sobre ela, isso se chama difamação. (A difamação verbal é chamada de calúnia. A difamação escrita é chamada de difamação. O perjúrio é quando está sob juramento, geralmente com o efeito de difamação, mas nem sempre.) A difamação é um pecado grave. Na Bíblia, difamação é ilegal. Portanto, deveria ser ilegal online, off-line, e em toda boa nação. Mas não é.

Tribunal Familiar

Difamação ou perjúrio ocorrem tão comumente no Tribunal

da Família (ou Tribunal de Divórcio) que os acusadores falsos arruínam a reputação de alguém e os juízes não punem o crime. As falsas acusações são incentivadas pelos advogados, porque dão ao cliente a vantagem tanto na liquidação financeira quanto na batalha pela guarda dos filhos. (Na Austrália, elevar sua voz a seu cônjuge ou não deixar sua esposa usar seu cartão de crédito pode ser considerado pelo tribunal como "violência doméstica".).

Muitos casos simples foram complicados por essas falsas alegações, que, quando provadas erradas, sempre ficam impunes. Todos os envolvidos nesta charada são culpados de violar o Nono Mandamento de Deus. Essa injustiça afeta mais americanos do que o problema da imigração e deve ser tratada. É uma plataforma vencedora para qualquer líder corajoso (Você pode pular para o meu capítulo sobre o Quinto Mandamento para obter mais informações sobre este tópico).

Fake News

A mídia de massa pode difamar alguém editando seletivamente partes do discurso dessa pessoa. Vi a CNN interpretar mal o caráter de alguém por não permitir que terminassem sua frase. Isso foi feito pela equipe de edição e apresentado como verdade pelos âncoras. Eu sabia a verdade apenas porque tinha assistido todo o discurso em seu contexto apropriado em um canal diferente.

Um exemplo da CNN enganando o público foi a cobertura do Congresso questionando Robert Mueller sobre seu próprio Relatório Mueller em 24 de julho de 2019. Mueller remexeu em seu próprio relatório como se não o conhecesse. A principal âncora internacional britânica-iraniana da CNN Christiane Amanpour montou um clipe da audiência zombando da representante da Câmara dos EUA Debbie Lesko, do Arizona: "Eu não sei qual era o objetivo dela, mas ela perguntou a Mueller quantas vezes ele citou o "New York Times" versus o "Fox News" em seu relatório. Vamos apenas olhar para trás."[2]

Aqui está o conteúdo da audiência do Congresso em seu contexto.[3]

CONGRESSISTA DEBBIE LESKO: "Sr. Mueller, em vez de confiar apenas nas evidências fornecidas por testemunhas e documentos, acho que você confiou muito na mídia. Gostaria de saber quantas vezes você citou o Washington Post?"

MUELLER: "Quantas vezes eu o que?"

LESKO: "Citou o Washington Post em seu relatório."

MULLER: "Eu, eu, não sei, não sei."

LESKO: "Contei cerca de 60 vezes." [CNN começou seu videoclipe aqui]

LESKO: "Quantas vezes você citou o New York Times? eu contei..."

MUELLER: "Mais uma vez, não faço ideia."

LESKO: "Eu contei cerca de 75 vezes. Quantas vezes você citou a Fox News?"

MUELLER: "Como nos outros dois, não faço ideia."

LESKO: "Cerca de 25 vezes. Eu tenho que dizer que parece que o volume 2 é principalmente histórias de imprensa regurgitadas."

[CNN terminou o videoclipe aqui.]

Amanpour e seus convidados passaram a contar a história da Fox News e como os Republicanos se importavam com a frequência com que a Fox News era citada em comparação com outras fontes de notícias.

Esse não era o foco da congressista. Como a maioria dos bons questionamentos jurídicos, a piada chegou ao final. Aqui está a conclusão que Christiane Amanpour omitiu.

LESKO: "Devo dizer que parece que o volume 2 é principalmente histórias de imprensa regurgitadas. Não há quase nada no volume 2 que eu já não ouvi ou soube simplesmente com um canal de notícias de TV por assinatura de US$ 50. No entanto, sua investigação custou US$ 25 milhões aos contribuintes americanos. Sr. Mueller, você citou relatos da mídia quase 200 vezes em seu relatório."

— ★ ★ ★ ★ ★ —

Robert Mueller parecia visivelmente desconfortável ao ser exposto ao desperdício prodigioso de sua investigação.

Esse foi o ponto da representante Lesko.

Pela edição da TV, Amanpour prestou um falso testemunho à Representante Republicano, de que ou ela se atrapalhou durante o curto período de entrevista que lhe foi atribuído, fazendo perguntas irrelevantes ao astuto Mueller, ou era tendenciosa em relação à Fox News e interessada em saber por que Mueller citara o New York Times com mais frequência do que a Fox News.

As reportagens de Amanpour foram uma fraude total no jornalismo, mas os telespectadores na maioria dos países obtêm suas notícias exclusivamente da CNN. Eles não têm uma versão alternativa a menos que pesquisem na Internet e, mesmo assim, os resultados de pesquisa do Google também são notoriamente tendenciosos. Não foi possível encontrar, pelo Google, na pesquisa, um único clipe ou comentário no relatório televisionado de Amanpour. Aparentemente, quando você está do mesmo lado que o verificador de fatos, recebe um passe.

Essa programação televisiva não representa apenas um viés de esquerda nos relatórios; são notícias falsas. Ele quebra o nono mandamento. Agora imagine esse tipo de notícia falsa sendo repetida 24 horas por dia para espectadores inocentes em todo o mundo. As pessoas que confiam nas notícias da CNN receberiam uma versão da realidade com lavagem cerebral. Poucas empresas na história da humanidade já tiveram o poder de controlar a opinião mundial como a CNN. Esse poder deve ser tratado com muito mais integridade e responsabilidade.

Descarga Desonrosa

Qualquer bom governo deve punir os difamadores, perjuradores e fornecedores de Fake News, caso contrário não haverá justiça. Existem vários incidentes na Bíblia que mostram que Deus está particularmente descontente com uma espécie de difamação. Quando você presta falso testemunho contra alguém próximo a você ou alguém com alta autoridade, a ofensa é elevada a um nível mais alto chamado "desonra".

Dar falso testemunho contra seus pais é tratado no Quinto Mandamento, que diz: "Honre seu pai e sua mãe". Você pode falar segredos que apenas seus pais sabem - eles podem muito bem ser verdadeiros, mas se revelá-los faria com que fossem reduzidos aos olhos dos outros, é o pecado da "desonra."

O mesmo pecado pode ser cometido contra seu cônjuge, ex-cônjuge, filhos e qualquer membro da família. Foi um assunto de longo debate porque Noé amaldiçoou seu neto Canaã através de seu filho Cam. Amaldiçoar sua descendência era uma das piores coisas que um patriarca poderia fazer. O que aconteceu? O livro de Gênesis explica.

GENESIS 9:21-22

(Noé) Bebeu do vinho que havia feito, embriagou-se e ficou dentro da sua tenda. CAM, pai de Canaã, NOTOU que seu pai estava nu e FOI CONTAR aos dois irmãos que estavam do lado de fora.

Independentemente de haver ou não mais perversidade nesse incidente, uma coisa é clara: um dos pecados de Cam foi que ele disse aos outros que Noé estava bêbado e nu. Ele disse a verdade, mas desonrou seu pai.

Observe como os outros dois filhos reagiram à situação. O contraste é sugerido pela primeira palavra da frase, "mas".

GÊNESIS 9:23

MAS SEM e JAFÉ tomaram uma capa, levantaram-na sobre os próprios ombros e, ANDANDO DE COSTAS para não verem a nudez do pai, COBRIRAM-NO.

Entenda o contexto: Noé acabara de testemunhar a extinção em massa do planeta Terra e sobreviveu ao único dilúvio global na história da humanidade. Noé fez o que muitas pessoas deprimidas fariam - ele ficou bêbado e dormiu.

Sem e Jafé viram a mesma coisa que Cam, mas cobriram o pai. Provérbios 10:12 diz: "O amor cobre todos os pecados". 1 Pedro 4:8 diz: "O amor cobrirá uma multidão de pecados". Sem e Jafé responderam diferentemente de Cam e Canaã, seu filho. Canaã também deve ter se envolvido nisso, porque quando Noé acordou, ele amaldiçoou Canaã e abençoou Sem e Jafé.

GENESIS 9:24-27

24 Quando Noé acordou da sua embriaguez, soube do que Cam, seu FILHO MAIS JOVEM, havia feito.

25 Então esbravejou Noé: "Maldito seja Canaã! Escravo de escravos será para seus irmãos".

26 E acrescentou: "Bendito seja o SENHOR, o Deus de Sem! E seja Canaã seu escravo.

27 Que Deus amplie o território de Jafé; habite ele nas tendas de Sem, e seja Canaã seu escravo!"

O pecado de Cam e Canaã foi expor a nudez de Noé, dizendo aos outros que o viram nu e bêbado. Ser verdadeiramente desonroso quebra o Quinto e o Nono Mandamentos. A pior parte desse pecado é que muitos de nós que moramos no Ocidente estão tão acostumados a fazê-lo ou a ouvi-lo, que não "sentimos" que é pecado. A desonra é um sintoma de uma família em disfunção e, por extensão, uma civilização em declínio.

O lendário fundador de Cingapura, Lee Kuan Yew, usou as leis de difamação do país para processar pelo menos 21 indivíduos por difamação.[4] Ele venceu todos os 21 casos. Por um lado, seus críticos argumentam que esse zelo criou um efeito arrepiante sobre os cingapurianos, que tendem a ser cautelosos ao criticar seu governo. Por outro lado, é difícil argumentar com o sucesso da estabilidade política e prosperidade econômica de Cingapura.

Eu cresci na Tailândia, onde todos defendiam o hino nacional e ninguém ousaria desrespeitar o rei, e não vimos nenhum abuso da monarquia. O sentimento do público tailandês não era de medo covarde, mas de alta estima por um governante justo, o rei Bhumibol Adulyadej ou Rama IX. Nós o honramos e ele nos honrou. A maioria dos estrangeiros se sente muito livre na Tailândia. Você pode comentar sobre política, mas não pode difamar o rei.

Essa lei pode ser levada ao extremo. O crime de lese majeste ("majestade ferida") foi vigorosamente punido pelo imperador romano

Tibério (14-37 d.C.) durante o tempo de Jesus. Os ditadores não gostam de críticas e abusam das leis de difamação, mas também abusam de muitas outras leis. Não é culpa da própria lei.

As ditaduras são um sintoma de negligência generalizada dos caminhos de Deus. Embora as leis de difamação devam ser contrabalançadas com a liberdade de expressão, nós, no Ocidente, tendemos a tomar o Nono Mandamento com muita leveza.

Nenhuma sociedade civil pode ser criada e mantida se os guardiões da informação - os editores e jornalistas das organizações de notícias - esconderem a verdade e publicarem mentiras definitivas para desacreditar seus líderes devidamente eleitos.

Chamar o presidente Donald Trump de "agente russo" e "racista" quebra o nono mandamento. É uma desonra contra o escritório mais alto da terra. Chamar alguém de nomes falsos deve ser punível por lei, porque Deus disse que uma de suas principais leis para um bom governo e uma sociedade civil é: "Você não deve prestar falso testemunho".

Se for possível provar que o alegador não tem certeza de que suas informações são verdadeiras, e ele se recusar a retirar o que afirmou, uma vez que se prove falso, então não deve haver dúvida de que a pessoa violou o Nono Mandamento. Ele merece ser punido.

Como Parar As Fake News

A Primeira Emenda garante liberdade de religião, liberdade de expressão e liberdade de imprensa. Os cristãos protestantes lutaram muito por todos esses direitos, porque foram proibidos pela Igreja Católica por um longo tempo de viver sua fé e traduzir a Bíblia em linguagem comum. Alguns foram torturados e mortos por traduzir a Bíblia do latim e do grego para o alemão e o inglês. Então, os cristãos realmente valorizam a liberdade de expressão.

No entanto, existe uma tensão entre a liberdade de expressão, por um lado, e as coisas que você simplesmente não pode dizer por outro. Você não tem permissão para incitar violência. Você não tem permissão para gritar 'fogo' em um teatro lotado quando não há fogo. Você não tem permissão para recrutar terroristas. A Bíblia não permite que você difame as pessoas e arruíne o bom nome de alguém inocente. Como equilibramos liberdade e restrição e combatemos notícias falsas (fake news)? Eu tenho três propostas.

Como primeiro passo para derrotar as notícias falsas, o Presidente e o Congresso devem revogar toda a legislação relacionada às licenças para jornais, rádio e TV. As licenças foram lançadas ao público como uma maneira de os políticos regulamentarem os padrões da indústria, mas na prática eles se tornaram uma maneira burocrática de impedir a concorrência e proteger o monopólio.

Por exemplo, as licenças elevaram os preços dos táxis e deram às empresas de táxi o monopólio dos transportes. Isso terminou quando o Uber ofereceu aos passageiros um serviço de compartilhamento de viagens ponto a ponto, diminuindo os preços e oferecendo mais opções aos clientes. O Uber se expandiu para um serviço de entrega de comida, o que os táxis poderiam ter feito, mas eles estavam muito protegidos da concorrência para sentir a necessidade de inovar para satisfazer seus clientes.

Da mesma forma, a mídia corporativa tornou-se monopólios gigantes de propaganda protegidos da concorrência pelo governo. Eles se tornaram os guardiões da esquerda por meio de ações emitidas pelas licenças do governo que mantinham formadores conservadores de opinião e notícias fora das salas de estar dos americanos comuns. As licenças não são mais necessárias, pois os usuários da Internet ignoraram com êxito os guardiões de informações.

Lembre-se de que foi Matt Drudge que, aos 29 anos de idade e armado apenas com um computador Packard Bell 486-Intel que seu pai o comprou em 1994, que fundou o primeiro canal de notícias independente, bem conhecido e baseado na Internet, em 1995. Drudge Report que deu a notícia em 17 de janeiro de 1998 sobre o caso de Bill Clinton com a estagiária de 21 anos da Casa Branca, Monica Lewinsky. A Newsweek havia matado a história para proteger o Presidente Democrata, mas todos os meios de comunicação foram forçados a noticiar por causa de Matt Drudge.

— ★ ★ ★ ★ ★ —

Uma breve história da Internet colocará as coisas em perspectiva:

- o primeiro nome de domínio registrado foi em 1985 (symbolics.com);
- a world wide web (www) foi inventada por Tim Berners-Lee para o CERN em 1989, mas não foi lançada fora do CERN até 1991;
- o primeiro navegador da web popular - o Internet Explorer da Microsoft - foi lançado em 1995;
- O Hotmail ofereceu um dos primeiros e-mails gratuitos baseados na Internet em 1996;
- em 1997, Drudge tinha 85.000 assinantes recebendo notícias independentes por e-mail.

Se não fosse por um jovem pobre enviando notícias por computador em 1998, Bill Clinton nunca se tornaria o segundo presidente a ser acusado na história dos EUA (o primeiro foi Andrew Johnson 130 anos antes, em 1868).

Depois de ver o The Drudge Report em 1995, Andrew Breitbart, 26 anos, enviou um e-mail a Matt Drudge e os dois se tornaram amigos. Drudge orientou Breitbart, que ajudou a criar o Huangton Post, de esquerda, em 2005, e seu próprio Breitbart News em 2007, de direita, os quais sobreviveram a sua morte prematura em 2012 aos 43 anos.

Esses pioneiros da Internet provam que o mundo é um lugar melhor e o jornalismo é mais honesto, quando o governo não cria monopólios de mídia por meio de licenças.

Portanto, todas as legislações sobre licenças de mídia devem ser revogadas.

Como um segundo passo para combater as notícias falsas, todo o financiamento estatal dos meios de comunicação deve cessar. Não há lugar para uma mídia financiada pelos contribuintes no mundo de hoje que inclui a Internet. A maioria dos americanos e australianos prefere uma abordagem equilibrada às notícias, mas na Austrália, uma ABC (Australian Broadcasting Corporation), de extrema esquerda, é capaz de influenciar o país porque possui mais de US$ 1 bilhão em dinheiro dos contribuintes para gastar sem nenhuma responsabilidade. Eles vendem engenharia social e propaganda tendenciosa às custas do público. Nos Estados Unidos, US$ 445 milhões por ano são alocados em emissoras públicas como PBS e NPR[5]. Com "opções de respostas e audição quase ilimitadas",[6] por que precisamos de transmissões públicas financiadas pelo governo federal? Um governo conservador deveria acabar com o desperdício e deixar o mercado livre operar.

Em terceiro lugar, todos os alunos devem aprender com o "**ensino midiático**". Conheço uma escola cristã na Austrália onde isso está sendo ensinado como parte do currículo de inglês. Isso também pode fazer parte de estudos sociais ou de ética em tecnologia. Na era da informação, os alunos precisam aprimorar suas habilidades para identificar preconceitos, opiniões disfarçadas de fatos e notáveis omissões de fatos - como no caso acima de Christiane Amanpour da CNN.

Essa série de aulas pode ser concentrada em um período ou ser distribuída como uma aula mensal para criticar a mídia local. Dessa maneira, os alunos se familiarizam com as técnicas utilizadas pelos jornalistas para sensacionalizar uma história, usar mal as estatísticas e manipular emoções. Os alunos precisam aprender como os guardiões de informações quebram o Nono Mandamento e responsabilizá-los.

Como o presidente disse em seu comício na Louisiana em 11 de outubro de 2019, "Estamos assumindo diretamente a aliança profana de corruptos Políticos Democratas, burocratas do Deep State e a mídia Fake News - aí estão eles."

Difamação Online

Uma vez entendido o Nono Mandamento, ele resolve muitos problemas. O bullying online é um problema sério que levou jovens a cometer suicídio. Nenhum pai deve perder seu filho por algo tão fácil de corrigir. O fato de o Nono Mandamento poder ser quebrado sem consequências é uma injustiça.

Atualmente, se você é difamado on-line, não existe um recurso aceitável nos Estados Unidos para a vítima difamada. Procurar provedores de mecanismos como o Google têm a capacidade de diminuir a classificação ou até mesmo retirar o conteúdo de listas e usam-na para censurar pontos de vista conservadores. Mas eles raramente o usam para listar material difamatório. Os mecanismos de pesquisa fornecem aos difamadores on-line tóxicos e muitas vezes anônimos o poder de serem vistos e ouvidos da mesma forma que os usuários de nome real. Isso deveria ser um crime.

Como Michael Roberts escreve no Googliath.org: "Se leva apenas cinco minutos para alguém difamar outro online, por que a vítima deveria pagar dezenas de milhares de dólares em tribunal para recuperar seu bom nome? Existe uma barreira de entrada muito baixa para os maus atores difamarem maliciosamente pessoas inocentes online. É preciso haver uma barreira proporcionalmente baixa para a reparação dessas vítimas. Como tal, os atos de difamação ou legislação semelhante em todas as jurisdições devem ser alterados para incluir provisões para recursos legais rápidos e econômicos."[7]

Roberts sugere: "Os tribunais mais baixos do país... devem estar autorizados a ouvir casos de difamação nos quais a vítima busca reparação e danos modestos, mas, mais importante, assistência imediata ordenando que os gigantes da pesquisa online removam resultados difamatórios da pesquisa da exibição pública".[8]

"É preciso haver um 'Formulário FA de aviso de preocupação' (FA = Fácil) que as vítimas de difamação ou assédio on-line possam preencher e, em seguida, servir a sites e outros provedores de serviços da Internet, como mecanismos de pesquisa. Se a vítima escolher essas vias de reparação de baixo nível, renunciará a danos de alto nível que poderiam estar disponíveis em tribunais de alto nível."[9]

Quando a legislação de um país força o Google a remover conteúdo difamatório em seus próprios sites, o Google cumprirá legalmente apenas naquele país, mas não aplicará lógica ou senso comum para remover o mesmo conteúdo ruim de todos os outros países. Portanto, há um problema de jurisdição quando um site ofensivo fica no ar. O que pode ser feito?

Uma litigante australiana chamada Janice Duffy venceu uma ação contra o Google em 2017, estabelecendo um precedente legal nos países da Common Law (como Austrália, Grã-Bretanha, Canadá, Hong Kong, etc.). As vítimas nos países do direito comum agora podem responsabilizar o Google pela remoção de resultados difamatórios da pesquisa. Como observa Roberts, mesmo que o site oficial não remova os artigos difamatórios em disputa, eles não podem aparecer em resultados de pesquisa, porque ninguém deve encontrar isso."[10]

Como as empresas Big Tech saberiam se uma solicitação para remover material difamatório é genuína ou não? Uma suposição automática deve ser feita de que todos os ataques ad hominem de entidades anônimas estão sujeitos a remoção da Internet mediante denúncia. Poderíamos facilmente ajudar qualquer pessoa que use seu nome verdadeiro, incluindo adolescentes intimidados on-line, a recorrer da difamação. Não é necessário um cérebro jurídico para perceber que uma pessoa conhecida com um nome real deve ser protegida contra uma pessoa desconhecida com um ID anônimo. A difamação on-line pode ser resolvida abaixando a barreira para reparação. É tão básico e ainda não temos um procedimento simples para proteger as pessoas.

* ★ ★ ★ ★

Declaração Dos Direitos Digitais

★ ★ ★ ★ ★

Os Pais Fundadores dos EUA eram sábios, mas não podiam prever a necessidade de proteger os dados digitais das pessoas. Eles não sabiam que a Internet estava chegando e que a censura on-line, especialmente de conservadores e cristãos, se tornaria tão eficiente e fácil de fazer.

As grandes empresas de tecnologia estão se escondendo atrás de uma lei chamada Seção 230 do Título 47 - parte da Lei de Decência das Comunicações, aprovada em 1996. Essa lei dá imunidade a plataformas, mas não a editores, de modo que os Gigantes da Tecnologia, como Google, Facebook e Twitter, dizem que são apenas plataformas, não publicadores. Mas sabemos que isso não é verdade.

Eles estão escolhendo o que as pessoas veem ao ponto de muitas pessoas, incluindo Trump, acusarem o Google de ter um forte viés anti-conservador em suas pesquisas.[11] Um professor constitucional cristão Augusto Zimmermann relatou ter sido impedido de anunciar no Facebook sua conferência repleta de estrelas sobre "liberdade religiosa" em Perth, Austrália. O Facebook alegou que o fez porque os anúncios poderiam ser religiosamente ofensivos - uma grande ironia.[12] Quando você pesquisa notícias no Google, geralmente recebe apenas os sites de notícias aprovados pelos editores, que são quase todos de esquerda. Eles não estão agindo como plataformas neutras.

No momento em que a maioria de nossas vidas e meios de subsistência estão centrados na Internet, precisamos ter uma Declaração de Direitos Digitais.

Em uma "Carta Aberta ao Presidente Donald Trump: Como Quebrar o Google, Facebook, Twitter e Outros Gigantes da Tecnologia"[13] publicada em 18 de setembro de 2018, ofereci um modelo para avançar com os direitos digitais. Não podemos confiar em suposições antigas de negócios. Os especialistas compararam erroneamente o Google ao Standard Oil e à AT&T, e ambos foram desfeitos pela legislação de falta de confiança.[14] Alguns propuseram separar o mecanismo de pesquisa do Google da empresa mãe Alphabet, ou separar o YouTube do Google, mas essas soluções não são o ponto.

O Google controla 90% das pesquisas na Internet e decide o que as pessoas conseguem ver. Os gigantes da tecnologia não são como bancos que foram separados em bancos de varejo e investimento pela Lei Bancária Glass-Steagall de 1933. A interconectividade on-line significa que essas empresas podem conluiar e manipular dados sem deixar rastros, mesmo que tenham sido desmembradas.

Facebook, YouTube, Spotify, Apple iTunes e Twitter conseguiram coordenar a remoção das plataformas de mídia social de Alex Jones em cerca de vinte e quatro horas. Eles não são meramente monopólios, mas um cartel de monopólios, e gastarão recursos consideráveis para garantir que mantenham um domínio sobre a Internet.

Em vez de acabar com os gigantes da tecnologia, sugiro o seguinte ao Presidente e ao Congresso[15]:

1. Proteger os direitos dos dados - devolvendo às pessoas o controle sobre seus dados pessoais.
2. Dar às pessoas a liberdade de migrar de qualquer mídia social, assim como você pode mudar de companhia telefônica ou fornecedor de serviços públicos.
3. Proteger a comunicação como uma necessidade básica e direitos humanos básicos.
4. Promover a liberdade de expressão on-line.
5. Acabar com a censura da Big Tech. Eles e seus substitutos não estão autorizados a determinar o que são notícias falsas ou notícias confiáveis.
6. Fazer a Big Tech parar de se intrometer nas eleições nacionais.
7. Restaurar a privacidade de dados.

Direito de ser Esquecido
Em 2014, o Tribunal de Justiça Europeu deu um passo na direção de restaurar a privacidade dos dados ao decidir que os europeus têm o "direito de ser esquecido". Os europeus podem solicitar que os materiais on-line sejam removidos dos resultados de pesquisa do Google, se forem considerados "Imprecisos, inadequados, irrelevantes ou excessivos", a menos que se mostre que serve a um forte interesse público.[16]

John Simpson, da Consumer Watch, argumenta que os americanos deveriam ter o mesmo direito. Antes da Internet, os jovens que cometeram erros públicos - de comentários embaraçosos a crimes menores - acabaram se beneficiando da "privacidade por obscuridade". "Essas coisas saíram da consciência geral do público", diz Simpson. Mas em uma sociedade digital, uma ofensa juvenil pode permanecer visível ao público indefinidamente.[17] Os cidadãos que não são prejudiciais à sociedade devem recuperar o controle sobre seus próprios dados.

. . .

A brindo O Controle

Não é viável que os políticos forcem as empresas de Big Tech a limpar seus dados ou serem imparciais. Eles e seus algoritmos são orientados financeiramente, ideologicamente e politicamente. Do ponto de vista financeiro, o conteúdo negativo obtém mais visualizações e, portanto, mais receita com anúncios. O Google tem um incentivo para elevar material repulsivo. Michael Roberts apelidou esse viés de "algoritmo de humilhação" do Google.[18] Do ponto de vista político, os gigantes da tecnologia querem que um marxista social vença a próxima eleição presidencial. O ideal deles é promover valores globalistas e antiamericanos.

O primeiro passo deve ser ordenar que os gigantes da tecnologia cumpram os padrões da Internet. Por exemplo, a rede elétrica CA é padronizada; isso permite a concorrência entre os fornecedores de eletricidade. A rede telefônica fixa é padronizada, para que possamos ter uma grande concorrência. O SMS é padronizado. A Internet é padronizada com protocolos como HTML (protocolos são os idiomas de comunicação dos servidores e clientes).

A Big Tech, por outro lado, se recusa a operar por protocolos padrão. Mas a solução é simples. Nenhum novo padrão precisa ser escrito. Eles já foram escritos pelo IETF - The Internet Engineering Task Force - o comitê que padroniza os protocolos da Internet. A Big Tech ignora esses padrões para criar seus monopólios e, por extensão, sua censura. Este, e não o seu mero tamanho, é o cerne do problema.

Sugiro um plano em três etapas ao Presidente e ao Congresso. O primeiro passo é aplicar os padrões da IETF. As grandes empresas de tecnologia devem cumprir os protocolos padrão. Isso desafiará seu controle monopolista e desmantelará alguns deles através do aumento da concorrência.

Peça às empresas de mídia social que usem os mesmos protocolos. Ao fazer isso, a Big Tech não pode bloquear desenvolvedores ou usuários em seu ambiente. Teremos a liberdade de ter uma interface para todas as comunicações sociais.

O segundo passo é devolver o controle dos dados pessoais às mãos dos usuários por meio de um "Catálogo de Endereços da Internet" ou "Cofre de Dados Pessoais". O Vale do Silício há muito trabalha com a premissa de que "a privacidade pessoal é história". Isso é falso. Conheço desenvolvedores que podem projetar um sistema que restaure a privacidade pessoal de todos, exceto de criminosos.

O terceiro passo é apoiar as mídias sociais limpas. Eu não uso a palavra "alternativa". Meu plano é criar a primeira mídia social limpa do mundo. Os terroristas não terão lugar nessas mídias sociais. Com o apoio de líderes de muitos países, inclusive da América, esse novo conceito pode ser bem-sucedido. O presidente Trump poderia liderar essa iniciativa, porque nenhum outro líder mundial atuará até que ele assuma a liderança e lute por nossos direitos e liberdades digitais.

5

8 SOCIALISMO & DRENAGEM DO PÂNTANO FINANCEIRO

* * * * *

O OITAVO MANDAMENTO

* * * * *

Não roubarás.
(Êxodo 20:15)

S e o povo acreditasse apenas neste versículo, nunca teríamos tido os horrores do comunismo. O comunismo é um roubo legal para quem tem poder e armas. Se apenas a humanidade tivesse se apegado à Palavra de Deus, 100 milhões de pessoas não teriam sido mortas legalmente no século 20 por seus próprios governos comunistas na China, Rússia, Coréia do Norte, Vietnã, Camboja, Angola e Cuba. Todos esses Estados negaram a Deus e acreditaram que o Estado era Deus.

Se o Estado é supremo e não reconhece autoridade superior a ele, tem o direito de tirar de alguém o fruto de seu trabalho e redistribuí-lo para outra pessoa. Isso é chamado de roubo. É por isso que os cristãos se alegraram ao ouvir o Presidente Trump dizer em seu primeiro discurso do Estado da União em 30 de janeiro de 2018:

> "Nos EUA, sabemos que a fé e a família, não o governo e a burocracia, são o centro da vida americana. Nosso lema é 'em Deus confiamos'."

Da mesma forma, ele declarou em seu segundo discurso sobre o estado da união em 5 de fevereiro de 2019:

> "Os EUA foram fundados na liberdade e na independência - não na coerção, domínio e controle do governo. Nascemos livres e permaneceremos livres. Hoje à noite, renovamos nossa determinação de que a América nunca será um país socialista."

É errado que um indivíduo tome a posse de outra pessoa pela força ou sem sua permissão, não importa a boa intenção do ladrão; portanto, não está certo quando muitas pessoas poderosas concordam em fazer isso juntas. Isso me lembra uma piada.

Um garotinho que queria muito US$ 100 orou a Deus por duas semanas, mas não recebeu o dinheiro. Então ele decidiu escrever uma carta para Deus pedindo os US$ 100. Quando o correio recebeu a carta endereçada a DEUS nos EUA, eles decidiram enviá-la ao Presidente.

O presidente ficou tão impressionado, emocionado e divertido que instruiu sua secretária a enviar ao menino US$ 50. Ele pensou que seria muito dinheiro para um garotinho.

O garotinho abriu a carta que chegou pelo correio e ficou encantado ao encontrar US$ 50. Ele imediatamente se sentou para escrever uma nota de agradecimento a Deus que dizia:

"Querido Deus, muito obrigado por me enviar o dinheiro. Mas notei que, por algum motivo, você o enviou por Washington, DC e, como sempre, esses demônios levaram metade do dinheiro."

Existem quatro maneiras principais pelas quais os políticos roubam legalmente do povo: dívida, inflação, licenças e ineficiência burocrática. Vamos procurar maneiras criativas de resolver cada problema e impedir que os políticos violem o oitavo mandamento de Deus.

O Tic Tac Da Bomba

A maior ameaça ao status de reserva mundial do dólar americano não é a Rússia, China, bitcoin ou a moeda libra do Facebook. A maior ameaça ao status de superpotência na América é o seu próprio roubo não controlado. Esse roubo legal assume várias formas e tem vários nomes, então vamos começar entendendo como o governo dos EUA priva seu povo de sua riqueza.

"Tributação sem representação" foi uma das queixas dos colonialistas que se tornou o grito de guerra da Revolução Americana. Na Bíblia, a tributação exorbitante cobrada pelo rei Roboão (filho de Salomão) causou a divisão entre os reinos do Norte e do sul de Israel. Homens mais velhos e sábios disseram a Roboão para aliviar a carga sobre o povo; mas amigos mais jovens e mais próximos lhe disseram para colocar as pessoas sob o seu polegar. Ele seguiu o conselho tolo da juventude e perdeu 10 tribos, que se separaram e formaram sua própria nação chamada "Israel", "Efraim" ou "Samaria". O território que ficou com o neto do rei Davi foi chamado de "Judá", que deu origem ao nome de seus habitantes, os "judeus."

Os impostos injustos têm sido uma das principais causas da queda de impérios, incluindo os romanos. Governantes astutos aprenderam a ser criativos em tributar as pessoas sem serem punidos por isso. Os impostos costumavam ser cobrados apenas sobre as coisas. Imposto alfandegário, bens e serviços e imposto sobre valor agregado são impostos sobre produção e consumo.

Tributar seres humanos é uma prática altamente questionável, semelhante à escravidão. O imposto mais engenhoso de todos é o imposto de renda pessoal, seguido pelo imposto sobre a morte. Um dia, se o Oitavo Mandamento continuar sendo ignorado, poderemos ver um "imposto de nascimento".

O que pode parar os políticos? Eles podem querer taxá-lo antes de você nascer com um "imposto de concepção" e um "imposto de gestação". O que impediria o governo de impor um imposto sobre a respiração e a alimentação? Pode parecer ridículo sugeri-los, mas eles não são mais ridículos do que o "imposto sobre corte de bagel" em Nova York, "imposto sobre frutas vendidas em máquinas automáticas" na Califórnia, "imposto sobre tampa do copo de café" no Colorado, "imposto sobre diversões" no Kansas ou "imposto sobre marshmallow" em Indiana.[1] Existe um limite para o que os políticos podem tributar?

Deveria haver.

Tomar o que não é seu é expressamente proibido por Deus nos Dez Mandamentos. Impostos altos colocam políticos em problemas ao longo da história - roubar geralmente causa isso. A chave do roubo é fazê-lo furtivamente. O objetivo do ladrão é pegar sem que a vítima sinta que está sendo roubada.

Existem quatro maneiras criativas do governo receber dinheiro de "nós, o povo" sem o nosso consentimento e, muitas vezes, sem a nossa reclamação.

1. **Dívida**—gastando mais do que tem.

Acontece isso com a cobrança do cartão de crédito quando não temos como pagar no dia do vencimento. Os indivíduos podem ir para a cadeia por não pagarem suas obrigações financeiras. Os políticos não. É um padrão duplo de julgamento.

Como cidadãos privados, nenhum de nós pode gastar dinheiro que não tem e ficar impune. Nos Estados Unidos, muitas pessoas estão sofrendo níveis recordes de dívidas pessoais, algumas das quais lhes foram impostas por lei. Alguns maridos que têm pensão alimentícia, mesmo que não tenham mais o mesmo emprego ou nível de renda que tinham durante o casamento anterior, podem e vão para a cadeia por falta de pagamento. Bem, o governo federal dos Estados Unidos da América deve pensão alimentícia ao povo americano... e eles perderão seus pagamentos. Alguém vai para a cadeia?

Não é provável. De fato, os políticos de esquerda dizem que é "para o nosso bem" que gastam mais do que tem, a fim de manter as rodas da economia girando. Devemos agradecer por eles terem um "orçamento deficitário", que é quando as despesas públicas excedem a receita dos impostos. Uma maneira de ajudar as pessoas a entender porque isso é ruim é lembrá-las de que as dívidas contraídas pelos políticos devem ser pagas pelos contribuintes. Em outras palavras, quando o governo se endivida, não há o que fazer com os impostos senão ... subi-los ... e subi-los.

A Bíblia tem muitos avisos sobre dívidas. "O devedor é servo do credor", diz Provérbios 22:7. Moisés disse sobre a nação que é abençoada: "Emprestarás a muitas nações, mas não tomarás empréstimos; reinarás sobre muitas nações, mas elas não reinarão sobre ti".[2]

E menda De Orçamento Equilibrado
Os Estados Unidos terão um reajuste financeiro, a menos que adotem uma "Emenda de orçamento equilibrado". Uma Emenda de Orçamento Equilibrado exigiria que o Congresso e o Presidente não gastassem mais dinheiro do que o governo federal é capaz de pagar em um período de tempo razoável. As provisões para equilibrar o orçamento estão escritas nas constituições da Alemanha, Hong Kong, Itália, Espanha e Suíça. Uma regra de orçamento equilibrado não significa que o governo nunca possa gastar mais do que arrecadou. A Bíblia não é contra todo empréstimo;[3] a Bíblia é contra o roubo.

Áustria, Eslovênia e Espanha limitam sua dívida pública a 60% do produto interno bruto (PIB). A constituição da Suíça exige que o orçamento esteja equilibrado ao longo de um ciclo comercial: ou seja, os legisladores podem ter gastos deficitários durante as recessões, desde que tenham excedentes durante os booms.

Atualmente, todos os estados da União, exceto um, têm um requisito orçamentário equilibrado. Quarenta e três estados têm uma provisão orçamentária equilibrada, escrita em suas constituições originais, dois a adicionaram como emendas a suas constituições e quatro deles a têm como estatuto estadual.[4] Vermont é a única exceção.[5]

No nível federal, uma Emenda de Orçamento Equilibrado foi proposta pela primeira vez em 1936, e muitas vezes desde então, mas nunca passou pelas duas casas do Congresso.

O presidente Ronald Reagan foi creditado como o "mais

responsável"por equilibrar o orçamento nos tempos modernos.[6] Em 1982, sob a presidência de Reagan, o Senado votou uma Emenda de Orçamento Equilibrado, mas não foi aprovada pela Câmara. Em 1985, ele assinou uma lei que exigia um orçamento equilibrado no ano fiscal de 1991,[7] mas isso só foi alcançado em 1998.

A estratégia mais eficaz de Reagan para equilibrar o orçamento federal era na verdade sua política anticomunista. O discurso de Regan de 1987, "Derrube este muro!", em Berlim, sinalizou a derrota iminente da União Soviética e a vitória dos EUA na Guerra Fria. Isso criou um "dividendo de paz" de meio trilhão de dólares[8] que incluiu uma redução nos gastos militares e um boom econômico nas décadas de 80 e 90, marcado por impostos baixos, taxas de juros baixas, 15 anos de inflação baixa e alta de empregos no mercado.

Em 1995, a Câmara votou numa Emenda de Orçamento Equilibrado como parte do Contrato dos Republicanos com a América - a plataforma escrita por Newt Gingrich e Dick Armey que deu aos Republicanos uma maioria na Câmara pela primeira vez em 40 anos. A emenda proposta não passou no Senado. No entanto, houve progresso.

Em 1991, o Muro de Berlim caiu e a União Soviética se desintegrou. De 1998 a 2001, os EUA tiveram um superávit orçamentário de Clinton e Bush. Nenhum deles levou crédito pela queda do Muro de Berlim, pela derrota da União Soviética ou pelo excedente do orçamento federal. Uma política firmemente anticomunista de Reagan provou ser um sucesso para a América.

Os líderes atuais fariam bem em copiar a política externa anticomunista de Reagan com uma igualmente forte política interna antissocialista e anti poder excessivo do governo. Durante a presidência de Reagan, a ameaça comunista era estrangeira, proveniente principalmente da União Soviética. Hoje a ideologia socialista radical se infiltrou na academia interna, na mídia e na cultura da burocracia governamental. A propaganda socialista está sendo divulgada por professores nas escolas de esquerda, artistas, funcionários públicos e jornalistas.

O resultado é que um terço da geração do milênio aprova o comunismo[9] e sete em cada dez votariam em um socialista.[10] Isso apesar do fato de que, quando questionados na câmera, poucos deles têm alguma ideia precisa do que esses termos realmente significam. Se essa tendência continuasse, garantiria uma vitória comunista na América, juntamente com sua vasta expansão do controle estatal.

É uma falta de visão dos conservadores ver a maioria dos problemas como se fossem exclusivamente econômicos e ignorar o aspecto da justiça. É aqui que uma abordagem bíblica é melhor e mais holística do que uma abordagem partidária. Independentemente de sua associação política na Alemanha, você não pode usar símbolos nazistas ou comunistas como propaganda (eles são permitidos para arte e ensino). A Alemanha introduziu leis antinazistas e anticomunistas em seu código penal após a Segunda Guerra Mundial. Em 1956, o Partido Comunista da Alemanha foi banido e declarado inconstitucional. A Alemanha é considerada uma nação livre e próspera, mas não tem problemas em condenar ideologias responsáveis pela pior guerra da história da humanidade.

Os conservadores americanos preferem enfrentar problemas como empresários, enquanto os liberais americanos gostam de abordar problemas como advogados. Na luta contra o comunismo, os conservadores venceram na frente econômica - provaram que os países capitalistas são mais ricos e livres do que os países comunistas, mas falharam em conquistar o coração da geração do milênio e de muitos eleitores.

Eu Vejo Três Soluções Legais Para A Bomba Do Débito Da América

Primeiro, uma lei de justiça social que proíbe a propaganda comunista e educa os alunos sobre a história assassina do comunismo seria uma maneira mais moderna e mais eficaz de lidar com grandes governos e gastos descontrolados do que a estratégia conservadora de ganhar dinheiro, promover a prosperidade e esperar que a juventude "entenderá".

A estratégia anticomunista de Ronald Reagan serve como precedente: ele gastou dinheiro contra o comunismo, zombou dos comunistas e de seus aliados e educou o público através de seus discursos no rádio e na TV. A Bíblia proibiria o comunismo com base em suas violações contra o Segundo e o Oitavo Mandamentos, que proíbem respectivamente idolatria e roubo. O comunismo torna o governo o seu deus; é idolatria com força legal e com armas.

Segundo, uma Emenda de Orçamento Equilibrado desde o início da República praticamente controlaria o crescimento do governo. Os Pais Fundadores deveriam ter aprovado isso há muito tempo, mas todas as tentativas falharam.

Como resultado, a dívida nacional dos EUA agora ultrapassa US$ 22 trilhões, e isso não inclui US$ 122 trilhões adicionais em passivos não financiados - o que o governo prometeu a seus cidadãos sem fundos para cumprir essas obrigações - para Seguro Social, Cuidados Médicos e outros programas públicos.

Os Estados Unidos são agora o país mais endividado do mundo em número absoluto. Também possui a maior dívida externa - que é a dívida pública e privada combinada com credores estrangeiros. A temporária "falsa prosperidade", sustentada pela Reserva Federal, imprimindo dinheiro para "estimular" a economia, não pode durar para sempre. Em algum momento, haverá o que os funcionários do Fundo Monetário Internacional descrevem como uma "redefinição" da economia global. Haverá um dia de acerto de contas.

Se essa "redefinição" ocorrer, muitos especialistas financeiros dizem que o preço do ouro, da prata e das criptomoedas disparará, mas as coisas não precisam terminar assim. Os Estados Unidos não devem esperar o dólar entrar em colapso; ele deve gerenciar suas finanças e ir ao ar com mais sabedoria e controlar a burocracia de Washington antes que seja tarde demais (esse será o meu último ponto neste capítulo).

Os Estados Unidos poderiam ter sido salvos dessa bomba-relógio econômica se os Pais Fundadores tivessem aprovado uma Emenda de Orçamento Equilibrado. A cada ano que passa e somam-se trilhões de dólares em novas dívidas, parece cada vez mais improvável que nossos políticos passem a Emenda de Orçamento Equilibrado. Eles usam gastos públicos para ganhar votos; suas vidas políticas estão em risco. Mesmo que essa proposta pudesse ser aprovada hoje, com US$ 22 trilhões em dívidas nacionais, os políticos encontrariam uma brecha ou cláusula de fuga embutida para gastar durante a recessão, depressão, guerra, desastre natural, terrorismo ou alguma outra emergência nacional.

A Bíblia fornece uma terceira solução infalível, mas nossa cultura se afastou tanto dos padrões bíblicos que pode não estar pronta para aceitar a solução. A Bíblia não tenta fazer uma "lei orçamentária equilibrada", embora certamente esteja implícita nos mandamentos "você não deve roubar" e "você não deve tomar emprestado". Pelo contrário, Deus deu a Israel um preventivo engenhoso da dívida descontrolada: o Jubileu.

O Jubileu

A palavra Jubileu vem do hebraico yovel, que significa "ano da liberdade" ou "toque da trombeta da liberdade". Está descrito em Levítico 25:8-17. Em resumo, a cada 50 anos, Deus ordena o cancelamento total da dívida para todos. Todas as dívidas devem ser perdoadas e todos os escravos libertos (o que não os torna "escravos" no sentido moderno da palavra, pois devem ser libertos independentemente do que dizem seus empregadores). O Jubileu é ao mesmo tempo anti-dívida e anti-escravidão.

O Jubileu também é antimonopólio, pois as terras devem ser devolvidas ao seu proprietário original ou a seus herdeiros no 50º ano. Isso impede que indivíduos ricos e grandes corporações adquiram oportunamente terras sempre que houver uma recessão ou "grande liquidação". Os ricos não podem comprar terras dos pobres para criar uma classe dominante permanente. Ambos os lados devem se beneficiar a longo prazo. O Jubileu é uma concentração anti-patrimonial. A Bíblia dá aos esquerdistas a resposta para a disparidade de riqueza "injusta": não é comunismo ou coerção, é descanso e libertação bíblicos.

No entanto, muitos esquerdistas zombam da solução antes de entendê-la. Até alguns cristãos toleram líderes que rejeitam a Bíblia e a tratam como metafórica por sua interpretação liberal e a chamada "crítica mais alta" alemã. Voltando a uma interpretação da Bíblia cheia do Espírito, podemos encontrar soluções prontas para uso para nossos problemas modernos.

O conceito de Jubileu, tomado literalmente, nos diz que havia mais liberdade financeira no antigo Israel do que nos EUA moderno, onde muitos cidadãos estão presos a dívidas, podem perder permanentemente sua casa ou terra, e podem até ir para a prisão por não pagarem seus impostos ou pensão aos filhos. Isso nunca poderia acontecer no antigo Israel, mesmo se alguém estivesse sob a chamada "escravidão bíblica".

Se uma lei do Jubileu fosse declarada em 2020, entraria em vigor pela primeira vez na história americana em 2070. Isso removeria efetivamente o incentivo para as empresas de cartão de crédito e os bancos de algemarem as pessoas com dívidas dos consumidores. Impediria também que corretores e bancos hipotecários assinassem empréstimos ruins dentro de 20 anos, pois a maioria dos empréstimos à habitação dura 30 anos e começa a expirar em 2070.

A Bíblia pode ser implementada mesmo quando a maioria das pessoas não entende completamente seus benefícios. Nas culturas que não seguiram a Bíblia, os escravos trabalhavam todos os dias até caírem mortos. Na cultura bíblica, ninguém pode trabalhar continuamente sem descanso. Os cientistas agora entendem que esse descanso periódico a cada semana é biologicamente necessário e até ajuda as pessoas a serem mais produtivas economicamente.

A semana de 7 dias com um dia de descanso é um presente para o mundo que a maioria das pessoas não entende. A semana de 7 dias não corresponde a nenhum movimento da terra, lua ou sol. Não tem base em astronomia, mas em teologia.

Deus declarou que criou o mundo em seis dias e no sétimo descansou. Ele então nos mandou descansar. O Novo Testamento explica que esse descanso é um tipo de fé em Cristo: ou seja, para sermos salvos de nossos pecados, precisamos cessar de nossas próprias obras e descansar na obra consumada da Cruz de Jesus Cristo. A fé em Deus como Salvador é evidenciada pelo descanso.

Todas as pessoas - sejam crentes ou não - se beneficiam biologicamente do sétimo dia de descanso; o Evangelho nos encoraja a nos beneficiar ainda mais espiritualmente de descansar na obra perfeita da redenção de Jesus. A semana de 7 dias é um lembrete constante de nossa necessidade de Jesus. A semana universal de 7 dias existe apenas porque a Bíblia é verdadeira.

É uma falha dos judeus que eles exportaram com sucesso a semana de 7 dias para o mundo, mas não o Jubileu. No entanto, o Jubileu não é menos inspirado do que a semana de sete dias. Deus ordenou que descansássemos a cada 7 dias, a cada 7 anos e a cada 7x7 ou 49 anos.[11] Os gentios reconheceram apenas a semana de 7 dias, e isso só acrescentou anos à vida das pessoas e uma produtividade incalculável à economia. Imagine que se esse pequeno descanso é excelente, quanto mais o resto da liberdade chamada de Jubileu!

O Grande Despertar

É improvável que os EUA reconheçam a genialidade do Jubileu de Deus até que ocorra um grande despertar ou reavivamento espiritual. Os pastores teriam que redescobrir o que a Bíblia diz sobre economia e política, e isso pode não acontecer até que a atual geração de líderes cristãos tenha falecido e sejam substituídas por novos líderes que mantenham uma visão de mundo biblicamente equilibrada - que não sejam muito flexíveis nem legalistas demais. Vão precisar de coragem e maturidade.

Líderes como Donald Trump e Kanye West são o tipo de curingas que Deus gosta de usar em momentos decisivos da história. Os curingas parecem surgir do nada, aparecem como tolos para as elites, mas são imparáveis e realizam muito em um curto período de tempo. Sua proeminência irrita seus inimigos, mas sua influência na cultura dura muito mais do que suas vidas.

Trump e West representam o surgimento de líderes que não se desculpam por serem politicamente incorretos e envolvidos em mídia, artes, entretenimento, política, negócios e igreja. Essa nova geração deve amadurecer como discípulos, aprender o modelo bíblico para o governo e seguir os mentores bíblicos, assim poderão escapar da rotina de repetir os erros cometidos pelos líderes cristãos anteriores.

Até bons líderes cometem erros. Quando há um Grande Despertar, os líderes políticos religiosos percebem que não precisam lidar com a pressão sozinhos e reconhecem que o cargo do profeta é uma válvula de segurança.

Na Bíblia, os profetas tinham uma espécie de item de linha de poder de veto e podiam até vetar guerras. Em 1 Reis 12, Roboão estava começando uma guerra civil para impedir Jeroboão de formar uma nação do norte separada, mas o profeta Semaías disse-lhe para deixar a nação ser dividida em duas.

> **1 REIS 12:21-24**
>
> **21** Quando Roboão voltou a Jerusalém, convocou toda a casa de Judá e a tribo de Benjamim, num todo de cento e oitenta mil guerreiros de escol, elite, de toda a tribo de Judá e Benjamim para lutarem contra a casa de Israel, a fim de restituírem o reino a Roboão, filho de Salomão.
>
> **22** Mas a Palavra de Deus veio a Shemaiá, Semaías, homem de Deus, nestes termos:
>
> **23** "Fala a Roboão, filho de Salomão, rei de Judá, a toda a casa de Judá, a Benjamim e ao restante do povo:
>
> **24** Assim fala Yahweh: NÃO subais para GUERREAR contra vossos irmãos, os filhos de Israel; volte cada um para sua casa, pois o que aconteceu foi por minha vontade!" Eles obedeceram à ordem de Yahweh e regressaram, assim como o Senhor lhes havia orientado expressamente.

Uma grande guerra foi evitada pelo veto de Deus. O que teria acontecido com os Estados Unidos na década de 1860 se os líderes sindicais e confederados tivessem reconhecido o profeta? Poderia a palavra de um profeta ter salvo as 620.000 vidas perdidas na guerra mais sangrenta da América? Certamente Deus tentou falar com os líderes da nação durante o avivamento das décadas de 1830 e 40, quando grandes avivalistas como Charles Finney evangelizaram e transformaram nossa cultura com a ética de trabalho protestante e a compaixão cristã.

Mas, como na maioria dos avivamentos anteriores, a Igreja deixou de ir muito além de criar evangelistas e pastores; a Igreja falhou em enxergar a necessidade de liderança profética. Pastores e evangelistas geralmente não são bons em política, e quando alguns se envolvem nela, geralmente falham na política ou precisam sair do ministério. Aconselhar governantes nacionais é o domínio dos profetas bíblicos.

Imagine se Deus pudesse vetar decisões erradas, incluindo decisões para combater guerras ruins, e se Deus pudesse recomendar caminhos sábios para os políticos!

Um dia, o Senhor usará líderes ousados e equilibrados para se tornar proponentes de uma Emenda de Orçamento Equilibrado ou de uma declaração do Jubileu ou mesmo de um Escritório de Profetas. Uma Emenda de Orçamento Equilibrado, um Jubileu e um Escritório de Profetas parecem improváveis de serem aprovados no futuro próximo; portanto, é mais prático introduzir legislação e emendas para combater a propaganda comunista e educar os alunos a valorizar a vida, a liberdade e a responsabilidade.

Vou propor soluções mais inovadoras para a redução da dívida no final deste capítulo, mas precisaremos orar para que Deus levante mais líderes como Trump e talvez Kanye para implementá-las. Deus gosta de usar pessoas defeituosas. Deus gosta de usar curingas. Deus gosta de usar os aparentemente tolos para confundir os sábios. "Quando os justos estão em autoridade, o povo se alegra", diz Provérbios 29:2. Até esse dia chegar, quando muitas pessoas justas governarem, proponho que os líderes atuais implementem outras soluções para reduzir dívidas e obedecer ao Oitavo Mandamento.

Menos Governo

Atualmente, a principal maneira de limitar os gastos do governo é limitar as atividades do governo. É geralmente seguro dizer que toda nova lei aprovada capacita os políticos e restringe os cidadãos. Portanto, os políticos tendem a medir seu sucesso pelo número de novas leis que eles podem adicionar aos livros, enquanto os cidadãos devem medir o sucesso de um político pela quantidade de novas leis que são adicionadas e quantas leis onerosas eles revertem ou removem.

Trump demonstrou sua apreciação por esse fato com sua Ordem Executiva 13771, aprovada em 30 de janeiro de 2017, que instruiu as agências a revogar duas regulamentações existentes para cada nova regulamentação e a fazê-lo de forma que o custo total das regulamentações não aumentasse. Trump excedeu o seu dois-para-um reduzindo 22 regulamentos antigos para cada novo regulamento em 2017 e 14 antigos para cada novo regulamento em 2018.[12]

No entanto, esse pedido afetou os regulamentos apenas do Poder Executivo. As ordens do executivo podem ser revertidas a qualquer momento pelo próximo executivo. É necessária uma reforma de longo prazo no Poder Legislativo, que detém as regras da bolsa.

Os legisladores federais devem se reunir com menos frequência, ganhar menos dinheiro, votar com menos frequência e, se se reunirem em uma sessão especial, devem se restringir a votar nas questões levantadas pelo Poder Executivo. Todas essas são as regras atuais da Legislatura Estadual do grande estado do Texas.

Os legisladores texanos precisam se reunir por apenas 140 dias (menos de 5 meses) ao longo de dois anos. O governador pode convocar sessões especiais durante as quais os legisladores só podem votar nas questões submetidas pelo governador. As sessões especiais podem durar no máximo 30 dias. Os legisladores recebem uma bolsa, e não um salário alto, portanto, espera-se que eles trabalhem e morem em outro lugar como as pessoas normais. Eles não vivem das variações da bolsa de Austin ou dos texanos.

A Constituição do Texas tem algumas características únicas: estabelece uma equipe de governo enxuta, proíbe a prisão por dívida, garante o direito de caçar e pescar, dificulta a arrecadação ou o gasto de dinheiro e torna quase impossível a criação de um imposto de renda. Os legisladores teriam que propor uma Emenda Constitucional para legalizar o imposto de renda, e essas emendas só podem ser aprovadas pelo consentimento direto do povo.

Desde que a Constituição do Texas foi adotada em 1876, foram propostas 690 emendas, das quais 507 foram adotadas pelo povo. O modelo do Texas é um exemplo para outros estados e o Congresso imitarem, porque está funcionando. O Texas está crescendo. Seu produto bruto do estado (SPG) é o segundo mais alto da América e maior que o PIB da Austrália e Coréia do Sul. A partir de 2019, o Texas possui três das dez maiores cidades da América em população:

Houston (4), San Antonio (7) e Dallas (9). Austin e Fort Worth são a segunda e terceira cidades que mais crescem na América. Com sua Constituição atual, o Texas sempre será um estado de governo enxuto e de baixo imposto.

Atividade governamental limitada significa mais liberdade e mais dinheiro para os cidadãos economizarem, investirem, doarem ou gastarem como desejarem, não como os políticos desejarem.

O modelo ideal para legislação limitada é o modelo bíblico, no qual nenhuma nova lei pode ser escrita. Deus deu a Moisés 613 mandamentos, e ninguém depois de Moisés acrescentou uma nova lei até Jesus aparecer em cena. O fato de Jesus poder dizer: "Um novo mandamento vos dou, que vocês se amem; como eu os amo", era a prova de que Jesus era Deus. Por quase dois milênios de Moisés a Jesus, nenhum sacerdote ou profeta se atreveu a emitir uma nova lei de Deus.

As pessoas podem se perguntar: "Você não precisa de novas leis para novas invenções como a Internet?" Não necessariamente. A difamação online, por exemplo, é uma violação do Nono Mandamento, não prestar falso testemunho. A lei de Deus é suficiente, embora possa precisar ser interpretada e aplicada em novos contextos. A ideia é que nenhuma nova lei deve ser feita quando já existe uma que possa ser suficiente. O crescimento das leis sob os fariseus e rabinos resultou no crescimento da hipocrisia e da injustiça. O crescimento do governo resulta em aumento de gastos.

2. Inflação—isso ocorre quando políticos imprimem dinheiro do nada.

Na Bíblia, dinheiro era ouro e prata. Os metais preciosos mantiveram os reis honestos. Nenhum rei, independentemente de quão corrupto fosse, poderia fazer mais ouro ou prata. O máximo que eles podiam fazer era diminuir a porcentagem de ouro ou prata real em uma moeda de ouro ou prata, mas quando as pessoas pegavam o golpe, elas acumulavam e se recusavam a gastar. Todas as economias dependem da "velocidade do dinheiro" ou da velocidade com que o dinheiro muda de mãos. Quando a circulação do dinheiro diminui, as empresas lutam, a receita tributária cai e, às vezes, o governo dominante entra em colapso.

O ouro manteve os reis honestos. Uma das razões pelas quais Franklin D. Roosevelt (FDR) foi um dos piores presidentes da história Americana foi sua Ordem Executiva 6102, emitida em 5 de abril de 1933, que tornava ilegal para os cidadãos particulares possuir mais de US$ 100 em moedas de ouro, barras de ouro e certificados de ouro.

O governo confiscou ouro de propriedade privada pagando o ouro a uma taxa de câmbio de US$ 20,67 por onça (cada onça tem cerca de 28,3 gramas). Depois, elevou o preço do ouro de propriedade do governo para US$ 35 por onça. Esse lucro extraordinário permitiu ao governo continuar imprimindo mais "notas da reserva federal", que tiveram que ser 40% apoiadas por ouro.

FDR usou o dinheiro que havia roubado dos poupadores da América para lançar o programa de engenharia social mais radical da história dos EUA - o "New Deal" (Novo Acordo). Não apenas mudou a cultura americana para o socialismo, mas também instituiu o roubo legal em grande escala.

A ordem executiva de FDR foi revogada pelo presidente Gerald Ford em 31 de dezembro de 1974. Desde então, a propriedade privada de ouro, dinheiro verdadeiro, voltou a ser legal.

Muitos americanos não aprenderam que quando o papel-moeda foi introduzido pela primeira vez, era uma "promessa de pagar" o valor equivalente em ouro ou prata após o resgate da nota. As pessoas aceitaram essa conversibilidade com base na confiança.

Durante a Segunda Guerra Mundial, os países europeus precisaram financiar seus esforços de guerra e compraram armas americanas com ouro. A transferência de ouro da Europa para a América garantiu a posição desta como superpotência financeira.

Enquanto a Segunda Guerra Mundial ocorria em 1944, em uma reunião em Bretton Woods, New Hampshire, 44 nações aliadas concordaram com um sistema de reservas fracionárias, pelo qual a moeda mais forte do mundo seria a "moeda de reserva" que faz backup de todas as outras moedas. De acordo com este Contrato de Bretton Wood, agora você pode pagar por qualquer coisa em dólar americano e negociar todas as outras moedas pelo dólar americano, e o dólar, prometeu a América, sempre será apoiado em ouro.

Com o tempo, os franceses testaram a América em sua promessa.

A França começou a exigir lentamente ouro em troca de dólares em papel dos EUA. Percebendo que a América nunca teria ouro suficiente para cumprir sua promessa, outros países europeus logo seguiram o exemplo. Todo o sistema de reservas fracionárias estava em risco.

Richard Nixon é frequentemente acusado de tirar o dólar americano do padrão ouro em 1971, mas na verdade ele não tinha escolha. Se ele não detivesse as demandas europeias, haveria uma corrida global pelo ouro, os Estados Unidos teriam que admitir que o ouro estava acabando, a confiança global no dólar teria sido destruída e o dólar desabaria. A música da dança das cadeiras parou e Richard Nixon passou a ser o único em pé sem assento. Ele foi o presidente sem sorte de várias maneiras.

Independente da obrigação de ser apoiado em ouro desde 1971, o dólar americano está livre para circular em qualquer quantidade. Quando os políticos de esquerda no poder, durante os anos 90, queriam resolver a "desigualdade de renda" e a "desigualdade habitacional", eles criaram um esquema de "poupança e empréstimos", no qual os bancos podiam emprestar dinheiro a compradores de casas populares que não podiam comprar casas.

Os bancos foram incentivados a conceder empréstimos aos pobres. As pessoas pobres se mudaram para casas que não conseguiriam comprar sem o empréstimo. E os políticos socialistas pareciam heróis.

Quando ficou claro para alguns bancos que essas hipotecas nunca seriam reembolsadas, eles as empacotaram como um "seguro" e as venderam para Fannie Mae e Freddie Mac, que revenderam o pacote de hipotecas como um "derivado". A maneira elegante de dizer que o novo produto financeiro derivou seu valor de outro ativo - para "mercados secundários", como fundos de investimentos, fundos de pensão, bancos de investimento e até o governo.

Um esquema de pirâmide apoiado pelo governo foi criado no mercado imobiliário, em nome do socialismo e "ajudar os pobres". O castelo de cartas poderia permanecer em pé até que as taxas de juros subissem ou os preços das casas baixassem. Ambos aconteceram de 2004 a 2008.

As pessoas que nunca deveriam obter um empréstimo bancário começaram a deixar de pagar seus empréstimos à habitação. Esses "títulos apoiados em hipotecas" foram expostos como "derivativos" sem valor e seu colapso resultou na Crise Financeira Global (GFC) de 2008.

Max Keiser comparou a Crise Financeira Global ao momento em que o Titanic atingiu o iceberg. Por duas horas, ainda era possível bombear parte da água do mar. Mas depois de duas horas, o navio gigante foi além do ponto de não retorno e começou a afundar no mar.[13]

O equivalente financeiro de "bombear a água" tem sido:

1) os "resgates bancários" (que realmente deveriam ser chamados de "resgates", uma vez que os contribuintes pagavam impostos sobre seu dinheiro para limpar esses horríveis derivativos dos livros bancários, para que os bancos pudessem voltar ao negócio de emprestar dinheiro) e.

2) "flexibilização quantitativa" (impressão de dinheiro para facilitar os gastos públicos dos políticos).

Nos dois cenários, o resultado é a inflação - há mais dinheiro por aí, portanto o valor do seu dinheiro passa a valer menos. Inflação é tributação... sem que o contribuinte saiba que foi agredido por impostos sem representação. Pelo menos não imediatamente. Argentina, Venezuela e Zimbábue são três países que recentemente sofreram inflação descontrolada. O Império Romano entrou em colapso por causa da inflação descontrolada e da destruição funcional resultante da Classe Média. A classe média foi a única a pagar impostos e a fornecer soldados profissionais para o Exército.

Se a América não se arrepender de seu roubo, de tributação sem representação em uma escala desconhecida antes na história humana, será julgada por violar o Oitavo Mandamento. A partir do modelo bíblico do reino dividido de Roboão, parece que uma manifestação desse julgamento será a Segunda Guerra Civil Americana. A divisão será a mesma de antes: entre aqueles que querem aumentar os impostos para pagar por suas ideias brilhantes e aqueles que querem ficar sozinhos com seu dinheiro em sua posse.

A verdade é que o socialismo não é um provedor. O capitalismo é o pai; socialismo é a criança. Os socialistas precisam que os capitalistas paguem por suas ideias brilhantes. Se as ideias socialistas fossem tão brilhantes, elas se pagariam.

A criança que não trabalha precisa pedir dinheiro aos pais que estão trabalhando para comprar algo que ela queira. A criança diz: "Mas é por uma boa causa, eu preciso disso, vou te devolver o dinheiro". Se os pais concordarem com a extorsão, o presente se torna um "direito", isso leva à próxima fase, onde ao invés da criança pedir educadamente, agora ela diz "me dê o meu dinheiro". Isso é socialismo em poucas palavras. É um ladrão que finge ser seu melhor amigo.

A solução é retornar ao dinheiro honesto: ouro, prata, moeda apoiada em ouro ou criptomoeda apoiada em ouro.

3. **Licenças**—permissão do governo para fazer o que você normalmente faria melhor sem licenças.

Os governantes tiveram que inventar maneiras criativas de tributar as pessoas sem que se rebelassem, como fizeram contra o rei Roboão. Talvez nenhuma invenção estatal tenha sido vendida mais como "benefício para o povo" do que a instituição de "licenças". Toda licença é outro imposto.

Quando a primeira corrida do ouro na Austrália começou em maio de 1851, muitos trabalhadores venderam seus meios de subsistência e se mudaram para começar a procurar ouro. Em questão de semanas, em 18 de agosto de 1851, o tenente-governador da colônia de Victoria, Charles La Trobe, emitiu uma proclamação (equivalente a uma ordem executiva na América) que dizia em parte,

> "Considerando que, por lei, todas as minas de ouro e todo o ouro em seu local natural de depósito, dentro da colônia de Victoria, seja nas terras da rainha ou nas terras de algum dos súditos de Sua Majestade, pertencem à coroa;
>
> E considerando que o governo recebeu informações de que o ouro existe sobre e no solo da colônia, e que certas pessoas começaram ou estão prestes a começar a procurar e cavar o mesmo, para seu próprio uso, sem permissão ou outra autorização [licença] de sua Majestade:
>
> Agora, eu, Charles Joseph La Trobe, Escudeiro, Tenente Governador acima mencionado, em nome de Sua Majestade, notifico e declaro publicamente que todas as pessoas que tomaram de qualquer Terra da

referida Colônia, qualquer Ouro, Metal ou Minério que contenha ouro... [ou] cavara e perturbara o solo em busca desse ouro, metal ou minério sem ter sido devidamente autorizado [licenciado]... pelo Governo Colonial de Sua Majestade, será processado Criminal e Civilmente..."[14]

Antes dos trabalhadores ganharem dinheiro, o governo impôs taxas de licenciamento para a "prospecção de ouro". O povo começou a reclamar da injustiça. Em 23 de agosto de 1851, um correspondente de Geelong escreveu,

"O governo não tem a menor ideia do que está acontecendo, e agora não deu a menor dica de que haveria emissão de restrição à escavação de ouro, a emissão será emitida às pressas, onde já há cerca de quatrocentas ou quinhentas pessoas trabalhando... O governo deve, pelo menos, permitir que essas pessoas que fizeram um sacrifício para tentar suas fortunas no campo de ouro por um tempo, e não possuíam uma licença antes de ganharem um centavo, talvez até tenham tido um gasto de £10."[15]

The Geelong Advertiser publicado em 26 de agosto de 1851,

"Novamente, eu digo, onde nasce o direito de impor um imposto de dezoito libras no garimpeiro? Não me diga que é uma 'prerrogativa', pois isso é simplesmente uma subversão do nosso direito à representação - o mero ato de um Czar da Rússia.

Não posso compreender esse decreto de Sua Excelência... Sua Excelência e o Executivo são o Cemitério dos Garimpeiros - uma empresa fúnebre que fez a indústria cavar sua própria cova com a inscrição 'Aqui reside a indústria morta pela tributação injusta'. "[16]

Quando eu cresci em Nova York, qualquer criança podia fazer limonada e vender em uma banca de limonada na frente de casa. Isso incentivou habilidades empreendedoras em crianças, saciou a sede dos vizinhos e uniu as pessoas. Esses dias se foram para sempre.

Agora, uma criança precisa solicitar ao governo local uma licença para operar uma barraca de limonada. Quem o governo está protegendo? Possivelmente um adulto que está vendendo sua limonada com menos concorrência. A criança perde renda, os vizinhos têm que pagar um preço mais alto para saciar sua sede, e toda essa interferência do governo é supostamente "para nosso benefício".

As licenças são usadas para manter os jogadores estabelecidos seguros na operação de um monopólio e manter novos jogadores fora do setor. Reduz a concorrência e eleva os preços.

Esse era o efeito das licenças de táxi, até que a Uber e o Lyft descentralizaram o compartilhamento de viagens. O serviço é melhor, as opções são mais abundantes e os preços mais baratos que os táxis licenciados.

Como mencionado no capítulo anterior sobre o Nono Mandamento, as licenças de mídia têm sido uma ferramenta legal para manter as vozes conservadoras e independentes fora da mídia convencional. As licenças, embora apresentadas como uma proteção para o consumidor, reduzem a concorrência e criam injustiças. Hoje em dia, quando as notas on-line, recomendações sociais e classificações descentralizadas informam muito mais sobre um produto e serviço do que qualquer avaliação do governo, não há necessidade de tais licenças. Trump deve acabar com elas - isso provocará concorrência em notícias falsas.

Licença para Adoção

Uma das maiores falhas de licenças na América é o esquema de licenciamento de pais adotivos. Na América, você precisa obter uma licença para ser um pai adotivo. Você pode ser licenciado para cuidar de um caso básico, moderado ou grave. Moderado significa que a criança não tem problemas físicos, comportamentais, mas pode ter atrasos ou problemas de desenvolvimento.

Quem controla o licenciamento geralmente é o causador de problemas. As agências de assistência social têm critérios diferentes para licenciar os pais adotivos. Eles podem incluir 12 aulas, participação em 2 sábados completos de treinamento, preenchimento de muita papelada, treinamento e testes on-line e assinatura de um contrato.

As agências de adoção criam contratos que dificultam a liberação dos pais adotivos. Para rescindir o contrato, você deve notificar por escrito de 30 a 60 dias antes e pagar uma taxa de US$ 700 - US$ 1000 para sair; somente então você poderá obter uma licença em outro lugar, se desejar manter sua licença. É como um divórcio. O pai adotivo é o homem e a agência adotiva é a mulher - o homem deve pagar à mulher pela separação.

O Estado paga uma bolsa para cada criança que é adotada. O pai adotivo licenciado recebe uma parte desse dinheiro; a agência de adoção pode receber até 50% do valor da bolsa por cada criança.

Essas licenças porém não mantiveram fora do sistema pais adotivos horríveis e abusivos e são uma frustração para pais bons e seguros. A assistência social é extremamente necessária e importante, mas há muitas histórias horrorosas de como o sistema está falhando tanto com filhos adotivos quanto com pais adotivos.

Uma mãe de 43 anos tinha uma filha biológica de 6 anos e uma filha biológica de 25 anos; ela decidiu adotar um menino de 6 anos. Em apenas uma semana que o menino estava em sua casa, ela pegou o menino de 6 anos tocando inadequadamente sua filha biológica mais nova. Ela ligou para o Serviço de Proteção à Criança (CPS), que lhe disse: "Podemos remover esse garoto em 72 horas". Ela disse à assistente social da agência adotiva sobre o incidente e a assistente social disse: "Não é bom mudar as crianças adotivas, mas se houver uma situação inadequada, você pode entrar em contato com a agência".

CSP havia lhe dado 72 horas, mas sua agência disse que não. A política deles era que eles tinham 30 dias para remover uma criança e encontrar outra colocação para ele. Como cada pai / mãe é licenciado sob uma agência, ele é obrigado aos termos contratuais de cada agência. Nesse caso, a agência não removeria a criança por 30 dias, para que a agência possa ser paga pelos 27 dias daquele menino que vive em sua casa. Havia muito incentivo financeiro para a agência manter o garoto em sua casa e pouco incentivo para proteger sua filha de abuso sexual.

Nesse caso, o licenciamento criou um incentivo perverso para punir o pai adotivo bom, ignorar o filho abusado e recompensar o filho adotivo ruim. Claro, existem muitos outros tipos de casos.

Outra garota passou por um conjunto infeliz de circunstâncias depois que ficou órfã. Aos 2 anos de idade, seu avô assumiu a custódia legal dela e de sua irmã. O avô não precisava de uma licença porque poderia ter uma "colocação de parentesco". Parentes e amigos íntimos não precisam de licença. O avô tinha uma corrente de estupro, permitindo que estranhos estuprassem as duas meninas. As autoridades o pegaram e ele foi preso.

Ela e a irmã foram colocadas no sistema de assistência social. Homens a estupraram em abrigos. Ela foi negligenciada e abusada. Um de seus pais adotivos foi encontrado morto. A irmã dela também foi abusada. Ela engravidou apenas para escapar do sistema de adoção porque essa era sua única maneira de deixar o sistema. Ela sabia que quando uma filha adotiva engravidava, era provável que seu pai adotivo não a quisesse mais.

Nesse caso, tanto os cuidadores biológicos quanto os adotivos foram abusivos. A criança deveria ter sido colocada para adoção. Mas adoção significa que a agência adotiva não recebe mais dinheiro.

O governo deve trabalhar com organizações religiosas que tenham incentivos morais e financeiros para colocar as crianças em um lar adequado com bons pais e, em seguida, recompensar todos pela adoção, uma vez que seja verificado que foi bem-sucedida após um ano. Todas as partes devem ser entrevistadas para determinar o sucesso.

Outra maneira de trazer justiça ao sistema adotivo é aplicar os mesmos padrões aos pais adotivos licenciados que os pais de sangue não licenciados. Os bons pais adotivos que proporcionam um ambiente seguro e saudável geralmente se sentem maltratados e podem ter seu filho adotivo levado pelas menores infrações. Eles são mantidos em um padrão mais alto que os pais biológicos. Os bons cuidadores passam por muito para cuidar de um filho adotivo, mas assim que um pai ou parente aparece na vida da criança, mesmo que tenham sido abusivos, drogados ou estavam presos, eles têm mais a dizer do que o pai adotivo, porque o primeiro objetivo é o reagrupamento da criança com a família.

Os bons pais adotivos também querem isso, mas os pais biológicos que abandonaram seus filhos devem ser mantidos no mesmo padrão que os pais adotivos licenciados. Se a CPS e os responsáveis pelo caso visitam o pai adotivo mensalmente para tirar fotos dos colchões, detectores de fumaça e conteúdo da geladeira, o mesmo deve acontecer com o pai biológico que abusou ou abandonou uma criança ou cometeu outro crime.

As licenças governamentais acabam sendo sobre dinheiro e monopólio, e não sobre proteção das crianças e os melhores interesses públicos. A autoridade encarregada do licenciamento pode acabar sendo responsável por causar muita injustiça.

Além de carteiras de motorista, carteiras de identidade do estado e títulos de eleitor, o governo deve evitar interferir em setores e empresas que ele não sabe administrar ou resolver problemas. Deixe isso para organizações privadas e religiosas que o fazem melhor por um custo menor. A vida das crianças e a vida de alguns pais adotivos estão sendo roubadas através do sistema quebrado de licenças de assistência social.

4. **Ineficiência do Governo**—burocracia governamental é sinônimo de longas esperas e desperdício do governo.

Drenagem Do Pântano De Washington

Washington DC, é uma das regiões de crescimento mais rápido e mais caras da América. Por quê? Porque é a capital da cobiça. Abriga a sede de todos os departamentos do governo federal, portanto, atrai pessoas ambiciosas e lobistas bem financiados. Boas pessoas que podem ser qualificadas para ajudar a nação a resolver seus problemas são impedidas de trabalhar para o governo pelos altos custos de vida. As pessoas comuns que trabalham como garçons, faxineiros ou caminhoneiros têm dificuldade em sobreviver na capital. A concentração da burocracia federal também destaca esses departamentos do mundo real.

Como esse problema pode ser resolvido? Realocar a sede de todos os departamentos executivos fora de Washington DC, exceto os quatro Departamentos de Estado, Tesouro, Defesa e Justiça originais.

Os burocratas entrincheirados ficarão furiosos, como alguns estavam quando o secretário de Agricultura, Sonny Perdue, anunciou em agosto de 2019, que duas das agências de pesquisa do USDA seriam transferidas para Kansas City. A equipe estaria perto dos agricultores a quem eles deveriam ajudar. Cerca de 30% da equipe de Washington optou pela mudança, que deve economizar quase US$ 300 milhões em custos de emprego e aluguel durante um contrato de arrendamento de 15 anos na área de Kansas City.[17]

O presidente deve transferir o restante do Departamento de Agricultura dos Estados Unidos (USDA) para a área de St. Louis, Missouri, que está economicamente deprimida e se beneficiaria muito com empregos públicos com altos salários. O departamento estaria nas principais regiões agrícolas dos EUA.

Mova o Departamento de Transportes (DOT) para Atlanta, lar do maior aeroporto do mundo, e um importante centro ferroviário e interestadual próximo a vários portos importantes.

Mude o Departamento de Energia (DOE) para Houston, o coração da produção de energia nos EUA.

Mude o Departamento do Trabalho (DOL) para Michigan ou Pensilvânia, onde existem sindicatos significativos e indústrias de correias.

Mude o Departamento de Alfândega e Proteção de Fronteiras (CBP) para Los Angeles, Califórnia ou El Paso, Texas, onde existem inúmeras questões do mundo real.

Mude o Departamento de Educação para Chicago, o terceiro maior distrito escolar do país, onde os professores entraram em greve nove vezes desde que formaram o Chicago Teachers Union (União dos Professores de Chicago) em 1937[18]. Eles podem resolver problemas reais de educação lá.

Mude o Departamento de Saúde e Serviços Humanos (HHS) para Filadélfia ou Baltimore, onde a habitação pública é uma questão importante.

Mova o Departamento do Interior (DOI) para o interior: Denver, Salt Lake City ou Cheyenne. Isso os aproximará das vastas áreas de terra controladas pelo DOI. O Bureau of Land Management (Escritório de Gestão da Terra), uma parte do DOI, está mudando sua sede para Grand Junction, Colorado, enquanto este livro está sendo escrito. O executivo do governo informou: "Os funcionários da administração Trump disseram que a medida reduzirá os pagamentos de aluguel, reduzirá os custos de viagem e vão gerar economia pagando aos funcionários taxas menores de custo de vida."[19]

Tais medidas trariam muitos benefícios diretos e indiretos para Washington DC, os departamentos federais e as comunidades para as quais eles se mudam. Washington se tornará mais fácil de se viver. O Deep State e os lobistas que vivem em Washington irão ter menos influência. A burocracia será reduzida em tamanho pela própria escolha da equipe de não se mudar. Os funcionários que se mudarem se tornarão mais eficientes, aproximando-se das comunidades que devem servir. O orçamento federal será reduzido ao longo do tempo devido a equipe menor e maior eficiência.

Para que essa estratégia seja eficaz, todos os departamentos devem ser movidos de uma só vez, ou então os que restarem explorarão a situação para sua própria vantagem. Em Washington, estar presente representa 90% da batalha pelo orçamento. Como essa mudança terá um custo inicial, o Congresso procurará economizar dinheiro. Qual orçamento eles provavelmente cortarão primeiro? Aqueles que se mudaram primeiro e não estão presentes para defender seu orçamento.

A Bíblia nos fornece um modelo para separar os poderes em diferentes localizações geográficas. Deus foi inflexível quanto à divisão da terra de acordo com as 13 tribos de Israel (os levitas não possuíam terras, mas estavam encarregados do templo em Jerusalém e das cidades do santuário em todo o país).

Cada tribo era conhecida por uma especialidade:

Os levitas eram conhecidos como líderes religiosos, professores de direito, juízes e músicos - os da linhagem de Arão especificamente se tornaram sacerdotes;

A tribo de Judá produziu líderes políticos e militares - os da linhagem de Davi tornaram-se especialmente reis;

A tribo de Issacar era conhecida como eruditos que possuíam

sabedoria e orientação - durante o tempo de Davi foram descritos como "homens que entendiam os tempos, para saber o que Israel deveria fazer"[20], eles eram educadores e conselheiros ideais;

A tribo de Zebulom era conhecida pelos negócios e pelo financiamento do ministério dos estudiosos - o patriarca Jacó profetizou que Zebulom estaria em parceria com Issacar, que Zebulom encontraria "tesouros escondidos na areia" e "outros sacrifícios de justiça"[21], que indicavam que eles usavam sua riqueza para apoiar o ministério dos estudiosos.

Com base nessa divisão de especialidade por geografia, temos um modelo bíblico para mover os departamentos federais para fora da capital e para estados separados.

Um novo departamento em Washington, DC.

O modelo bíblico sugeriria um movimento adicional. Como a capital de Jerusalém abrigava não apenas instituições políticas, mas também religiosas, o Ministério do Patrimônio Bíblico da América deveria ser criado, colocado em Washington próximo ao poder político e mandatado para preservar o patrimônio bíblico dos Estados Unidos. Pode ter o poder de revisar a moralidade de todos os ramos do governo com base apenas na Bíblia.

A maneira mais simples de limitar os gastos do governo é não deixar isso para os políticos, mas dar poder de revisão e veto a um órgão neutro. Os profetas cheios do Espírito poderiam recomendar sabiamente quais itens da legislação e do orçamento federal deveriam ser vetados. Os membros deste grupo devem provar sua neutralidade ao não usar o poder para canalizar dinheiro para qualquer denominação específica, para si ou para suas famílias.

Os profetas tinham esse poder na Bíblia. Várias gerações depois de Roboão, outro rei de Judá chamado Amazias preparou-se para a guerra com seus vizinhos - os edomitas. Amazias reuniu 300.000 soldados judeus, além de contratar outros 100.000 mercenários do reino do Norte de Israel. Mas um profeta sem nome o parou e lhe disse o que fazer com seu orçamento militar.

2 CRÔNICAS 25:7-10

7 No entanto, um homem de Deus foi até ele e lhe advertiu: "Ó rei, não deixes o exército de Israel caminhar contigo, porquanto Yahweh, O SENHOR, NÃO ESTÁ COM ISRAEL [o reino do norte], isto é, com todos os de Efraim [outro nome para o reino do norte].

8 Contudo, se julgas que serás fortalecido para a guerra desse modo, Deus te fará cair diante do inimigo; pois Deus tem todo o poder para cooperar e também para fazer cair e derrotar!"

9 Então Amazias questionou ao homem de Deus: "Mas, sendo assim, que se fará das três toneladas e meia de prata que paguei pelo serviço dessas tropas treinadas de Israel?" Ao que ele prontamente respondeu: "Eis que Yahweh, o SENHOR tem muito mais para lhe dar do que toda essa prata!"

10 Então Amazias separou as tropas que haviam sido recrutadas de Efraim, e ordenou que retornassem para sua terra. Entretanto, eles se sentiram ofendidos e partiram para sua terra furiosos contra Judá.

Seguir os conselhos do profeta irritou alguns militares, mesmo que fossem pagos adequadamente, mas este é um daqueles capítulos da história em que não sabemos "o que poderia ter acontecido" porque foi evitada uma má aliança com o Norte. Obviamente, o rei Amazias confiava nos soldados do Norte, mas Deus não confiava neles. Eles mostraram seu caráter, ficando com raiva e invadindo algumas cidades de Judá a caminho de casa!

Esse político não estava confiante e o conselho do profeta estava certo. Amazias venceu a guerra contra Edom sem a ajuda do Reino do Norte. E o orçamento militar para os soldados do Norte era um custo irrecuperável, segundo o profeta.

Se um Ministério do Patrimônio Bíblico da América fosse estabelecido em Washington, os profetas cheios do Espírito não apresentariam seu ministério como uma ameaça ao sistema político. Em vez disso, eles devem se apresentar como servos, e os políticos devem vê-los como apoio que tem um lugar legítimo na capital de uma nação piedosa. Jerusalém era a capital compartilhada de dois grupos que se equilibravam: líderes políticos e religiosos.

Racionalizando Os Militares

As forças armadas dos EUA são as melhores do mundo, mas onde quer que haja burocracia, haverá lentidão, ineficiência e erros. Se fossem simplificadas reduziria custos e aumentaria sua eficácia.

Alterações propostas: livrar-se de serviços específicos cujas funções devem ser absorvidas por outros. Os especialistas sugerem frequentemente a fusão de um ou mais serviços com outros, a fim de reduzir a burocracia, os custos e a duplicação de esforços. No entanto, isso muitas vezes resultou em "muito barulho e pouca ação".

Por exemplo, propostas para fundir a Força Aérea com o Exército, de onde veio em grande parte, e com a qual compartilha grande parte de seus papéis atribuídos. A cada ano, há propostas para fundir o Corpo de Fuzileiros Navais com o Exército, já que ambos são forças de combate terrestre. Às vezes, existem propostas para fundir a Guarda Costeira com a Marinha, mas há questões legais lá. A Bíblia não lida com a maneira como a guerra moderna se desenvolveu.

Sem Força Espacial

Em 29 de agosto de 2019, o Presidente anunciou o estabelecimento do 11º comando de combate dos EUA - o Comando Espacial dos EUA - para "defender os interesses vitais da América no espaço"[22]. Adicionar um novo ramo de serviço não é a solução, pois cria um novo gigante, burocracia, que aumenta os custos, torna as coisas mais lentas e é menos eficiente.

Reagan cometeu o erro de começar a Iniciativa de Defesa Estratégica (apelidada de "Guerra nas Estrelas") em 1983. Era cara, ineficaz e foi oficialmente encerrada por Bill Clinton em 1993. Trump está repetindo o erro de Reagan. Não deve haver força espacial. Mate essa ideia antes que ela se transforme em um monstro sugador de dinheiro.

Todos nós podemos imaginar como um novo serviço funcionará. Eles passarão seus primeiros três anos decidindo sobre estruturas de postos e forças, vários tipos diferentes de uniformes (os oficiais terão emblemas de espadas em seus uniformes?), logotipos, artigos de papelaria, publicidade, recrutamento, bases e políticas gerais ao criar uma nova burocracia. Isso me parece uma perda de tempo.

Por que não formar apenas uma divisão de um serviço existente? Se nós precisarmos de algo diferente em 20 anos, teremos a experiência para tomar essas decisões de maneira racional. Pode fazer mais sentido fazer parte da Marinha, já que a Marinha já possui ativos que podem lutar no espaço - destroieres e cruzadores AEGIS modificados. Desde 2017, tem 22 navios equipados com mísseis anti-espaciais e capazes de abater satélites espiões.

Os comandantes da Marinha estão acostumados a operar um comando (um navio no oceano) com centenas de pessoas a bordo, na ausência de instruções do comando nacional. Cada navio está estruturado para funcionar com êxito dessa maneira, porque há muitas situações em que os comandos não podem chegar aos navios a partir da sede nacional - por exemplo, tempestades violentas, silêncio eletrônico etc.

Os escritores de ficção científica percebem que a exploração espacial é análoga à exploração oceânica, e a tripulação espacial é análoga à tripulação da marinha. É por isso que eles usam a Marinha quase invariavelmente para a tripulação de naves estelares.

Use a Marinha.

Outras Ineficiências

Existe alguma outra parte da Defesa dos EUA que possa ser simplificada? Pode-se perguntar por que a Guarda Costeira não faz parte da Marinha. Porque o Congresso proibiu o uso das Forças Armadas dos EUA para fazer cumprir a lei civil pela Posse Comitatus Act de 1878 (PCA), e a Guarda Costeira é uma agência de aplicação da lei do Governo Federal. Em operações de combate às drogas durante o tempo de paz, a Marinha não estaria legalmente autorizada a investigar ou embarcar em navios suspeitos de contrabandistas de drogas. A Guarda Costeira desenvolveu equipes chamadas Destacamentos de Aplicação da Lei (LEDETs) para trabalhar em conjunto com os navios da Marinha, mas a Marinha não pode realmente prender suspeitos, controlar evidências ou investigar crimes. A aplicação da lei deve ser feita pela Guarda Costeira. Portanto, tem um objetivo civil distinto e não pode ser absorvido pela Marinha.

Enquanto estamos no assunto, por que a Guarda Nacional é capaz de aplicar leis, reprimir insurreições e repelir invasões? Porque foi excluída do PCA de 1878 e deriva seu mandato do artigo I, seção 8 da Constituição. A Guarda Nacional está sob controle do estado e de plantão para o Governador, a menos que seja chamada para o serviço federal pelo Presidente. Como exemplo, os Governadores ativaram a Guarda Nacional durante os distúrbios de 1992 na cidade de Oklahoma e 1995 em Los Angeles. O presidente George W. Bush ativou a Guarda Nacional após o furacão Katrina em 2005.

Na Bíblia, a aplicação da lei era feita pelo povo. As pessoas tinham o direito de portar armas, defender-se, formar milícias e julgar um criminoso com o depoimento de duas ou três testemunhas (se fosse apenas duas testemunhas, elas tinham que estar em total acordo sobre todos os detalhes; qualquer desacordo resultava em uma absolvição instantânea). Por isso que não havia polícia nem sistema prisional no antigo Israel.

Voltar a esse sistema aumentaria a justiça e reduziria o orçamento do governo, mas exigiria um povo esclarecido que lesse, entendesse e vivesse a Bíblia. Nenhum governo secular no mundo pode alcançar o que o antigo Israel alcançou quando seus governantes e seu povo eram dedicados ao Senhor. Um Terceiro Grande Despertar na América pode conseguir isso.

Antes de encerrar esse capítulo, eu devo lidar com mais uma injustiça.

Tributação Sem Representação

Comecei este capítulo com o grito de guerra da Revolução:

"Sem tributação sem representação!" No entanto, os EUA agora são culpados de tributar pessoas que não têm representação no governo.

Existem cidadãos de segunda classe em Porto Rico e quatro territórios dos EUA no mar do Caribe e no Oceano Pacífico, essas pessoas pagam impostos nos EUA e podem votar nas eleições locais, mas não podem votar nas eleições presidenciais. Eles não têm representação adequada no Congresso.

Os Democratas há muito desejam conceder cidadania a estrangeiros ilegais ou sem documentos, com a esperança de que seus votos sejam atribuídos aos Democratas. Por que então os Republicanos não despertaram para o fato de que existem pessoas legalmente legítimas que possuem passaportes dos EUA e pagam impostos federais dos EUA, mas não podem votar?

Proposta: Os cinco territórios dos EUA permanentemente habitados terem a opção de se tornar uma nação soberana independente, separados dos EUA ou se tornar um estado dos EUA com todos os direitos e privilégios.

Os cinco territórios dos EUA são Porto Rico, Ilhas Virgens Americanas, Guam, Samoa Americana e Ilhas Marianas do Norte. Devido às suas pequenas populações, os três últimos poderiam ser agrupados em um único novo estado, chamado "Pacífica" ou "Oceania Americana", ou qualquer outra coisa. Cada novo estado teria dois senadores e um representante na Câmara dos EUA.

Isso não é estranho, considerando que Alasca, Delaware, Montana, Dakota do Norte e do Sul, Vermont e Wyoming têm apenas um representante. Utah tem quatro representantes, embora seja menos populosa que Porto Rico. Delaware e Ilha Rhode têm dois senadores e um e dois representantes, respectivamente, apesar de terem uma área de terra menor do que Porto Rico.

Existem outras nove "Ilhas Menores Distantes dos Estados Unidos", nomeadas Atol Intermediário, Palmyra Atoll, Ilha Baker, Ilha Howland, Ilha Jarvis, Atol Johnston, Recife Kingman, Ilha Navassa e Ilha Wake. Apenas os dois primeiros são escassamente habitados por cientistas e trabalhadores ambientais. Geograficamente, o Atol Midway faz parte da cadeia de ilhas do Havaí, portanto pode se tornar parte do estado do Havaí, assim como as Ilhas Aleutas fazem parte do

Alasca. Palmyra é de propriedade privada. O resto é desabitado, mas pode se tornar parte de um estado ou de uma nova nação mais tarde.

Se a América tributar qualquer uma dessas pessoas, elas deverão ter representação no governo federal, porque a tributação sem representação é uma injustiça que viola o Oitavo Mandamento.

7 REFORMA JURÍDICA & TIRANIA DA PSICOLOGIA

⋆ ⋆ ⋆ ⋆ ⋆

O SÉTIMO MANDAMENTO

⋆ ⋆ ⋆ ⋆ ⋆

Não cometerás adultério. (Êxodo 20:14)

REFORMA JURÍDICA

Steve Strang, em seu livro Deus, Trump e a eleição de 2020, abordou o assunto da justiça: "Esta é uma área em que os evangélicos geralmente tem uma visão comum com a esquerda porque a justiça é importante na Bíblia. Os cristãos veem isso em termos morais, e eu conheço pastores negros apaixonados pela justiça criminal que me dizem que por essa questão eles se apegam ao Partido Democrata..."[1]. Em outras palavras, a justiça é uma questão bíblica não partidária que deve ser tratada por qualquer presidente que deseje o favor de Deus.

Para ser justo, você deve ter compaixão por aqueles que sofrem injustiça. Há injustiça diária perpetrada em nossos tribunais. Todos os dias a vida de alguém é destruída pelos tribunais.

Como pastor, trato de muitas pessoas cujas vidas foram injustamente tratadas no tribunal. Aprendi que o nobre conceito de "estado de direito" está sujeito à manipulação das opiniões dos juízes. A lei ordena que políticos, juízes e advogados variem em graus de "privilégio" ou imunidade legal para acusar falsamente outros, como fez o presidente do Comitê de Inteligência da Câmara Adam Schi contra o presidente Trump em 26 de setembro de 2019, quando Schi fabricou uma conversa que o presidente não teve com sua contraparte ucraniana[2]. O objetivo era pintar na mente das pessoas que Trump era como um chefe da máfia.

Por que Schi não foi responsabilizado pela mentira ao Congresso? Ele, como muitos de seus colegas políticos e jurídicos, usa mal seus poderes para fabricar mentiras e subverter a justiça - e muitas vezes a grande mídia é cúmplice da fraude. Estou exagerando?

Se um líder ou pastor não entende isso, eu diria que ele não passou tempo suficiente nas trincheiras com seu povo. Quando Jesus disse: "Havia um juiz que não temia a Deus nem respeitava o homem".[3] Ele estava descrevendo o típico juiz de nossos dias.

Os juízes desempenham o papel de Deus - vestido e elevado acima do povo - desprezando qualquer um que ouse violar sua vontade. O conceito de moralidade e justiça bíblica é frequentemente ridicularizado nos tribunais seculares, mesmo que a Bíblia ainda esteja lá para prestar juramentos.

Testemunhei um litigante cristão colocar a mão sobre a Bíblia e declarar, como todas as pessoas ao testemunhar, sua profissão: "ministro de Deus". O juiz sorriu e perguntou: "Qual Deus?" Ele respondeu: "Meritíssimo, o Deus da Bíblia que eu acabei de prestar juramento". O rosto do juiz estava coberto de desdém pelo cristão e por sua resposta que não podia ser refutada. Testemunhei o espírito de anticristo colidindo com o Espírito de Cristo naquela sala.

Estou convencido de que, se um litigante se levantasse na maioria dos tribunais seculares e dissessem: "Estou aqui por justiça", ele seria ridicularizado pelas pessoas no tribunal. O sistema está claramente quebrado. Argumento ainda que partes dele estão quebradas a ponto de serem irreparáveis.

Deixe-me primeiro explicar o porquê e, em seguida, chegaremos às soluções (se você estiver convencido de que o sistema está quebrado, poderá pular para a seção Propostas de Reformas do Tribunal). Segundo a Bíblia, há um pecado que rompe um relacionamento além do reparo. Está contido no Sétimo Mandamento: **"Não cometerás adultério".**

O adultério é um relacionamento ilícito. Antes de você se apressar para julgar: a Bíblia não diz que um ato de adultério não pode ser perdoado, ou que um relacionamento não pode suportar o choque de uma indiscrição. Mas uma vez iniciado, é difícil para um relacionamento ilícito parar.

A dultério Nos Tribunais

Algumas das relações ilícitas mais prevalecentes e perniciosas estão dentro dos tribunais. Vários advogados me disseram que os tribunais não se importam com a verdade. "A verdade é superestimada", um advogado experiente me disse sem nenhuma pretensão. Eu perguntei a ele: "Como então a justiça é feita?".

Ele me confidenciou um segredo comercial: "Uma decisão legal geralmente se resume ao relacionamento entre juízes e advogados. Alguns juízes não gostam de certos advogados - você não vai ganhar. Alguns juízes conhecem os advogados, talvez tenham estudado juntos ou trabalhado na mesma empresa - é mais provável que você ganhe. O truque é contratar um advogado que o juiz goste."

Por mais injusto que isso possa parecer, isso não começa a arranhar a superfície da relação incestuosa entre juízes e advogados.

De onde tiramos nossos juízes? Embora não seja exigido pela Constituição, a maioria dos juízes são ex-advogados. Em raras ocasiões, um professor de direito[4] pode ser nomeado juiz.

Quais advogados se tornam juízes? A impressão dada pelos livros didáticos é que os juízes são membros "independentes" do terceiro ramo do governo. Na prática, são ex-advogados que foram nomeados por meio de conexões políticas, doações e favores.

Como um advogado se torna um juiz federal? Normalmente, uma variedade de grupos de interesse político[5] recomendam candidatos ao Presidente, que nomeia certos candidatos para aprovação do Senado.

Como um advogado se torna um juiz estadual? Dependendo do estado, ou o governador marca uma nomeação para ser confirmada pelo legislador estadual ou os candidatos concorrem a juízes estaduais, como qualquer outro cargo político.

Em outras palavras, os juízes são nomeados políticos com uma inegável relação com os poderes legislativo e executivo. Isso explica os julgamentos de motivação política e o ativismo judicial que são tão desenfreados. É um exagero chamar a maioria dos juízes de "independentes". Thomas Jeerson escreveu:

"Nossos juízes são tão honestos quanto os outros homens e não mais. Eles têm, como os outros, as mesmas paixões por partido, por poder e pelo privilégio de seu corpo... e seu poder é mais perigoso quanto eles são responsáveis pela vida e não são responsáveis, como os outros funcionários, pela eleição."[6]

De acordo com uma pesquisa da Gallup de 2018, as profissões menos confiáveis são: membros do Congresso, seguidos por vendedores de automóveis, executivos, advogados e corretores de imóveis.[7] A maioria dos americanos confia mais nos corretores do que nos advogados. E os americanos têm uma menor consideração pelos políticos, uma grande maioria dos quais são ex-advogados. Em uma lista das profissões "mais odiadas" em um determinado ano, os advogados aparecem entre os 10 primeiros.

Damos os cargos mais permanentes e poderosos no governo (o de juiz) às pessoas que menos confiamos na comunidade. Essa desconfiança é injustificada? Seria mais prudente eleger ou nomear alguns forasteiros como juízes?

Trazer Mais Forasteiros Para Dentro

O mandato de Trump é atrair pessoas de fora. Seus erros geralmente ocorrem quando ele confia em pessoas de dentro, como quando confiou em Sally Yates da época de Obama como sua procuradora-geral. Ele deveria ter confiado em seus instintos e preenchido posições de poder com pessoas de fora imediatamente.

Atualmente, todos os nove juízes da Suprema Corte frequentaram a faculdade de direito de Harvard ou Yale. (Ruth Bader Ginsberg começou na Harvard Law School, mas foi transferida para Columbia depois que o marido conseguiu um emprego na cidade de Nova York). Por mais prestigiados que Harvard e Yale possam ser, eles não deveriam ter o monopólio da Suprema Corte.

A Bíblia ordena repetidamente que os líderes sejam escolhidos das 12 tribos de Israel, para que os líderes sejam representativos do povo. Harvard e Yale dificilmente são representativos do povo americano. Eles representam duas tribos em mais de 200 faculdades de direito credenciadas na América. Eles representam elitismo.

Meu conselho pastoral é que o Presidente indique juízes que estão muito distantes do monopólio elitista de Harvard-Yale e mais em contato com o coração dos americanos. Também estou sugerindo que o presidente diversifique a corte nomeando um cristão bíblico, já que atualmente todos os nove juízes são judeus ou católicos romanos.[8] Um cristão bíblico como **Ted Cruz** ou **David Barton** seria uma pessoa de fora de Trump que poderia trazer o equilíbrio necessário e diversidade ao Supremo Tribunal.

Quando Salomão se tornou rei, seu primeiro erro foi não agir com rapidez suficiente para se livrar de Adonias, um meio-irmão que tentou usurpar o trono e seus apoiadores - Joabe, o general, e Abiatar, o sacerdote. Eles lhe causaram problemas. Simei também, cujo pecado estava amaldiçoando seu pai Davi quando outro meio-irmão Absalão tentou destronar Davi.

Essas histórias nos ensinam que, quando há corrupção, a resposta apropriada é **trazer sangue novo - forasteiros**. Há muito adultério político em Washington e você não pode separar os adúlteros. O Sétimo Mandamento nos diz quão sérias são as relações ilícitas.

Como O Esquerdismo Tem Tomado A América

Como pastor, eu testemunhei o relacionamento ilícito que os psicólogos têm com o tribunal. O resultado de um caso de família não depende de fatos que podem se estender por muitos anos ou décadas, que podem ser atestados por testemunhas de família, mas da opinião de um psicólogo.

Eu pessoalmente vi dois casos em um ano em que as mães abusavam fisicamente de seus filhos. Em um caso, o garoto quase morreu. O garoto foi retirado dos cuidados da mãe pela polícia para ser protegido pelo pai. O Departamento de Saúde e Serviços Humanos (DHHS) interveio e se envolveu. Eles disseram à mãe que tinham "uma forte preferência por uma mulher ser a principal cuidadora da criança", e tudo o que ela precisava fazer para anular a proteção legal da criança era fazer rapidamente um teste psico-neurológico. Nos dois casos, as mães mantiveram os cuidados primários com os filhos.

Por outro lado, os psicólogos costumam remover os pais da vida dos filhos. Sabendo que existem alguns pais violentos e irresponsáveis, eu diria que qualquer pai que procura ter tempo com seus filhos já está mostrando que ele é um bom pai para qualquer pessoa com bom senso. Privar os filhos de seus pais não é uma vitória para nenhum partido e uma grande perda para os filhos. Os psicólogos são capazes de usar nada além de sua opinião para declarar que os pais são incompetentes e perigosos; portanto, os pais devem ter menos tempo com os filhos do que as mães. Alguns filhos não podem dormir na casa dos pais.

Muitos americanos não percebem que a Bíblia foi banida da escola pública, não com base na verdade histórica, mas com base na opinião de um psicólogo. O Dr. Solomon Grayzel informou ao tribunal que a leitura do Novo Testamento pode causar danos psicológicos às crianças e, assim, a Bíblia foi proibida.[9]

A justiça foi terceirizada para o monopólio da psicologia. Os Pais Fundadores dos EUA poderiam imaginar um sistema tão corrupto? Um sistema de justiça influenciado por "testemunhas especializadas" que ganham dinheiro com a bolsa pública e são nomeados pelos tribunais?

A psicologia não é uma ciência exata (se deve ou não ser chamada de ciência é outra questão); portanto, seu uso crescente nos tribunais ameaça o devido processo legal e inclina o ônus da prova exigido pela Constituição para todos os réus.[10]

— ★ ★ ★ ★ ★ —

O Que É Psicologia?

O público precisa entender a diferença entre psicólogos, psiquiatras e conselheiros. Todos os três são semelhantes, pois são treinados para fazer psicoterapia ou terapia de conversação. Você fala, eles escutam, você se sente melhor. É óbvio que algumas pessoas melhoraram a qualidade de sua vida tendo um profissional com quem conversar.

Os **conselheiros** são treinados para dialogar e não mais.

Os **psicólogos** são treinados para avaliar e chegar a uma "conclusão" sobre a "condição" de uma pessoa. Os psicólogos tendem a ser rápidos em colocar as pessoas em uma caixa e declarar um "transtorno mental", como TDAH ou bipolaridade, e depois encaminhar para psiquiatras.

Os **psiquiatras** são os únicos estudantes de psicologia que podem prescrever drogas antipsicóticas e prender as pessoas em instituições mentais contra sua vontade. O público geralmente usa dois ou três desses termos de forma intercambiável, e usaremos o termo "psicologia" como um elemento genérico para todos os três campos, mas essa confusão esconde algumas diferenças críticas.

Conforme observado pelo Dr. Thomas Szasz, existe uma dificuldade peculiar à psiquiatria, a saber, que o termo se refere a dois tipos de práticas radicalmente diferentes: 'curar' almas por meio de conversas ou através de controle coercivo do paciente pela força, autorizado e mandado pelo estado... jornalistas geralmente não conseguem distinguir entre aconselhar clientes voluntários e coagir... cativos do sistema psiquiátrico."[11]

Em outras palavras, a psicologia, se for considerada "ciência médica", é distinta de todos os outros campos da medicina, na medida em que pode "tratar" os pacientes contra sua vontade. Isso deveria ser uma preocupação para todos os conservadores e libertários amantes da liberdade. A psicologia, embora benigna em sua forma de aconselhamento voluntário, é a ferramenta perfeita para um estado autoritário em sua forma coercitiva e patrocinada pelo estado.

O adultério aqui é entre poder político e interesse próprio da psiquiatria. A psicologia coercitiva é inerentemente política. A Associação Americana de Psicologia (APA) declara por escrito:

"Os psicólogos se esforçam para disseminar as conclusões da pesquisa para os legisladores e formuladores de políticas, a fim de informar as políticas de saúde pública e o financiamento para esforços de pesquisa, prevenção e intervenção..."[12]

Esses psicólogos têm um objetivo político: usar o poder jurídico e a bolsa pública para impulsionar sua agenda de esquerda; a saber, que a "masculinidade tradicional" é tóxica; que os "papéis tradicionais de gênero" são rígidos, sexistas e opressivos; e que os homens são "privilegiados". Os cristãos não sabem que a psicologia coercitiva está ponto a ponto minando toda crença central do cristianismo.

A psicologia coercitiva é o ministério de propaganda de fato da esquerda. Até que cristãos e conservadores percebam isso, não seremos capazes de impedir a usurpação do poder legal e dos fundos públicos por psicólogos de esquerda para destruir os valores familiares e religiosos tradicionais.

O setor privado reconhece as diferenças entre aconselhamento voluntário e psicologia coercitiva. O setor privado reconhece os benefícios do aconselhamento ao subsidiá-lo, enquanto o governo tende a promover a psicologia. Por exemplo, na Austrália, as seguradoras privadas de saúde concederão descontos por aconselhamento, mas o governo pagará apenas a terapia por psicólogos.

A distinção entre aconselhamento voluntário e psicologia coercitiva também é feita em tribunal. Psicólogos e psiquiatras podem aparecer no tribunal como "testemunhas especializadas", mas não um conselheiro que pode ter muito mais experiência que um graduado em psicologia. Os psicólogos fazem parte de um clube exclusivo que recebe tratamento favorecido no tribunal. Isso explica por que os tribunais se inclinam para a esquerda e os conservadores não têm chance de vencer a guerra ideológica sem interromper a influência dos psicólogos.

Como a psicologia se safa da coerção? Desde sua invenção como um campo de estudo de austríacos e alemães, o grande objetivo da psicologia tem sido ser reconhecido como "medicina" e "ciência" adequadas. Portanto, seus praticantes usam termos como "pacientes", "diagnósticos" e "clínicos" para parecerem críveis ao público.

A psicologia é, obviamente, um campo inteiramente subjetivo. Os diagnósticos geralmente são baseados em nada mais que preconceitos e opiniões pessoais. Não é segredo que muitos "diagnósticos" são errôneos e poucos pacientes deixam de ser pacientes. Nenhuma alma que tenha sido submetida a psicologia coercitiva foi curada.

O público precisa entender que o termo psicologia se refere a duas coisas diferentes: uma é uma terapia de conversação voluntária; o outro é uma tirania de opiniões subjetivas disfarçadas de fatos objetivos. De fato, o Dr. Szasz criou um nome para a filha ilegítima da política e da psiquiatria: "fatos mentirosos".[13]

Esses fatos mentirosos são invenções verbais intermináveis de doenças mentais que são redefinidas e substituídas quando o poder político deseja. A homossexualidade costumava ser diagnosticada como "disforia de gênero", "distúrbio de orientação sexual" e, finalmente, "homossexualidade ego-distônica" em várias edições do Manual Diagnóstico e Estatístico de Transtornos Mentais da Associação Psiquiátrica Americana (DSM I, II III).

Hoje, ajudar alguém que deseja superar a atração homossexual (apelidada de "terapia de conversão") é a doença mental. Como pode ser científico que duas coisas opostas sejam chamadas de doença mental? Dentro de uma geração, a cura para a "doença" passou a ser rotulada como a doença. Essa redefinição de doenças mentais é típica da psicologia, porque não é motivada por ciências comprovadas, mas pelos ventos da agenda política.

O emocionalismo feminino costumava ser chamado de "histeria" (literalmente "útero" em grego); hoje qualquer coisa que não confirme sentimentos femininos seria considerada abuso psicológico. Aqui está o segredo: os objetivos políticos podem ser alcançados mais rapidamente através da redefinição das palavras dos psicólogos de novas maneiras.

— ★ ★ ★ ★ ★ —

Adultério Entre Os Tribunais E Os Psicólogos

Os tribunais modernos terceirizaram a justiça para o departamento de psicologia. Assim, novos crimes estão sendo cometidos sem que ninguém viole nenhuma lei. Agora é dado como certo no tribunal que não permitir que uma mulher use um cartão de crédito equivale a "violência doméstica", porque a saúde mental da mulher pode ser prejudicada. O castigo pela violência doméstica pode ser severo. O juiz pode conceder mais da metade dos bens conjugais à ex-esposa ou privar o pai de ver seus filhos, com base no jargão enganoso e nos rótulos subjetivos de um psicólogo.

"Rejeitando esse jargão", escreveu o Dr. Szasz, "insisti que os hospitais psiquiátricos são como prisões, não hospitais; que a hospitalização mental involuntária é um tipo de prisão, não assistência médica; e que psiquiatras coercitivos funcionam como juízes e carcereiros, não como curadores. Sugeri que visualizássemos e entendêssemos 'doenças mentais' e respostas psiquiátricas a elas como questões de direito e retórica, não de medicina ou ciência."[14]

Os líderes conservadores e cristãos devem se alarmar com o fato de agora termos uma nova classe de juízes coercitivos que não foram escolhidos pelo povo nem ordenados pela Constituição. Os psicólogos começaram a dormir com legisladores, advogados e juízes, e eles estão vivendo um relacionamento de fato.

A psicologia se tornou lei em muitos tribunais. E a lei é força, enquanto a medicina real não é. O campo da medicina está sujeito à ética moral - você, como paciente, pode optar por procurar, questionar, aceitar e rejeitar um diagnóstico médico, mas não pode questionar a lei. A lei é pura força - você é obrigado a estar no banco dos réus, a ser involuntariamente julgado e, se condenado, perder seus direitos e liberdade.

A psicologia está substituindo o que está escrito em nossas leis. Nossa Primeira Emenda diz que temos o direito ao livre exercício da religião; mas a psicologia diz que orar na escola e ler a Bíblia pode prejudicar a saúde mental das crianças. A psicologia vence. A Constituição dos EUA chora.

· · ·

Adultério Entre Políticos E Psicólogos

O adultério entre políticos e psicólogos era o relacionamento ilícito favorito dos comunistas. Sob o comunismo, as crenças religiosas foram as primeiras a serem rotuladas como uma forma de "doença mental". Quando os dissidentes questionaram a ideologia comunista, a dissidência foi redefinida como um "distúrbio psiquiátrico" pelas leis da União Soviética, a saber, o artigo 58-10 do Código Penal da era Stalin, o artigo 70 do Código Penal de 1958 e o artigo 190-1 do Código Penal de 1967.

Sob a tirania da União Soviética, criticar a autoridade e escrever livros críticos foi diagnosticado como uma doença mental chamada "ilusão do reformismo". Claro, era uma doença inventada. Sintomas de pessimismo, má adaptação social e conflito com as autoridades foram diagnosticados como "esquizofrenia lenta".[15] Pessoas que tentaram emigrar para fora da União Soviética, que distribuíam ou possuíam literatura ou livros proibidos, participaram de protestos pelos direitos civis ou foram pegos participando de atividades religiosas proibidas estavam sujeitas a detenção psiquiátrica e encarceramento.

A chave para tornar esses "fatos mentirosos" legais é elevar o status da psicologia ao status de "medicina" e "ciência". O estudo do comportamento humano tenta imitar o estudo de células e órgãos usando termos médicos como "pacientes", "diagnósticos", "tratamentos" e "hospitais."

Vice-Presidente Joe Biden

Não pense que essa perseguição legal via psicologia é exagerada para a América. O pioneiro na primária presidencial Democrata, o ex-senador e vice-presidente Joe Biden, apresentou ao Senado um projeto de lei intitulado "Reconhecendo o vício como uma doença, lei de 2007". O projeto pedia a reescrita da linguagem oficial, redefinindo o vício como "uma doença cerebral crônica e recorrente". Vício implica volição. Doença implica vitimização. O vício implica responsabilidade pessoal. A doença implica responsabilidade do governo. A frase de transição que os Democratas queriam passar de "vício" para "doença" é primeiro chamá-lo de "doença do vício."

Idealmente, a palavra "vício" seria eliminada por completo, como sugerido em outros exercícios de renomeação. O mesmo projeto de lei pedia que o Instituto Nacional de Abuso de Drogas (NIDA) fosse renomeado como "Instituto Nacional de Doenças de Dependência" e que o Instituto Nacional de Abuso de Álcool e Alcoolismo fosse renomeado como "Instituto Nacional de Distúrbios e Saúde do Álcool."

Por que mudar palavras e controlar o idioma é tão importante para Biden (e para a esquerda em geral)? Pessoalmente, é porque o filho mais novo de Biden, Hunter, lutou contra o vício em álcool e drogas. Hunter recebeu alta da Marinha depois de testar positivo para cocaína. O vício cria um estigma. A doença livra o estigma.

Politicamente, é porque a psicologia coercitiva capacita os políticos de esquerda com uma lógica pseudocientífica para controlar a legislação e os resultados legais. Em 2008, por exemplo, o Congresso aprovou a Lei de Paridade e Vício em Saúde Mental (MHPAEA) exigindo que as companhias de seguros forneçam às pessoas "diagnosticadas" com doenças mentais o mesmo acesso a uma cobertura aceitável que aquelas com doenças físicas. Como argumentou o Dr. Stanton Peele: "Fora da China, a maioria dos países tecnologicamente avançados não aprova projetos de lei que anunciam verdades científicas."[16]

Os psicólogos poderiam agora transformar a opinião diagnóstica em uma política pública politicamente executória. A verdade é que o abuso de substâncias nem sempre é um sintoma de uma "doença cerebral". Pode ser um sintoma de um ato da vontade, pressão dos colegas, uso experimental, uso recreativo, dependência emocional, dependência química ou dependência total.

Uma doença médica deve ser definida por medidas objetivas como "uma alteração patológica de células, tecidos e órgãos ... Se aceitarmos essa definição científica de doença, segue-se que a doença mental é uma metáfora... não sujeita a falsificação empírica"[17]. Opiniões de políticos ou psicólogos não podem criar um fato científico.

★ ★ ★ ★ ★

As Políticas Da Psicologia

A chave para o uso político da psicologia é torná-la científica. A palavra "doença" parecia mais científica do que "dependência" ou "abuso", daí a pressão do senador Joe Biden por mudar o "abuso de drogas" para "doenças do vício". Declarações não comprovadas e não testadas sobre condições físicas e emocionais que variam em um espectro foram elevadas pelos políticos ao status de "diagnóstico" médico de "doença" mental. Isso preparou o caminho para mais terreno político a ser conquistado pela esquerda. Em 2010, a cobertura para "doenças" mentais foi bastante ampliada sob a Lei de Assistência à *Lei da Saúde Acessível* (também conhecida como *Obamacare*).

A menos que cristãos e conservadores tomem consciência da estratégia da esquerda, essa tendência não pode ser revertida. Em vez disso, podemos esperar que o mau uso psiquiátrico ao estilo soviético invada ainda mais nossas leis e corrompa o sistema judicial. A psicologia coercitiva se tornará a desculpa política aceita para a perseguição de crenças religiosas. Psicólogos irão querer influenciar pessoas de uma idade cada vez mais jovem. Ao mesmo tempo, procurarão ter mais influência sobre eleições e nomeações políticas.

O Caso De Justiça Brett Kavanaugh

Em 2018, quando a esquerda queria uma estratégia para se opor à nomeação do presidente Trump de Brett Kavanaugh para a Suprema Corte, eles sacaram a maior arma que possuíam - trouxeram uma psicóloga chamada Christine Blaise Ford. Ford testemunhou perante o Congresso, fazendo muitas alegações falsas de má conduta sexual contra Brett Kavanaugh. A mídia ajudou a espalhar seu comentário sem questioná-la, porque ela era psicóloga (questionar uma história costumava ser chamado de jornalismo). Acontece que Ford não tinha provas contra Kavanaugh, seus próprios amigos contradiziam sua história e ela estava mentindo por uma causa política. Ford pensou que ela poderia se safar com o golpe enquanto o país inteiro assistia. Imagine o que ela esconde no espaço mais privado de uma sala de aconselhamento ou de uma sala de aula. Seu caso muito público foi uma ilustração perfeita de como os psicólogos não estão praticando *medicina*, mas a *moralidade*.

Suas palavras se tornaram mais poderosas que as dos juízes. Psicólogos podem julgar os juízes! No entanto, poucos conservadores notaram. Eles deram um suspiro de alívio por Brett Kavanaugh não ser realmente culpado. A estratégia Democrata, embora tenha falhado em 2018, provou ser poderosa.

Em 1964, o candidato Republicano Barry Goldwater concorreu contra o então presidente Democrata Lyndon Johnson, que assumiu a presidência no dia em que John F. Kennedy foi assassinado em 22 de novembro de 1963. Os agentes de esquerda começaram a minar os Republicanos usando a psicologia. A revista Fact entrevistou psiquiatras sobre se eles consideravam o senador do Arizona adequado para a presidência. A revista informou:

> "1189 psiquiatras dizem que Goldwater é psicologicamente incapaz de ser presidente."[18]

Apesar de um "diagnóstico" sem sentido, o relatório enganoso parecia "clínico" e causou o dano pretendido no alvo.

Goldwater processou o editor da revista e o editor-gerente por difamação e recebeu US$ 75.000 em danos em *Goldwater X Ginzburg* (julho de 1969).

O flagrante abuso da psiquiatria na influência política foi exposto porque a vítima era uma pessoa de alto nível e tinha os meios para processar em tribunal. Esse constrangimento levou a Associação Americana de Psiquiatria (APA) a adicionar a Seção 7 aos seus "Princípios de Ética Médica" em 1973. A "**regra de Goldwater**" se aplica apenas a figuras públicas e lê-se em parte:

> "É antiético que um psiquiatra ofereça uma opinião profissional, a menos que ele tenha realizado um exame e tenha recebido a devida autorização para tal afirmação."

É interessante notar que apenas figuras públicas (políticos) foram protegidas contra esse abuso profissional. Figuras não públicas -

cidadãos comuns como você - podem continuar sendo criticadas por esses profissionais e difamadas online. Foi por isso que propus uma "Declaração de Direitos Digitais" em obediência ao Nono Mandamento: **"Não prestarás falso testemunho"**.

Cristãos e conservadores não estão aplicando o modelo de Deus para a justiça. Por esse motivo, os Democratas usarão a tática novamente, até que funcione ou até que alguém a interrompa legalmente.

A mesma tática usada pela esquerda em Goldwater foi usada em Donald Trump. Durante sua campanha de 2016 e seu primeiro mandato na Casa Branca, vários psicólogos afirmaram publicamente que Trump era "desequilibrado", "inapto para o cargo", "narcisista" e "perigoso."

Esses, entre muitos outros adjetivos, são usados intencionalmente, pois podem indicar um "distúrbio de personalidade". Esses psicólogos eram partidários políticos que violavam a regra de Goldwater, mas contornaram a regra alegando dever proteger o público.

O psicólogo John Gartner disse em abril de 2017: "Temos uma responsabilidade ética de alertar o público sobre a perigosa doença mental de Donald Trump."[19] Gartner fundou um comitê de ação política (PAC) chamado "Dever de Advertir" para canalizar seu uso político da psicologia. Não era ciência médica; foi ativismo político descarado.

Psicologia Coercitiva É Marxismo Emocional

A psicologia é o ramo emocional do marxismo. Ambos são fundamentalmente sobre coerção e controle. Ambos acreditam em *predestinação* ou *determinismo*: sua vida e sexualidade foram predeterminadas por seus pais, seu passado e forças além de seu controle; você não tem escolha sobre como se sente e quem é. O determinismo dá a você uma sensação de impotência e uma mentalidade de vítima ao mesmo tempo. Percebe-se que as vítimas têm pouco poder - as coisas simplesmente acontecem além de sua escolha e responsabilidade pessoal - portanto, em um sistema ideal, psicólogos e marxistas querem que as massas sejam governadas por uma classe sábia de elites que "sabem melhor" o que é bom para os outros, para o meio ambiente e para o mundo.

Alguns psicólogos alegam que é injusto agrupar todos os psicólogos em uma cesta. Na verdade, eles são médicos que não gostam do seu próprio remédio. Não rotulo psicólogos em uma cesta. Faço uma distinção clara entre psicologia voluntária (terapia da fala) e psicologia coercitiva (marxismo emocional).

Existem alguns conselheiros e psicólogos que tentam ajudar pacientes voluntários com seus problemas morais. Eles estão, de fato, atuando como pastores de pessoas que podem não ir à igreja. Eles estão resolvendo problemas morais, não médicos. Bons conselheiros agem como pastores dando sermões individuais e tendo conversas individuais.

Mas psicólogos coercitivos estão forçando suas visões sociais e morais sobre sexo e gênero a outros em nome da ciência e da medicina. Estes são discípulos de Freud, um homem obcecado por sexo e antirreligioso da Áustria.

Freudianismo e marxismo são dois lados da mesma moeda germânica: são engenheiros sociais que usam coerção para o "bem do povo". Eles não estão convencidos de que transações voluntárias podem atingir seus nobres objetivos de modificar o comportamento humano, transformar a cultura e controlar a economia. Eles acreditam que o Estado deve se envolver. O Estado deve controlar as pessoas e as pessoas devem pagar pela visão do Estado. É útil aqui falar um pouco sobre Karl Marx.

— ★ ★ ★ ★ ★ —

Karl Marx (1818-1883) foi um escritor alemão que nunca começou, administrou ou possuiu um negócio, era incompetente em lidar com suas próprias finanças, inclusive estando em dívida a maior parte de sua vida, mas escreveu sobre finanças e economia. Suas duas publicações econômicas influentes foram um panfleto de 1848 chamado *O Manifesto Comunista* e um livro de 1867, *O Capital*, criticando o capitalismo. Ele ensinou que a história da sociedade é a história das lutas de classes. Ele raramente tomava banho, sofria de carbúnculos crônicos (furúnculos) por 25 anos, era indiferente à própria família e era extremamente racista em relação ao povo judeu.[20] Ele nunca pagou um centavo a sua criada Helen Demuth. Ela concebeu dele um filho ilegítimo "Freddy", a quem ele se recusou a reconhecer e apoiar.[21] No entanto, ele escreveu sobre a grande exploração da classe trabalhadora. Marx era um membro ocioso da burguesia que vivia sem pegar empréstimos e com a renda de seu amigo Friedrich Engels. Ele morreu de câncer na garganta em 1833 e poucas pessoas compareceram ao seu funeral.

Surpreendentemente, nenhum outro filósofo influenciou mais o pensamento secular moderno do que Karl Marx. Hoje, os ativistas de esquerda não se afastam do seu exemplo: eles tendem a viver com o dinheiro de outra pessoa, reduzem as questões a generalizações sobre as lutas de classes - agora chamadas de "política de identidade", e a maioria ainda é anti-Israel. O marxismo, em todas as suas formas, é o principal inimigo da justiça.

O lado econômico da filosofia de Karl Marx é chamado **comunismo** ou **socialismo**, algo que falhou no Camboja, Cuba, China, Alemanha Oriental, Etiópia, Coréia do Norte, União Soviética, Romênia, Venezuela - em todos os lugares em que foi tentado.

A ideologia do partido dos Democratas é uma revisão do comunismo, rebatizada como "**Marxismo cultural**". Isso geralmente se resume ao comunismo de gênero, uma simplificação excessiva da vida como uma luta entre os sexos.

A mudança climática é o caso estranho do comunismo verde ou "**Marxismo ambiental**". É a causa cara dos socialistas científicos. Sua natureza anticientífica será explicada no capítulo sobre o Segundo Mandamento.

Freudianismo é comunismo emocional ou "**Marxismo comportamental**". Isso não é remédio. Os freudianos formam um grupo de pressão privada que força o marxismo pela porta de fundos do jargão emocional. Eu chamo de "**Comunismo rosa**".

Até que os conservadores entendam isso sobre a capacidade do marxismo de explorar qualquer campo desprotegido, o marxismo derrotado em uma forma continuará surgindo em outra forma mutante.

Isso explica por que os ataques mais comuns a Trump não são de natureza econômica, como Karl Marx teria feito. Marx recomendaria que alguém reunisse as massas para se revoltarem. Mas as massas estão se saindo melhor sob o capitalismo e as políticas "América Primeiro" de Trump do que sob a visão socialista de Obama. Portanto, a esquerda não pode atacar Trump com acusações econômicas de acadêmicos marxistas, mas eles podem atacá-lo com insultos culturais como "racista" pelos Democratas e insultos emocionais como "louco" e "perigoso" pelos psicólogos.

Os conservadores entendem que o marxismo é o inimigo do capitalismo: os dois não podem se misturar. É hora dos conservadores também acordarem para o fato de que a psicologia freudiana ou o marxismo emocional são inimigos de valores conservadores, como governo limitado, liberdade de religião, liberdade de expressão, família tradicional e responsabilidade pessoal. Os dois sistemas de crenças não podem se dar bem em nossas escolas e em nossos tribunais.

A Nova Frente De Batalha Contra Trump

A frente de batalha pela justiça mudou de econômica para ambiental e emocional. Enquanto os psicólogos coercitivos fingirem que são neutros, objetivos ou científicos, as pessoas conservadoras estarão sob constante ataque.

O movimento progressivo do econômico para o ambiental e o emocional é uma jogada inteligente da esquerda. Argumentos econômicos podem ser identificados, medidos e comprovadamente falsos. Os argumentos ambientais têm uma vantagem sobre as posições econômicas porque os dados são tão vastos que as pessoas não podem questioná-los facilmente. Como alguém mediria a "temperatura da terra"? Com quantos termômetros? Em quais locais? Mediria quantas vezes por dia e quantas vezes por ano? As declarações ambientais são fáceis de fazer e difíceis de serem desmascaradas pelo público. Mas argumentos emocionais têm a maior vantagem de todas. Você pode dizer quase qualquer coisa e ainda parece válido.

Por exemplo, se Trump era realmente perigoso, como afirmavam muitos psicólogos, como explicar os 62,9 milhões de eleitores que votaram nele? Em 2018, o *Psychology Today* propôs uma resposta: os apoiadores de Trump devem ser perturbados, mentalmente vulneráveis, suscetíveis a táticas de medo. Para colocá-lo em termos mais clínicos, "alguns deles podem sofrer de doenças psicológicas que envolvem paranoia e delírios."[22]

Esta é uma ilustração do argumento do Dr. Szasz de que a psicologia é "a empresa de inventar doenças mentais, sem restrições por critérios fixos ou pelos requisitos de evidência empírica" e "enquanto na medicina moderna novas doenças foram descobertas, na psiquiatria moderna foram inventadas. A paresia provou ser uma doença; a histeria foi declarada uma."[23]

A Psicologia É Uma Ferramenta Ideal Para O Estado

A psiquiatra Bandy Lee, presidente da Coalizão Mundial de Saúde Mental, editou um livro intitulado *O perigoso caso de Donald Trump: 37 psiquiatras e especialistas em saúde mental avaliam um presidente.* O livro de psicologia era uma campanha de difamação política contra o presidente. No entanto, ela podia afirmar descaradamente que sua propaganda partidária era um "livro de serviço público."[24]

Ela ignorou a Regra de Goldwater, alegando alto nível moral e dever de cuidar: "Continuaremos a usar nossas habilidades como testemunhas especializadas para educar o público para que ele possa se apoiar [ou seja, lobby], seus representantes possam agir... Estamos cumprindo nosso dever ético e legal de denunciar o perigo... Recomendamos que o presidente aceite uma avaliação formal por um painel independente e não governamental de especialistas."[25]

A chave para neutralizar essas pessoas desonestas é parar de reconhecê-las como "testemunhas especializadas", porque a Constituição não o faz. Eles não devem ter nenhum papel em julgar os outros ou coagir as pessoas.

Se Lee conseguisse o que queria, Trump seria afastado do cargo sem o processo político de uma eleição pelo povo ou uma condenação por impeachment pelo Senado. Trump simplesmente desapareceria depois de ser julgado como "incompetente" ou declarado "perigoso" por psiquiatras.

Quando Trump e outros líderes despertarem para essa injustiça que está sendo cometida por psicólogos, eles podem salvar os EUA restaurando a família americana, que é a espinha dorsal dos valores e votos conservadores. A atual ligação privilegiada entre funcionários do governo e psicólogos representa um relacionamento de fato não aprovado pela Constituição. Isso equivale a uma violação do sétimo mandamento:

"Não cometerás adultério."

Se esse relacionamento ilícito não for restringido, corremos o risco de "institucionalizar preconceitos de especialistas dentro do sistema judicial", como Liam Meagher colocou tão apropriadamente em sua revisão do papel de conselheiros familiares ou psicólogos no tribunal.[26] Em outras palavras, a psicologia popular está se tornando lei de fato, porque os juízes e psicólogos estão coabitando.

Pouca coisa é nova quando se trata das táticas do inimigo para oprimir o povo. As culturas primitivas tinham o seu "curandeiro", encarregado da medicina e da política. Os líderes comunitários ocultistas na Ásia e na África ainda são chamados de "feiticeiros". Eles dispensam regras e remédios.

O Novo Testamento Sobre A Psicologia

No Novo Testamento, existem vários avisos contra "feitiçaria". A palavra grega para isso é *pharmakeia*,[27] da qual derivamos a palavra em inglês "farmácia". Deus é contra a feitiçaria ou farmácia (em grego), não é contra médicos e enfermeiros legítimos, cujo trabalho é ajudar seus pacientes voluntários. Precisamos compreender que a feitiçaria (coerção moral) e a farmácia (ciência) geralmente andam juntas, para podermos entender o adultério que existe entre políticos e a psicologia ilegal de distúrbios mentais não comprovados e medicina não comprovada. Todas as pessoas que amam a liberdade devem prestar atenção ao aviso de Deus: seu objetivo é o controle.

O presidente Trump pode estabelecer vitórias a longo prazo para o povo americano, restringindo o poder da psicologia coercitiva e da psiquiatria. A civilização avançada sobreviveu por milhares de anos sem ser forçada a tomar drogas psicotrópicas. Uma lei contra a medicina coercitiva reconheceria não apenas o alerta da Bíblia contra a indústria farmacêutica, mas também os abusos soviéticos e nazistas da psiquiatria para punir dissidentes políticos. Com o crescente interesse dos Milenialls no socialismo e no comunismo, há pouco impedimento para que os esquerdistas repitam os mesmos erros em uma escala ainda maior.

Os tribunais devem ser limpos da injustiça. Mas isso não pode ser corrigido por causa dos complexos relacionamentos incestuosos. Será necessária uma solução pronta para o reparo do sistema. A Bíblia tem soluções com as quais o Presidente Trump deve estar confortável e familiarizado.

★ ★ ★ ★ ★

PROPOSTAS DE REFORMA JURÍDICA

★ ★ ★ ★ ★

A solução mais eficiente e bíblica para a corrupção judicial é a competição. A competição pode ser criada dentro e fora do sistema judicial atual. A Bíblia pode aparentar radical para aqueles que não estudaram suas soluções; portanto, comecemos com quatro reformas gerais e uma bíblica.

1) **Nomear juízes de fora.** Trump é um estranho. Pessoas de fora criam competição. Nada incomoda mais os internos do que a presença de pessoas de fora com poder. O problema é que existem poucos deles para fazer a diferença. Existem muito poucos Trumps. A solução é nomear mais pessoas de fora, começando pelo Supremo Tribunal Federal.

O melhor candidato para a Suprema Corte que é de fora é um historiador que possui a maior coleção particular de documentos originais dos fundadores. Ele já esteve envolvido em sete casos da Suprema Corte, fornecendo evidências históricas as quais muitos advogados e juízes desconheciam. Ele relata nomes americanos, datas e processos legais, como nenhum advogado ou juiz que conheço. Além disso, ele entende a intenção original dos autores da Declaração de Independência e da Constituição. Atualmente, ninguém tem melhor conhecimento em primeira mão dos escritos dos fundadores do que David Barton. Se ele aceitar o cargo, ele ou alguém como ele deve ser nomeado para a Suprema Corte.

Atualmente, é provável que os advogados mais conectados politicamente se tornem juízes. Deixe Trump nomear a pessoa mais qualificada. Um conhecimento da história é essencial para a justiça. Decisões legais difíceis devem ser decididas com base em fatos históricos.

2) **Capacitar as pessoas a escolher ou recusar seu juiz.**

Aumente a escolha das pessoas quando forem ao tribunal. Com experiência, advogados já usam esse privilégio; eles sabem quais juízes gostam deles e quais juízes não os suportam. Os advogados tentarão mover um caso para uma jurisdição favorável ou interromper um caso em um tribunal desfavorável. As pessoas não têm tanta sorte. São designados juízes com os quais muitas vezes estão insatisfeitos.

Deixe o povo votar por si próprio. Dê a eles o poder instantâneo de apelar para um juiz diferente. Os juízes com boa reputação acabarão com mais casos e deverão ser compensados de acordo com a carga de trabalho. Os juízes com má reputação receberão menos casos e começarão a perder dinheiro. Vejamos o que acontece!

Já existem leis que capacitam o litigante, embora raramente sejam usadas. Na Califórnia, a seção 170.6 da lei estadual do PCC permite que uma pessoa recuse um juiz sem fazer perguntas. É um poder de uso único a ser exercido pelo litigante a seu favor, se ele sentir que o juiz é injusto ou tendencioso.

Todos devem ter a chance de recusar um juiz. No sistema atual, quando alguém solicita que um juiz seja trocado, o juiz citará a necessidade de proteger a "confiança do público no judiciário", que pode ser "ferida" por um juiz que se recusar, e geralmente recusará a solicitação.

Então, para acrescentar insulto à lesão, um juiz é capaz de retaliar e fazer o requerente pagar. Em um caso, testemunhei um juiz difamar a religião de um pai cristão, então o advogado desse pai pediu que o juiz fosse trocado. Ele não apenas recusou, mas também puniu o pai, o proibindo de passar tempo com os filhos nos feriados cristãos, e dando à mãe o cuidado exclusivo. Tal destreza é a prova de que o juiz deveria ter sido trocado.

No entanto, os juízes diariamente se safam com astúcia, porque as pessoas não têm escolha. Trump deve usar seu instinto e resolver o problema da corrupção judicial, incentivando a concorrência no sistema judicial. Isso melhorará a qualidade da justiça servida.

É claro que nem todos os maus juízes terão os seus **privilégios de cidadão** removidos, mas um juiz que é constantemente recusado pelo povo deve estar sob revisão. É possível que um litigante vexatório ou um advogado possa gravitar em direção a maus juízes. Mas o réu também tem o poder de mudar de juiz. Portanto, os juízes confiáveis de ambos os lados acabarão ganhando a melhor reputação. A competição manterá a maioria das pessoas honestas.

3) **Facilitar os apelos.** O direito de apelar da decisão de um juiz é um reconhecimento interno dentro do sistema de que os juízes cometem erros e, às vezes, os juízes precisam ser responsabilizados por um tribunal superior.

Na Austrália, os tribunais tornam árduo o exercício do seu direito de apelar de duas maneiras: por tempo e por dinheiro. Se você fosse Donald Trump ou um multimilionário, estaria imune a esses obstáculos e poderia não ter ideia da injustiça do processo de apelação para a pessoa comum.

Em algumas jurisdições, o litigante tem apenas 28 dias a partir da data em que a decisão do magistrado foi tomada para registrar uma solicitação de apelação. 28 dias é muito pouco tempo para a maioria das pessoas comuns, especialmente um litigante auto representado que naturalmente não espera injustiça dos tribunais da justiça e que teria que procurar razões legais para apelar contra um juiz que é formado em direito. Os juízes têm até 6 meses para proferir uma decisão; por que os litigantes também não recebem 6 meses para fazer um apelo?

Em segundo lugar, muitas vezes é necessária uma transcrição das palavras do juiz durante a audiência final para apoiar uma apelação. O tribunal de apelações quer saber: "O que o juiz de primeira instância errou?" A resposta precisa ser comprovada por escrito. Uma transcrição curta de um dia de audiência pode custar no mínimo US$ 1000. Uma transcrição longa de uma audiência de três dias pode custar mais de US$ 5000. É um custo exorbitante em uma época em que o Google pode gerar legendas instantâneas de todos os vídeos do YouTube. Sim, uma transcrição do tribunal deve ser mais precisa que a transcrição automática atual do Google. Mas o governo pode diminuir a barreira da obtenção de provas judiciais usando uma combinação de software de reconhecimento de voz e correção humana, ou terceirizando transcrições para muitos contratados particulares, em vez de depender dos burocratas do governo. A concorrência abaixa o preço, então por que a concorrência nos tribunais não é incentivada?

Compare isso com o sistema de justiça de Deus. Os apelos na Bíblia eram fáceis e sem custo para os cidadãos (mas não para os estrangeiros). Como cidadão romano, o apóstolo Paulo sabia que não podia obter justiça das cortes judaicas, então simplesmente disse a Festus, o governador romano: "Apelo a César". Festo respondeu: "Você apelou para César? Para César você irá!"[28]

4) **Remova barreiras à auto representação.** Alguns advogados desprezam minha recomendação, porque perdem negócios quando os litigantes conseguem se representar. Há apenas um século, o termo "advogado sem dinheiro" era uma descrição popular dos advogados.

Não é do interesse do público que os advogados fiquem ricos às custas da produtividade e das disputas pessoais. Eles deveriam ser ricos da mesma maneira que todos nós: resolvendo o maior número de problemas da maneira mais eficiente possível.

Existe um direito constitucional de todo cidadão comparecer em tribunal auto representado. Mas a realidade é exatamente o oposto: seu juiz dificultará você e facilitará aos advogados de seus amigos.

Se uma pessoa parecer auto representada, a primeira coisa que um típico juiz fará é recomendar que a pessoa auto-representada obtenha "representação" (também conhecido como advogado caro que ela obviamente não pode pagar - por que outro motivo um cidadão apareceria auto representado em um tribunal?). Se um litigante persistir em comparecer em tribunal sem o benefício de um advogado, ele não será tratado com os mesmos padrões.

Observo advogados passarem notas e sussurrarem um para o outro durante todas as partes da audiência, incluindo o interrogatório. Eles se consultam e analisam suas resmas de documentos embalados em malas, porque não conseguem se lembrar de todos os fatos. Mas uma pessoa auto representada deve sentar-se sozinha no banco das testemunhas e não ter seus documentos a que se referir. Eu vi um juiz dizer a uma pessoa auto representada: "Você fez uma declaração juramentada aos assessores, por isso supõe-se que você saiba todos os fatos."

Foi a isso que Trump se referiu quando comentou sobre a injustiça de testemunhar perante tais tribunais imorais. Eles pedirão que você se lembre de centenas de e-mails e telefonemas, quando ocorreram, e se você responder e se esquecer de uma data de e-mail, eles dirão que você deu uma "declaração falsa". Foi assim que prenderam o conselheiro de Trump, Roger Stone, por cinco acusações de fazer declarações falsas ao Congresso sobre e-mails e telefonemas.[29]

Você - o cidadão particular, sem formação legal - não deve se referir aos seus documentos, mas os advogados podem. Quem inventou regras tão estúpidas de evidência? A resposta: advogados e ex-advogados que se tornaram juízes, que podem voltar a praticar advocacia novamente porque pagam generosamente depois de terem sido juízes.

Compare novamente com o sistema de justiça de Deus. Na Bíblia, os litigantes compareciam perante os tribunais sem a necessidade de um advogado. As duas prostitutas que afirmavam que o filho vivo era delas e o filho morto era da outra parte, não só podiam processar por justiça sem pagar advogados, mas também podiam comparecer perante o rei! Imagine os obstáculos e o dinheiro necessários hoje para comparecer perante um presidente, congresso ou corte suprema para processar por justiça. Advogados e obstáculos legais tornaram a justiça cara e fora de alcance para a maioria dos cidadãos.

Outra barreira à auto representação é que o sistema jurídico é projetado de tal maneira que você não o entende. Como diz o ditado: "Se você não conhece seus direitos, você não tem direitos."

Os tribunais distritais dos EUA estão sujeitos a códigos comerciais internacionais e julgam cidadãos sob a jurisdição errada. Eles cobram criminalmente por atos civis. Por exemplo, motoristas com multas estão sendo acusados criminalmente. Conheço um litigante acusado de pagamentos em atraso de multas de trânsito que perguntou a seu juiz: "Isso é civil e criminal?".

O juiz respondeu: "Isso é quase criminoso. É a lei do estado de Nova York".

O litigante auto-representado disse ao juiz do distrito: "Não há acusação, a menos que seja uma acusação criminal. Em casos civis, você pode ser processado, mas não pode ser processado por alguém com quem não fez negócios, pois não existe contrato".

Fazer perguntas é considerado rude para os juízes. Lembre-se de como os advogados se aproximaram de Jesus e tentaram prendê-lo. Eles pediram que Ele testificasse contra si mesmo: "Quem é você?" Jesus disse: "Quem você diz que eu sou?" Ele foi ofensivo. Ele respondeu uma pergunta com uma pergunta. No mundo de hoje, Jesus seria considerado rude. Isso me diz que algo está errado com o nosso sistema, não com o Senhor!

Meu amigo litigante perguntou novamente ao juiz: "Sob que autoridade o tribunal rejeita minhas alegações? As multas estão sob a política do estado de Nova York, não na lei. A polícia está aplicando políticas estaduais que não estão alinhadas com a Constituição dos EUA".

O juiz disse ao estenógrafo: "Não escreva isso". Então ele disse ao meu amigo: "Não mencione mais a Constituição. Não sei do que você está falando".

Juízes e advogados apostam no fato de que você não conhece a Constituição e seus direitos. Eles esperam que você resolva fora dos tribunais, que é o que a maioria das pessoas acaba fazendo. As pessoas têm pouca confiança em obter justiça dos juízes, ou então são tão drenadas financeiramente pelos advogados que desistem de buscar a justiça. Esse é um sistema quebrado que beneficia apenas advogados e juízes.

A auto representação pode funcionar apenas se os cidadãos tiverem os mesmos direitos e privilégios que os advogados. Os advogados cumprem um conjunto de regras diferentes que lhes dá vantagens sobre os não advogados.

É necessário que a reforma judicial aplique um mesmo padrão a advogados e litigantes auto-representados. Os cidadãos não devem precisar de advogados em assuntos pessoais e familiares.

Em meu estado natal, Victoria, um tribunal chamado VCAT (Tribunal Civil e Administrativo de Victoria) foi estabelecido em 1998 para resolver disputas civis a baixo custo e sem envolver advogados. Atualmente, ele resolve cerca de 90.000 disputas por ano. O conceito deve ser estendido às leis familiares e patrimoniais. Somente em questões criminais ou comerciais complexas os advogados deverão ser necessários se os litigantes assim escolherem.

Em nosso sistema judicial atual, você tem no papel o direito constitucional de comparecer em tribunal sem advogado, mas, na realidade, três forças trabalham contra você:

1. os juízes o tratam com desprezo e o "encorajam" (ou seja, pressionam) a contratar um advogado;
2. o advogado do seu oponente não o levará a sério nem negociará com você como fariam com um outro advogado; e
3. você encontrará obstáculos surpreendentes durante todo o processo legal intencionalmente arcaico.

Quando você chega na fase de interrogatório de um julgamento, os advogados (no sistema britânico, há pelo menos dois advogados num julgamento) podem sussurrar um para outro, passar notas um para o outro, verificar dados e corrigir um ao outro, mas um litigante auto representado está sozinho como uma ovelha cercada por um bando de lobos.

O juiz e os advogados esperam que você lembre todos os detalhes de cada e-mail e telefonema sem se referir a um pedaço de papel, mesmo que eles mesmos não consigam fazer isso sozinhos. O juiz não permitirá que você converse com alguém ou consulte suas próprias evidências, mesmo que os advogados possam. Advogados atuam de acordo com regras diferentes.

Alguns tribunais, em raras ocasiões, reconhecerão um "amigo McKenzie", um termo para alguém familiarizado com o sistema jurídico e que atua como seu apoio, mas não como seu advogado. Eu tenho sido um "amigo de McKenzie" de várias pessoas. O apoio aos auto-representados deve ser permitido em todos os casos. Todo mundo deve ter o direito de jogar com as mesmas regras.

Ir a um tribunal sem advogado é seu direito constitucional, mas o sistema o enganará e o colocará em séria desvantagem. O sistema não é projetado para o povo obter justiça, mas para o incesto entre juízes e advogados. Isso quebra o sétimo mandamento. Ao ver tantas injustiças sofridas, pergunto-me: "Os cristão e líderes tem mostrado sua insatisfação com a injustiça?"

A Solução Bíblica

5) **Reconhecer sistemas legais paralelos.** A medida mais bíblica para aumentar a competição judicial é reconhecer outros sistemas legais além do atual. Isso criará concorrência exponencial. A arbitragem ou mediação já é popular entre as empresas que a preferem a processos judiciais onerosos em tribunais tradicionais.

Poucos cristãos percebem que essa estrutura legal está na Bíblia. Aparece no Antigo e no Novo Testamento. No livro de Esdras, os judeus eram um grupo étnico oprimido que vivia sob os impérios da Babilônia e da Pérsia. Alguém poderia pensar que eles não tinham direitos. Mas, pelo contrário, o rei reconheceu que eles tinham suas próprias leis e poder judicial.

ESDRAS 7:11, 21, 25, 26

11 Esta é a cópia da epístola, escrita em aramaico, que o rei Artaxerxes, entregou ao sacerdote e escriba Esdras, conhecedor dos mandamentos e estatutos de Yahweh, o SENHOR, para todo o povo de Israel:

21 Eu mesmo, o rei Artaxerxes, promulgo um edito a todos os tesoureiros da província do Eufrates-Oeste: tudo quanto vos solicitar o sacerdote Esdras, escriba da Torá, Lei do Deus dos Céus, prontamente lhe atendei,

25 E tu, Esdras, com a sabedoria que o teu Deus te outorgou, NOMEIA MAGISTRADOS e JUÍZES, que JULGUEM TODO o povo que está na região a Oeste do Eufrates, a todos o que

CONHECEM AS LEIS do TEU DEUS. E ENSINA-AS aos que sobre elas ainda não foram informados.

26 E toda pessoa que não obedecer à Torá, LEI do TEU DEUS e à lei do rei, que seja castigado com a morte, ou mediante o exílio, ou o confisco dos bens, ou com a prisão!"

A Pérsia era uma sociedade pluralista que englobava pessoas de muitas culturas com muitas línguas. Pode parecer surpreendente para as nações ocidentais modernas o quão descentralizado esse império era. Permitiu a operação de múltiplos sistemas judiciais, mesmo entre um pequeno povo tribal deslocado conhecido como judeus.

Esses tribunais judeus exerceram todo o poder do direito penal, incluindo a pena de morte. Este é um modelo viável que a Bíblia coloca diante de nós, que vivemos em uma sociedade pluralista.

Quando Jesus foi julgado diante de Pilatos, Pilatos tentou se livrar da decisão, dizendo aos líderes judeus: "Vocês o tomem e o julguem de acordo com sua lei."[30]

Você percebeu que os judeus tinham um sistema legal paralelo durante o tempo dos romanos? Eles eram livres para julgar assuntos além do direito romano.

Eu diria que isso representou mais tolerância religiosa do que a América ou a Austrália hoje. O único problema nesse caso foi que o Supremo Tribunal judeu, chamado Sinédrio, não estava buscando justiça, mas o assassinato de uma pessoa inocente. Sob o domínio romano da época, a pena de morte tinha que ser ordenada por um tribunal romano - foi por isso que eles vieram apresentar Jesus diante de Pilatos.

No livro de Atos, Paulo se referiu a um sistema legal paralelo várias vezes. Defendendo-se diante do povo, em Jerusalém, Paulo disse: "Persegui os seguidores deste Caminho (cristianismo) até a morte, prendendo tanto homens como mulheres e lançando-os na prisão, como o podem testemunhar o sumo sacerdote e todo o Conselho (a suprema corte judaica), de quem cheguei a obter cartas para seus irmãos em Damasco e fui até lá, a fim de trazer essas pessoas (cristãos) a Jerusalém como prisioneiras, para serem punidas."[31]

Como Paulo tinha o poder de aprisionar cristãos sem ordem de Roma? Porque havia um sistema judicial paralelo.

Hoje, os judeus fazem a maior parte de suas transações legais em seus próprios tribunais paralelos chamados de "Beth Din" ou Casa de Julgamento. Nos Estados Unidos, as decisões de Beth Din são juridicamente vinculativas.

Essa é uma das razões pelas quais você raramente vê os judeus fazendo piquetes e protestando contra as leis do aborto e as leis do casamento homossexual, como fazem os cristãos. Os judeus compartilham o mesmo Deus, as mesmas Escrituras e os mesmos padrões morais que os cristãos. No entanto, nós cristãos nos submetemos à lei secular, enquanto que para os judeus, questões de casamento, divórcio e disputas comerciais devem ser tratadas internamente por seus rabinos no interior de Beth Din. As leis loucas e seculares são para os goyim (forasteiros ou estrangeiros). Elas não são aplicáveis aos judeus.

Essa foi a atitude do apóstolo Paulo em relação aos crentes que estavam diante de tribunais seculares para obter justiça. Ele escreveu aos cristãos em Corinto:

1 CORÍNTIOS 6:1-6

1 Atreve-se alguém entre vós, quando há litígio de um contra o outro, LEVAR O CASO para ser julgado POR PESSOAS PAGÃS e não PELOS PRÓPRIOS SANTOS?

2 Ou desconheceis que OS SANTOS JULGARÃO o mundo todo? E, se o mundo será julgado por VÓS, como sois incompetentes para JULGAR assuntos de tão menor importância?

3 E mais, não sabeis vós que IREMOS JULGAR inclusive os anjos? Quanto mais as demandas triviais desta vida!

4 Será que, quando surgem questões desta vida para serem julgadas, constituís como juízes as pessoas menos respeitáveis da igreja?

5 É para vossa vergonha que me expresso dessa forma. Não há, porventura, nem ao menos um sábio entre vós, que POSSA JULGAR uma contenda entre irmãos?

6 Contudo, ao invés disso, um irmão recorre ao tribunal contra outro irmão e apresenta tudo isso diante de incrédulos?

A Igreja historicamente tinha poder judicial. O casamento, por exemplo, era de domínio exclusivo da igreja. Os políticos não tinham nada a ver com isso. Até 1900, o casamento e o divórcio estavam sob a jurisdição dos tribunais eclesiásticos nas partes católicas da Alemanha. Eu acredito que a instituição dos Tribunais Bíblicos resolveria muitos dos debates sobre casamento homossexual.

Infelizmente, a Igreja Católica abusou desse sistema legal, tanto que os protestantes fugiram do continente europeu em busca de liberdade religiosa através do Oceano Atlântico. A América se tornou um refúgio religioso do domínio católico e anglicano.

A Igreja Católica abusou de seu poder, desviando-se da Bíblia e substituindo a Palavra de Deus pelas Bulas Papais. A falha não estava no sistema bíblico, mas em se afastar da Bíblia como árbitro da justiça.

Quando os protestantes ganharam poder na Europa, eles não se saíram muito melhor do que seus antecessores romanos. O fundador da Igreja Presbiteriana, John Calvino, era conhecido como o "tirano de Genebra". Banimento, tortura e queima de pessoas vivas eram comuns sob o governo de Calvino.

Em 1545, mais de 20 homens e mulheres foram queimados vivos por bruxaria. Um homem ficou preso por três dias por sorrir enquanto participava de um batismo. Outro foi preso por adormecer durante um sermão em um dia quente de verão. Um cidadão foi expulso de Genebra por elogiar outra tradução da Bíblia (não a de Calvino). Um homem pego jogando cartas foi humilhado publicamente usando uma série de cartas no pescoço. Um impressor de livros que criticou Calvino foi condenado a ter sua língua perfurada com um ferro em brasa antes de ser expulso da cidade. Um pai chamado Chapuis ficou preso por 4 dias porque insistiu em colocar o nome no filho de Claude (um santo católico romano) em vez de Abraão.

A culpa do governo dominador de Calvino era que ele estava reagindo às mágoas que a Igreja Católica infligira aos protestantes. A dor era real, mas Calvino precisava ser curado antes que pudesse ser qualificado para governar. Um cristão curado não busca vingança. Em vez disso, ele procura seguir fielmente a sabedoria da Bíblia. A Bíblia não endossa a tortura como forma de obter confissões, nem castigos cruéis como queimar criminosos vivos.

Os infames julgamentos das bruxas de Salem também violaram a Bíblia. Os historiadores não sabem mais ao certo como tudo começou, mas algo provocou histeria em massa em Salem, Massachusetts, por um ano, de fevereiro de 1692 a maio de 1693. Mais de 200 pessoas foram acusadas de bruxaria, mas apenas 19 foram enforcadas. Todos os outros foram declarados inocentes ou perdoados. Isso empalidece em comparação aos milhões torturados, mortos e perseguidos pela Igreja Católica por centenas de anos.

O presidente Trump compara o assédio da esquerda a uma "caça às bruxas", mas uma caça às bruxas puritanas era realmente muito melhor do que a histeria da esquerda de hoje. Houve o devido processo, os julgamentos foram rápidos, os acusados foram autorizados a enfrentar seus acusadores e muitos foram absolvidos.

De fato, um dos acusados, John Proctor, escreveu ao clero em Boston solicitando que os julgamentos fossem levados para lá, onde ele acreditava que teria uma audiência mais justa diante dos cristãos. Infelizmente Proctor foi executado antes que o clero pudesse ajudá-lo. Não foi a Bíblia que instigou a histeria, mas os crentes na Bíblia ajudaram a acabar com isso.

A Igreja poderia ter seus próprios tribunais cristãos novamente? O fato é que sim. Não há como escapar do fato de que cristãos fiéis julgarão o mundo e até os anjos. Quando os líderes da igreja começarão a treinar os cristãos para esta tarefa? Atualmente, eles ouvem apenas uma mensagem suave de graça e "nenhuma condenação", que abre a porta para imoralidade, injustiça e ilegalidade.

A Igreja deve reavivar seu **Ministério da Justiça**, caso contrário a injustiça nunca será resolvida pelos tribunais seculares da América. A legislação federal e estadual deve reconhecer a arbitragem da igreja como contratos com força legal que não podem ser derrubados por tribunais seculares inferiores.

Na Escandinávia, os casais raramente vão a tribunais por disputas familiares, eles vão às suas igrejas. Esse é o lugar lógico para onde ir.

Nossas igrejas abdicaram de nosso papel judicial, desistindo amplamente de nossa influência no governo e na política.

Os muçulmanos estão lembrando as nações ocidentais sobre o conceito de sistemas judiciais paralelos. Os muçulmanos são como os judeus neste sentido. Eles não têm intenção de reformar nosso sistema secular. Eles querem que a Sharia seja implementada ao lado de nosso sistema legal falido. A razão deles é simples: eles acreditam em Allah, e se Allah é Deus, a palavra de Allah deve ser lei.

A maioria dos cristãos que conheço resistem a esse impulso para a Sharia, mas é uma batalha perdida. Assim que os muçulmanos se tornam maioria em qualquer nação, a Sharia sempre se torna a lei da nação. É uma questão de números e de tempo. Eles sabem disso. Os cristãos não.

A batalha legal é muitas vezes ganha muito antes dos muçulmanos alcançarem os números para se tornarem maioria. Uma pluralidade simples foi suficiente para a Sharia ser aplicada no Reino Unido e na França. A polícia europeia frequentemente evita "zonas proibidas" impostas pela sharia em seus próprios países.

O que podemos aprender com isso? Os muçulmanos não estão interessados em reformar um sistema secular. Eles sabem que é uma batalha perdida. Por que eles deveriam pedir aos infiéis que "por favor reconheçam nosso Deus e nossas leis"?.

Como escreveu Stephen McDowell, **"a fonte da lei de uma sociedade é o deus dessa sociedade. A lei que você obedece emana do seu deus."**[32]

Judeus e muçulmanos vivem como se suas leis viessem de suas crenças, e nada pode substituir sua consciência. Essa é uma postura muito mais forte do que a atual postura cristã, onde vamos a tribunais seculares e esperamos e oramos para que possamos depender da bondade dos juízes. Nós não podemos.

Não apenas judeus e muçulmanos não estão errados, mas estamos errados ao dizer que acreditamos que Jesus é Deus, mas Suas palavras não tem importância no tribunal e no governo. Elas devem importar muito, porque Jesus Cristo é a autoridade suprema na vida de um cristão.

O que distingue o cristianismo do islamismo é que os cristãos não desejam forçar suas crenças nos outros. Nosso Deus acredita em liberdade e escolha.

Os Estados Unidos começaram como colônias de protestantes que fugiam da perseguição católica. Os protestantes não queriam uma religião mandatada pelo governo federal, mas nunca se opuseram a estados individuais estabelecendo religião. Eles apenas queriam que o governo central os deixasse em paz religiosa e política.

Voltar ao sistema bíblico de cortes cristãs daria aos cristãos uma posição muito mais forte na justiça e também daria a outros que desejam participar de um sistema jurídico alternativo uma chance muito maior de encontrar paz e justiça.

Uma Abordagem Equilibrada À Justiça Bíblica.

A Igreja deve voltar a aprender sobre direito e justiça, assuntos que nossos líderes negligenciaram em favor de uma mensagem "somente de graça". Ambos os lados são necessários, mas ficamos desequilibrados. Nossos líderes de igreja mais populares negam o papel das leis de Deus na construção de uma sociedade pacífica, depois reclamam que estamos sendo oprimidos e controlados por leis injustas. A culpa é nossa. Deus nos ajude!

Eu acrescentaria duas advertências sobre sistemas legais paralelos. Primeiro, os romanos reconhecem uma religião por nação, portanto, um sistema jurídico alternativo ao seu próprio.

Como os Estados Unidos são agora uma sociedade pluralista com muitas religiões, cada uma com suas próprias leis, devemos concordar com certos padrões para sistemas jurídicos concorrentes. O Beth Din já é reconhecido. Na Austrália, os aborígines já são julgados em seus próprios tribunais, de acordo com suas próprias tradições. Eles nunca seriam forçados a respeitar os padrões imorais dos tribunais familiares seculares. A Austrália tem, pelo menos, um sistema legal paralelo.

Qualquer nação que deseja ser justa deve reconhecer apenas as principais religiões cujos seguidores formam pelo menos 1% da população, e nenhuma religião cruel que vá contra os Dez Mandamentos deve, em nenhuma circunstância, ser reconhecida, não importa quantos seguidores tenham.

Segundo, exatamente como os romanos determinavam, a pena de morte deve ser acordada com uma autoridade neutra, provavelmente o Estado. No entanto, no caso de Jesus, o Estado falhou em bloquear um erro judiciário. Algum órgão neutro deve ser o sistema legal padrão para os não-religiosos e fornecer um controle e equilíbrio aos sistemas religiosos em uma sociedade pluralista.

Até agora, abordamos a questão do aumento da concorrência no sistema judicial, algo que o presidente Trump poderia defender. Esse é apenas um lado da solução.

O outro lado é remover maus juízes. Como o juiz Felix Frankfurter apontou em Rochin v. Califórnia (1952), existem apenas dois meios de alívio das más decisões judiciais: (1) aprovar uma emenda constitucional ou (2) impeachment de juízes.[33]

Aprenderemos a história, o poder e a prática do impeachment daqui a dois capítulos, onde aplicaremos o Quinto Mandamento para salvar a América. Os Democratas pegaram essa ferramenta legal destinada a corrigir a injustiça. Trump e os conservadores fariam bem em resgatar o poder do impeachment e usá-lo da maneira que os Pais Fundadores dos EUA pretendiam.

6 PROTEÇÃO DA VIDA INFANTIL & ABOLIÇÃO DO ABORTO

★ ★ ★ ★ ★

O SEXTO MANDAMENTO

★ ★ ★ ★ ★

Não matarás. (Êxodo 20:13)

PORQUE DEVEMOS "NOS UNIR"

O individualismo funciona apenas em tempos de paz. A paz assume que a maioria das pessoas é criada para se comportar moralmente. O individualismo não funciona na guerra. A esquerda - comunista, abortista ou antifascista - está contente em usar a força, invadir os direitos de outras pessoas e usar táticas violentas para alcançar seus objetivos coletivos. Individualismo com a esquerda é suicídio.

Nenhuma questão divide a América mais do que o aborto. No entanto, nenhuma questão une os cristãos como o movimento pró-vida. É a única injustiça que a maioria dos cristãos concorda que é um ultraje moral e "dar a outra face" nos tornaria cúmplices do crime.

Nesta área, os cristãos não insistem: "Vivemos na era da graça". Portanto, não há condenação por acabar com a vida dos bebês no útero. Temos que amar assassinos de bebês. Não.

Nesta área, os cristãos têm clareza moral. Acreditamos que não viola a "separação entre igreja e estado"[1], como Samuel Adams disse em 1772:

"Os direitos naturais dos colonos são estes: primeiro, o direito à vida; segundo à liberdade; terceiro à propriedade".

Acreditamos que o primeiro "direito inalienável" é o direito à vida e os governos são instituídos para proteger o direito à vida. A vida começa no útero, por isso devemos protegê-lo. Eu tuitei em 24 de janeiro de 2017:

"Se a visão de um político sobre o direito à vida dos bebês está errada, como pode ser sua visão sobre impostos, pais, escolaridade? Nunca eleja um assassino de bebês."

"Quando sua visão sobre o direito à vida é errada, sua visão sobre outros direitos é errada. Sempre pergunte a visão do líder sobre o aborto, então você o conhecerá!"

Rejeitamos a rotulação errada da esquerda como "anti-aborto" e tomamos um passo inteligente para nos rotular corretamente de "pró-vida". Entendemos a necessidade de mudar a lei e não cedemos à pressão dos colegas de que um cristão que se preocupa com a lei possa ser mal interpretado como "legalista" ou não "baseado na graça".

De fato, estávamos dispostos a perdoar os pecados do passado de Trump e votar nele se ele defendesse a agenda pró-vida, impedisse a maré da cultura pró-morte e nomeasse juízes pró-vida para a Suprema Corte. Os cristãos que normalmente julgam um líder por se divorciar ignoraram o fato de Trump ter sido casado três vezes e aceitaram que Deus usa pessoas imperfeitas para alcançar grandes avanços.

Nesta área, os cristãos encontraram um equilíbrio entre amor e lei, entre cuidar de indivíduos e promover o bem social, e entre ser prático e idealista. A premissa deste livro é que, quando os cristãos obtiverem tanta clareza moral e se unirem para outras questões morais além do aborto, a América será salva e o mundo entrará no Terceiro Grande Despertar.

Devido à clareza moral e unidade que os cristãos têm sobre esse assunto, os pró-vida não descansarão até que os EUA vejam a derrubada das decisões pró-aborto da Suprema Corte em *Roe X Wade* (1973), *Doe X Bolton* (1973) e *Planned Parenthood X Casey* (1992).

Nesta área, os cristãos sabem que ser passivo ou não fazer nada é inaceitável. Em 23 de outubro de 2018, eu tuitei: "A próxima coisa na agenda da esquerda é 'o aborto após o nascimento'. O mal nunca para...". Com certeza, durante as primárias presidenciais Democratas em 2019, ouvimos falar das posições extremas dos Democratas. O aborto de um bebê humano viável e totalmente formado é um crime na maioria dos países. Mesmo muitos pró-aborto não querem isso. Mas em 4 de março de 2019, todos os candidatos presidenciais Democratas que se reuniram no Congresso votaram contra a proteção da vida infantil após um aborto falho! O procedimento usual após o nascimento é quebrar o pescoço do bebê. (A grande mídia ficou em silêncio e merecia ser chamada de "fake news").

Oito estados adotaram a posição extremista de legalizar o aborto de terceiro trimestre de gestação (todos eles são controlados pelos Democratas, exceto o primeiro): Alasca, Colorado, New Hampshire, Nova Jersey, Novo México, Nova York, Oregon e Vermont, juntamente com Washington, DC, controlado pelos Democratas. Embora o aborto até o nascimento seja legal nessas nove jurisdições, existem apenas cinco clínicas em todo o país que oferecem aborto tardio.[2] O procedimento leva três a quatro dias, é arriscado para a vida da mãe, e é tão repugnante que poucos médicos americanos estão dispostos a realizá-lo. Entre os poucos médicos dispostos a realizar um aborto tardio, três deles estão agora na prisão ou tiveram suas licenças médicas revogadas.[3] Os próximos dois estados controlados pelos Democratas que introduziram o "aborto até o nascimento" são Rhode Island e Virginia. O mal nunca para, até que as pessoas boas lutem juntas contra ele.

A proteção da vida infantil é a questão dos direitos civis de nossos dias. Devemos responder de uma vez por todas a questão moral, jurídica e política: "Quem decide quem é um ser humano?"

Foi minha observação da história e da experiência pessoal que as pessoas más gostam de fazer as coisas legalmente. Os fariseus procuraram matar Jesus, mas apenas se pudessem fazê-lo legalmente. Para destruir legalmente um grupo de pessoas, você deve primeiro desumanizá-las. Foi o que alguns brancos fizeram com os negros durante os dias sombrios da escravidão. "Os negros estão evolutivamente mais próximos dos macacos; Os aborígines estão mais próximos dos macacos do que dos humanos", foram as afirmações científicas feitas pelos evolucionistas brancos. Uma vez que o público entendesse essa teoria científica, as elites poderiam aprisioná-los, tirar suas propriedades e roubar seus bebês - tudo com um senso pervertido de permanecer em um terreno moral.

Hoje, os esquerdistas lutam para tornar o assassinato de bebês moralmente legítimo e legal. Eles fazem isso usando linguagem desumanizadora, como chamar um humano viável de "feto". Parece que o bebê é uma bolha de células. Mas quem decide se alguém é humano ou não?

Os nazistas decidiram que os judeus não eram totalmente humanos. Os líderes alemães alegaram que os judeus eram menos evoluídos do que os arianos. Então eles os exterminaram em um genocídio.

Os pró-aborto de hoje também pensam que podem decidir que um bebê com todo o material genético de um ser humano, com todas as partes do corpo de um ser humano, e geralmente com o batimento cardíaco de um ser humano, não é um bebê humano. Eles realmente não têm opção. Eles devem dizer isso. Eles devem desumanizar a pessoa antes de desmembrá-la.

Trump, O Improvável Pró-Vida

Goste ou não, Donald Trump não desumaniza os bebês. Em seu segundo discurso sobre o Estado da União em 2018, ele disse: "E reafirmamos uma verdade fundamental: todas as crianças nascidas e não-nascidas são feitas à santa imagem de Deus."

Em 24 de janeiro de 2020, Trump confirmou o valor dos bebês no útero e se tornou o primeiro presidente a participar da Marcha pela Vida. Ele chamou a América de "nação pró-família e pró-vida". Ele explicou a base bíblica para seu apoio à proteção da vida infantil:

"Todos nós aqui hoje compreendemos uma verdade eterna: toda criança é um dom precioso e sagrado de Deus. Juntos, devemos proteger, valorizar e defender a dignidade e a santidade de toda vida humana. Quando vemos a imagem de um bebê no útero, vislumbramos a majestade da criação de Deus. Quando seguramos um recém-nascido em nossos braços, conhecemos o amor sem fim que cada criança traz para uma família ... Os nascituros nunca tiveram um defensor mais forte na Casa Branca. E como a Bíblia nos diz, cada pessoa é maravilhosamente feita.'[4]

"... Infelizmente, a extrema esquerda está trabalhando ativamente para apagar nossos direitos dados por Deus, fechar instituições de caridade baseadas na fé, banir crentes religiosos da praça pública e silenciar americanos que acreditam na santidade da vida..."

"Mas nós sabemos disso: toda vida traz amor para este mundo. Toda criança traz alegria a uma família. Vale a pena proteger toda pessoa. E acima de tudo, sabemos que toda alma humana é divina, e toda vida humana - nascida e não nascida - é feita à imagem santa do Deus Todo-Poderoso. Juntos, defenderemos essa verdade em toda a nossa magnífica terra."[5]

Proteção De Bebês E Crianças

Precisamos de uma "**Lei de Proteção à Vida Infantil**". O argumento religioso contra o aborto é claro: Deus odeia o derramamento de sangue inocente e o aborto quebra o sexto mandamento. Existem muitos pecados cometidos pelos adultos que podem não ser julgados até o Dia do Julgamento, mas o pecado de machucar as crianças é julgado imediatamente - dentro de uma geração.

Quando o faraó ordenou que as parteiras abortassem os meninos hebreus no nascimento, as parteiras se recusaram a obedecer a uma lei ruim. Deus não esqueceu o abortista. Ele levantou Moisés, um dos filhos que deveria ser abortado, para ser juiz do faraó. Dez pragas caíram sobre o Egito. No dia 10, todo primogênito egípcio, incluindo o filho do faraó, foi morto pelo anjo da morte na Páscoa. Observe que o Faraó nunca reclamou que isso era "injusto". Não, ele sabia que isso era justiça poética.

O primeiro feriado da Bíblia, Páscoa, comemora a justiça poética de Deus contra os abortistas. Existem outros incidentes na Bíblia em que Deus condenou o sacrifício de crianças. Deus julgou aqueles que adoravam um deus falso chamado Moloque, que exigia que crianças fossem jogadas no fogo para acalmá-lo. Existem fortes motivos espirituais / religiosos para muitos americanos se oporem ao aborto.

E a população considerável da América que não é religiosa? Existe uma razão racional e secular para se opor ao aborto sob demanda com financiamento público? Na mente das pessoas seculares, existem muitas áreas cinzentas sobre o abortamento de um bebê, feto ou vida infantil. Mas vamos deixar claro: a grande maioria dos abortos são de mães saudáveis, assassinando a vida de bebês saudáveis. Não existe uma área cinzenta nesse local.

Casos De Estupro E Outras Objeções Seculares

Entendo que entre as pessoas seculares, elas têm preocupações e perguntas como: "E se a mulher foi estuprada?" O estupro é um crime e deve ser denunciado à polícia. Mas o caso de "gravidez de estupro" foi deturpado e às vezes exagerado.

O Dr. Ron Paul era médico obstetra / ginecologista antes de se tornar um congressista dos EUA. Ele escreveu:

> "O apelo emocional do estupro... as vítimas tiveram um grande papel em amenizar a resistência daqueles com moderada oposição ao aborto. A verdade é que a gravidez após o estupro é muito rara. Espera-se que uma vítima de estupro chegue a um pronto-socorro ou a uma delegacia imediatamente após o ato. Se o fizesse, uma gravidez poderia ser evitada."[6]

"Um estudo de 3.500 casos de estupro ocorridos durante um período de dez anos não revelou casos de gravidez. Pessoalmente, nunca ouvi falar de uma vítima de estupro engravidar nos vinte anos de prática médica."

"Portanto, isso dificilmente é uma justificativa para a mudança na lei que agora incentivou a realização de quase 1.500.000 abortos por ano em vítimas não estupradas."

"Se o estupro era o verdadeiro motivo para legalizar o aborto, por que a lei não se restringia a casos de estupro? A decisão da Suprema Corte em 1973 foi muito além da crença e não deixou sombra de dúvida quanto ao objetivo da mudança - o aborto sob demanda como um meio de controle da natalidade. A questão do estupro foi usada apenas para mobilizar as tropas e os simpatizantes."[7]

Uma das grandes injustiças de nosso sistema judicial é o aborto legalizado com base em premissas falsas e mentiras definitivas sobre estupro. O verdadeiro nome de "Jane Roe" no caso de *Roe X Wade* era Norma McCorvey (1947-2017). Aqui estão alguns fatos pouco conhecidos sobre ela:

Norma nunca fez um aborto. Quando Norma tinha 21 anos, desempregada e grávida, duas advogadas pró-aborto, Sarah Weddington e Linda Coffee, procuravam por uma mulher grávida vulnerável que desse um depoimento para um caso monumental. As advogadas pensaram que Norma era ideal porque: "Você é branca. Você é jovem, está grávida e quer realizar um aborto."[8]

Norma se reuniu com suas advogadas apenas três ou quatro vezes. Norma mentiu sobre ser estuprada por gangues, fazendo o depoimento em 17 de março de 1970. Suas advogadas pensaram que sua alegação de estupro tornaria seu caso mais forte e o juiz mais solidário em legalizar o aborto. Norma nunca compareceu ao tribunal pelo caso que leva seu nome. Ela descobriu o resultado na TV como todo mundo. Norma não fez o aborto e deu à luz uma menina saudável, sua terceira filha, que foi adotada imediatamente antes da decisão de Roe v. Wade, em 1973. Durante os anos 80, Norma confessou ter mentido sobre ter sido estuprada. Em 1995, tornou-se cristã nascida de novo, terminou seu relacionamento com uma parceira lésbica e dedicou sua vida a servir ao Senhor e ajudar as mulheres a salvar seus bebês. Em 2005, Norma solicitou ao Supremo Tribunal que revogasse Roe v. Wade, mas o tribunal superior se recusou a ouvir o caso dela.

Norma lamentou que seu nome tivesse sido usado para legalizar o aborto. Ela disse: "Embora eu fosse uma criança abusada emocionalmente e uma adolescente abusada sexualmente, acredito que o pior abuso foi infligido pelo sistema judicial".[9] Você pode imaginar uma forma pior de abuso do que o abuso sexual? Para ela, a injustiça legal era pior que o tormento físico. *Roe X Wade* foi um caso baseado em fraude. É por isso que Donald Trump foi eleito para "drenar o pântano". Esse abuso de alto nível exige que Deus mostre justiça na Terra e estabeleça um dia de julgamento. Ele vai.

"Em retrospecto", disse Norma, "eu fui explorada por duas advogadas interesseiras. Pior, o tribunal agiu, sem examinar minhas verdadeiras circunstâncias e dedicar algum tempo para decidir o impacto real que o aborto teria sobre as mulheres, sinto-me usada para justificar a legalização do término da vida de mais de 35 milhões de bebês (agora mais de 50 milhões)."[10]

E os casos raros de gravidez por estupro? O que dizem aquelas que sofreram estupro? Perguntei a Allan Parker, que literalmente entrevistou milhares de mulheres que fizeram aborto. Ele me disse: "Muitas que escolheram o aborto se sentiram, em vez de vítimas, culpadas como o estuprador porque haviam tirado uma vida inocente. Por outro lado, muitas mulheres que escolheram a vida descobriram que era uma vida digna de si mesmas, mesmo que a criança seja dada a outra família para amar."[11]

Há também outra perspectiva a considerar. Filhos de estupro são inocentes de qualquer crime e viveram vidas felizes e produtivas, muitas vezes sem saber que eram produtos de estupro e que seriam possíveis vítimas de aborto. Veja os casos de Rebecca Kiessling[12], Juda Myers[13] e a comentarista de TV Kathy Barnette.[14] Kiessling compartilhou isso sobre sua história:

"Aos 18 anos, soube que fui concebida em um estupro, por um estuprador brutal, estuprador em série. Como a maioria das pessoas, nunca considerei que o aborto se aplicava à minha vida, mas, depois que recebi essas informações, de repente percebi que, não apenas se aplica à minha vida, mas também à minha própria existência."[15]

Existem muitas outras questões e situações hipotéticas que exigem respostas morais. Os advogados pró-escolha perguntam: "E se a criança tivesse uma deformidade? E se a criança tivesse uma doença? Eu tenho uma irmã que nasceu com Síndrome de Down. Ninguém na minha família pensou que ela deveria ter sido abortada. Conheço pessoalmente vários pais que ficaram felizes em adotar crianças com sérios problemas de saúde.

Salve As Mães

"E a saúde da mãe? E se os médicos precisarem abortar o bebê para salvar a vida da mãe?". Em resposta a essa objeção comum, o Dr. Omar Hamada tuitou em 24 de janeiro de 2019:

"Quero esclarecer uma coisa, para que não haja dúvida, sou ginecologista certificado pelo conselho e realizei o parto de uns 2.500 bebês. Não existe uma condição fetal ou materna que exija aborto no terceiro trimestre. Nenhum. Parto sim, aborto não."[16]

Dr. Ron Paul escreveu quase a mesma coisa em 1983:

"Ao realizar o parto de quase 4.000 bebês, eu pessoalmente nunca me deparei com a necessidade de pensar no aborto terapêutico para a saúde da mãe, nem posso imaginar o caso do médico sendo forçado a entrar em crise e tomar uma decisão de qual vida poupar - mãe ou bebê. Tais visões médicas distorcidas vieram de filmes pouco pesquisados sobre o assunto. O estado da gravidez é natural; não é uma doença; e é complementar ao feto e à mãe. Na maioria das vezes, é um período agradável para a mãe e ela se sente melhor do que em qualquer outro momento de sua vida."[17]

É uma ideia relativamente nova de que o aborto é um remédio para a saúde. É uma ideia relativamente nova de que o aborto é legal. A legalização ocorreu em 1973 por causa de dois casos que foram decididos no mesmo dia pela Suprema Corte dos EUA: um foi chamado *Roe X Wade*; o outro foi chamado *Doe X Bolton*. Qual a diferença entre os dois casos?

Roe X Wade estabeleceu um compromisso de regulamentação em que não havia necessidade de permissão para aborto no primeiro trimestre, mas permitiu a regulamentação do estado para o segundo e o terceiro trimestre para proteger a saúde da mulher. Mas *Doe X Bolton* criou uma "exceção à saúde" que criou o aborto sob demanda, permitindo que o bem-estar psicológico, incluindo a felicidade, fosse um fator na consideração do médico sobre a saúde da mãe.

Mais uma vez, a esquerda usou a pseudociência inexata da psicologia como uma arma furtiva e legal. Meus capítulos sobre o Sétimo Mandamento (reforma judicial) e o Quinto Mandamento (justiça da família) expuseram em detalhes o incesto entre os tribunais e os psicólogos. Não haverá justiça até que as recomendações sobre a reforma judicial sejam implementadas, a fim de coibir a deferência do tribunal a psicólogos que não são objetivos, que procuram institucionalizar seus preconceitos nos tribunais e que defendem consistentemente políticas anti-família, anti-vida e anti-Cristo. Nas piores decisões da Corte (por exemplo, *Doe X Bolton* 1973, *Abington X Schempp* 1963), você encontrará psicólogos atuando como juízes de fato. É inconstitucional terceirizar a justiça para o coletivo da psicologia.

Abordamos três objeções comuns baseadas em gravidez por estupro, deformidade potencial e risco desconhecido para a saúde da mãe. Não vou resolver todas as perguntas e situações hipotéticas para pessoas que não acreditam em Deus. Mas vamos argumentar juntos sobre os assuntos da vida e da morte.

— ★ ★ ★ ★ ★ —

5 Posições Racionais A Considerar

Um dos argumentos racionais mais convincentes para acabar com o aborto é que não há necessidade de aborto neste planeta. O clamor moral, um movimento na América iniciado por Melinda Thybault, pediu à Suprema Corte, com o apoio de mais de 250.000 assinaturas, para derrubar *Roe X Wade*.[18] Eles fizeram cinco pontos simples que qualquer um pode entender:

1. O aborto é um crime contra a humanidade.
2. A vida começa na concepção.
3. O aborto machuca as mulheres.
4. As leis nacionais de refúgio seguro permitem que as mães transfiram livremente a responsabilidade por seus bebês "indesejados".
5. Há pelo menos um milhão, até dois milhões de pessoas, esperando para adotar esses recém-nascidos.

Em outras palavras, há uma alternativa muito melhor que o aborto: a adoção. A franquia de fast food Wendy's doa parte de seus lucros para adoção. A Wendy aposta na tendência estabelecida por outras empresas que lucram para promover engenharia social radical e uma cultura da morte. Wendy está escolhendo a vida em vez da morte. Este é um uso inteligente do dinheiro.

Vamos agora olhar para cada um dos cinco pontos.

1. O aborto é um crime contra a humanidade.

O espírito de pró-aborto é muito parecido com o espírito que levou a escravidão na América. Ambos compartilham o mesmo desrespeito pela vida humana. Ambos afirmam que sua vítima não é vida, mas propriedade. "Como é minha propriedade, posso fazer o que quiser com ela. Você não pode me dizer que eu não sou dono de um escravo! Você não pode me dizer o que não posso fazer com 'meu corpo'.". Ambos espíritos estão errados porque quando há uma vítima, sempre há um crime.

O aborto é a principal causa de morte no mundo. O aborto matou muito mais pessoas do que a violência armada. Se os esquerdistas querem proibir armas, por que não querem proibir o aborto?

As estatísticas são sombrias. O número total de mortes nos Estados Unidos por violência armada, incluindo tiroteios em massa, acidentes, uso da polícia durante a aplicação da lei e uso privado em autodefesa (como contra invasões domésticas), oscila entre 14.000 e 15.000 por ano.[19] Por outro lado, o número médio de abortos por ano varia entre 600.000 e 800.000 por ano[20]. Em uma lista das 10 principais causas de morte nos Estados Unidos em 2016, o aborto era o número um, e ser morto por uma arma era o último.[21]

Em todo o mundo, o número médio de bebês que morrem por aborto é de 53 milhões por ano.[22] Isso é muito mais do que o número de humanos que morrem por AIDS, álcool, câncer, acidentes de carro, malária e tabagismo juntos. Para as pessoas que amam a vida e odeiam a violência, é incompreensível como os políticos podem ignorar as reais vítimas do aborto. Talvez se os bebês pudessem votar, os esquerdistas se importariam.

O mundo está gastando trilhões de dólares para combater o aquecimento global, e talvez não possamos fazer nada para controlar a temperatura ou o clima da Terra. Como relatou o jornalista Eric Utter, "Nenhuma fatalidade poderia estar diretamente ligada ao aquecimento global causado pelo homem."[23]

Gastamos, com razão, bilhões de dólares para evitar acidentes, abuso de álcool, infecções por HIV e tabagismo. No entanto, Utter expôs a irracionalidade do que os políticos fazem com nosso dinheiro: "Pagamos pelo nariz para combater virtualmente todas as outras causas de morte, algumas das quais não são totalmente evitáveis, mas subsidiamos a maior causa de morte, que é a totalmente evitável e eletiva... é fácil evitar abortos: não faça um. Ou não tenha relações sexuais. Ou tome precauções."[24]

A indústria do aborto não é apenas desnecessária, está envolvida em venda imoral de partes do corpo do bebê. Como o vice-presidente Mike Pence tuitou em 17 de setembro de 2019:

"A terrível descoberta de 2.246 restos fetais na casa do dr. Klopfer em Illinois é aterradora e deve chocar a consciência de todo americano. Enquanto eu era governador de Indiana, tiramos sua licença médica e aprovamos uma lei exigindo que restos fetais sejam tratados com dignidade."

Qualquer legislação que proteja o valor da vida humana é um passo para a reafirmação de uma cultura da vida. Exigir que os humanos sejam enterrados com dignidade é bíblico e um bom passo intermediário antes de derrubar *Roe X Wade*.

2. A vida começa na concepção.

Para ser pró-aborto, você deve ir contra a ciência e ocultar muitas evidências. Os abortistas não querem que você ouça o batimento cardíaco de seu próprio filho. Em 2017, Kentucky aprovou uma lei apelidada de "Lei do Ultrassom", exigindo que as mulheres grávidas primeiro ouçam o batimento cardíaco do bebê e vejam o corpo do bebê por meio de ultrassom antes de optar por um aborto. Os cientistas devem comemorar. Ainda existem mulheres que imaginam que a criança dentro do útero é apenas uma gota de tecido fetal.

A ACLU e a EMW Women's Surgical (única provedora de aborto de Kentucky) não comemoraram. Eles se opuseram. O 6° Tribunal de Apelações do Circuito dos EUA confirmou a lei de Kentucky como constitucional, afirmando: "Como a Primeira Emenda importa, não há nada suspeito de um estado exigir que um médico, antes de realizar um aborto, faça divulgações factuais verdadeiras e não enganosas, relevantes para o consentimento informado."[25] Todo médico deve obter o consentimento totalmente informado da mãe.

Os abortistas também não querem que você veja os dedos das mãos, dos pés, o rosto, o coração e todas as partes do corpo de um bebê cortadas pelo aborto. Eles são anticientíficos porque não querem que as mães vejam as evidências biológicas.

Abby Johnson, que já foi diretora da clínica Planned Parenthood no Texas, parou depois de ver um ultrassom de "um bebê de 13 semanas lutando e lutando pela vida contra o instrumento do aborto"[26]. Seu livro, *As paredes estão falando: Ex-funcionários de clínicas de aborto contam suas histórias*, coletou relatos em primeira mão de ex-funcionários de clínicas de aborto. Um desses relatos era de uma jovem que a Planned Parenthood apelidou de "cliente frequente". Vamos chamá-la de Angie, ela fez oito abortos e entrou para o nono.

"Não é grande coisa", assegurou ela aos funcionários da clínica. "Eu já fiz isso oito vezes e não me arrependo"[27]. Ela riu durante o primeiro aborto e todos os abortos desde então. Disseram que o aborto era apenas remover uma bola de células, como um pedaço de tecido. Após o nono aborto, ela ficou curiosa e queria ver o "tecido" por si mesma. Ela pediu ao funcionário que realizou o aborto que lhe mostrasse os restos do aborto, e o funcionário mostrou.

Com 13 semanas de idade, seu bebê estava completamente formado.

O funcionário lembrou: "Eu debati sobre como organizar as partes. Seria melhor reuni-los todos em um grupo, para que nenhuma das partes fosse reconhecível ou devo juntá-las novamente, como normalmente fizemos para garantir que nenhuma das partes estivesse faltando? Não havia protocolo para essas coisas, então no final optei por juntar as partes novamente."[28]

A reação de Angie não foi o que funcionário achou que seria. Quando seus olhos viram no recipiente o bebê desmembrado, ela ofegou bruscamente. Alguns momentos depois, seu corpo inteiro estremeceu. "Isso é um bebê", ela disse, "esse era *meu bebê*. O que eu fiz? O que eu fiz?". Ela repetiu o processo e começou a implorar aos funcionários que a deixassem levar seu bebê mutilado para casa. Ela implorou aos funcionários que cedessem, mas eles recusaram.[29]

Angie nunca voltou para outro aborto.

E o funcionário que fez o aborto também deixou a indústria do aborto. A Planned Parenthood emitiu uma política estrita de nunca mostrar às mães seus bebês abortados.

O movimento do aborto é anticientífico. A Planned Parenthood não permite que as mães vejam seus próprios bebês. Aqueles que controlam a mídia ocidental nem exibiam o filme biográfico de Abby Johnson, "Unplanned", nos cinemas. A Austrália censurou. Os cristãos ainda assistiam dentro das igrejas. Foi um filme revelador bem produzido. Os abortistas são anticientíficos. Segundo eles, você não tem permissão para ver, não tem permissão para ouvir!

Pró-vida é pró-evidência. Muitas jovens mães acreditam erroneamente que seus bebês são um pedaço de tecido sem sentimentos; elas nunca imaginaram que seus bebês fossem totalmente humanos desde a concepção, com um batimento cardíaco detectável a partir de 6 semanas de idade.

Aborto é açougue. O Dr. Antony Levatino (ginecologista / obstetra) realizou mais de 1200 abortos em consultório particular durante um período de quatro anos, prestou depoimento de especialista sobre os procedimentos médicos da Planned Parenthood. É um dos melhores vídeos de 5 minutos que você pode compartilhar com qualquer pessoa.[30] Ele descreveu o aborto no segundo trimestre como um "procedimento cego", no qual você pega um grampo de metal e puxa cegamente para desmembrar o bebê membro por membro. Geralmente, uma perna sai primeiro, depois o braço, a coluna, o coração e o pulmão, e um pequeno rosto.

Depois que sua própria filha morreu repentinamente em um acidente de carro, ele enterrou a filha e voltou a realizar o que normalmente era um procedimento de rotina. Mas quando ele puxou um braço e uma perna, ficou doente. "Após mais de 1200 abortos, de primeiro e segundo trimestres até 24 semanas... pela primeira vez na minha vida, eu realmente olhei, olhei para a pilha de partes do corpo ao lado da mesa e não vi seu maravilhoso direito de escolher, e eu não via todo o dinheiro que acabara de ganhar, tudo que eu podia ver era o filho ou a filha de alguém. E eu parei de fazer abortos tardios depois disso, e vários meses depois, parei de fazer todos os abortos."[31]

Os cientistas agora acreditam que um bebê pode sentir dor desde as 8 semanas de idade[32]. Há sinais médicos de que os bebês estão lutando por suas vidas enquanto um médico está realizando um aborto. Às vezes, há cicatrizes nas mãos do bebê, formadas enquanto ele luta contra essas intrusões de metal que entram. Você lutaria por sua vida também se alguém puxasse seu membro. O aborto é anticientífico e desumano.

★ ★ ★ ★ ★

Nova Evidência Científica De Quando A Vida Humana Começa

Não apenas devemos reconhecer que os bebês por nascer são totalmente humanos, como também devemos reconhecer que a vida começa na concepção. A ciência avançou com novas evidências desde o caso de 1973 de *Roe X Wade*.

Entrevistei Allan Parker, da The Justice Foundation, em novembro de 2019, para ouvir suas opiniões sobre as novas evidências pró-vida. Aqui está o que ele me disse:

"Os Ultrassons não foram utilizados nas cortes americanas até meados dos anos 80. O ultrassom é uma janela para o útero. Quando há uma gravidez, todo mundo compartilha a imagem do ultrassom e diz: 'Olha, aqui está meu novo bebê'. Mas quando a gravidez não é desejada, o abortista se recusa a mostrar o ultrassom e o chama de feto."

"A segunda nova evidência é o teste de DNA. Se você coletar uma amostra de DNA da bochecha da mãe e do bebê no útero e enviá-las anonimamente para um laboratório de DNA, elas enviarão de volta um relatório informando que são de dois seres humanos separados, completos e únicos com seu próprio código genético. O bebê não faz parte do corpo da mãe. Não é 'o meu corpo, minha escolha'. Mas o teste de DNA não foi utilizado nos tribunais até meados da década de 1980.

"Finalmente, eu aprendi sobre isso com Mindy (Melinda Thybault). Ela e o marido adotaram quatro embriões congelados que foram congelados seis dias após a fertilização. Caso contrário, essas crianças seriam descartadas e morreriam. Quando eles estavam indo para implantar o primeiro em seu ventre, eles perguntaram: 'Você quer um menino ou uma menina?' Ela disse: 'Como você pode saber?' Eles disseram: 'Podemos determinar o sexo em seis dias depois da fertilização'. "Então, ela e Denny escolheram um menino para a primeira adoção. Esse garoto é da fertilização in vitro (FIV) de outro casal. A fertilização in vitro não existia em 1973. O primeiro bebê de proveta, Louise Brown, nasceu em 25 de julho de 1978."[33]

A ciência agora entende que cada pessoa é totalmente humana no momento da concepção e os cientistas podem identificar homens e mulheres a partir dos seis dias de idade. Como eu tuitei em 9 de dezembro de 2019:

"As crianças no útero são pessoas com potencial, NÃO pessoas em potencial."

3. O aborto machuca as mulheres.

Depois de comparar 22 estudos de revisão sobre o aborto, a Dra.

Priscilla K. Coleman publicou seus resultados no British Journal of Psychiatry em 2011. Sua pesquisa descobriu que mulheres que haviam sido submetidas a um aborto tinham um risco 81% maior de problemas de saúde mental, e quase 10% da incidência de problemas de saúde mental foram atribuíveis ao aborto[34]. A correlação mais forte foi entre aborto e abuso de substâncias e suicídio. As mulheres que abortaram tiveram 110% mais chances de abusar do álcool, 220% mais chances de abusar da maconha e 155% mais chances de cometer suicídio. Mesmo um aumento de 10% no risco à saúde é significativo. Apenas 10% dos fumantes sofrem de câncer de pulmão e, no entanto, os cigarros são proibidos na maioria dos locais públicos e desencorajados em particular.[35]

Há uma história não contada de mulheres feridas por seus próprios abortos e pela indústria do aborto. Os interesses dos abortistas quase sempre se opõem aos interesses da mulher grávida. Eles dizem a todas as mulheres que o aborto é "seguro". Eles não revelam os efeitos negativos do aborto, incluindo complicações físicas, como útero perfurado, cólon perfurado, esterilidade, sangramento excessivo, experiências de quase morte e as "consequências psicológicas devastadoras", como reconhecido pelo Tribunal desde o início da Parenthood X Casey.[36]

Na decisão da Suprema Corte sobre aborto parcial de nascimento, Gonzales X Carhart, o juiz Kennedy emitiu a opinião da Corte: "O respeito pela vida humana encontra uma expressão última no vínculo de amor que a mãe tem pelo filho... Se um aborto requer uma decisão moral difícil e dolorosa... Algumas mulheres se arrependem da escolha de abortar a vida infantil que elas criaram e mantiveram ... Pode ocorrer depressão severa e perda de estima."[37]

Há também consequências sociais e econômicas com o aborto. Algumas mulheres que abortaram na época da faculdade tiveram que abandonar os estudos por causa do trauma do aborto. Algumas se tornam viciadas em drogas ou sofrem violência doméstica porque se sentem indignas de serem amadas.[38]

A Justice Foundation coletou mais de 4.600 testemunhos escritos legalmente permitidos de mães que foram feridas nos abortos ou enganadas pelos que realizaram os abortos. Esta informação é escondida do pública pela mídia de massa, mas está disponível para defesa legal.[39]

Os apoiadores do aborto como a Planned Parenthood têm um conflito de interesses para dizer a verdade às mulheres. A renda da Planned Parenthood em 2017-18 foi superior a US$ 1,66 bilhão.[40] Eles não apresentam todos os fatos relevantes sobre a natureza e as consequências adversas do aborto para suas clientes, porque isso conflita com seus próprios interesses financeiros ou viés ideológico em favor do aborto. Um dos deveres mais fundamentais de qualquer médico é obter o consentimento voluntário e totalmente informado da pessoa que procura atendimento. Os pacientes têm o direito de receber informações. Os abortistas afirmam que lutam pelos direitos reprodutivos das mulheres enquanto lutam contra os direitos médicos básicos das mulheres e os direitos humanos dos bebês. A indústria do aborto não protege a saúde e a segurança das mulheres. Não representa mulheres, crianças, mães ou pais. Causa dano.

4. As leis nacionais de Refúgio Seguro (Safe Haven) permitem que as mães transfiram livremente a responsabilidade por seus bebês "indesejados".

O argumento antigo costumava ser: se não fizermos um aborto legal, as pessoas receberão novamente o aborto no beco. Você sabia que em todos os 50 estados da América, além de Washington, D.C., existem agora "leis de refúgio seguro" que permitem à mãe deixar o recém-nascido no estado e ir embora sem o ônus da assistência à infância? As leis de refúgio seguro tornam irrelevantes os velhos medos de abortos nos becos.

No século 21, há uma alternativa muito melhor ao aborto. As leis de refúgio seguro tornam o aborto obsoleto e constituem uma importante "Mudança nas circunstâncias". Portanto, eles são um motivo sólido e necessário para reverter os três casos de aborto: *Roe X Wade, Doe X Bolton* e *Planned Parenthood X Casey*.[41]

As diferenças entre as leis de Refúgio Seguro em diferentes estados são: onde você pode depositar um bebê e até quantos anos ele pode ter. Alguns estados como a Pensilvânia aceitam bebês apenas em hospitais. Outros estados, como a Carolina do Norte, aceitam bebês em hospitais, prontos-socorros, provedores de SME, agências de aplicação da lei (departamento de polícia), agências de serviços sociais e bombeiros.

O limite de idade varia muito entre os estados. Uma mãe pode deixar seu bebê até os três dias de idade em estados como Colorado, Havaí e Wisconsin; 7 dias na Flórida, Oklahoma e Washington DC; 14 dias em Iowa, Virginia e Wyoming; 30 dias em Arkansas, Connecticut, Louisiana e Nova York; 60 dias em Dakota do Sul e Texas; 90 dias no Novo México; e até 1 ano de idade em dois estados - Missouri e Dakota do Norte.[42]

Em seu resumo do *amicus curiae* (latim para "amigo da corte"), Melinda Thybault comparou o aborto à escravidão: "Como a escravidão, a controvérsia nunca desaparece enquanto for legal [o aborto]. Por outro lado, as leis do Refúgio Seguro podem algum dia acabar com as guerras do aborto. As leis de Refúgio Seguro permitem que a controvérsia seja resolvida ao interromper a matança de seres humanos e ainda permitir às mulheres a liberdade geral de não cuidar de crianças que as feministas e outras pessoas desejam. O Refúgio Seguro fornece uma população com famílias afetuosas e filhos adotivos. É um ganha-ganha para criança, mãe e sociedade."[43]

Como os Refúgios Seguros eliminam a necessidade de aborto e atendem às necessidades de cuidados de crianças indesejadas sem ferir as mulheres. Nenhuma mulher será sobrecarregada indevidamente pelos cuidados infantis. Não há absolutamente nenhuma razão para fazer um aborto.

5. Há pelo menos um milhão, até dois milhões de pessoas, esperando para adotar recém-nascidos.

Aproximadamente seis milhões de mulheres americanas por ano descobrem sua infertilidade. Muitas delas e seus cônjuges desejam adotar filhos. Existem casais férteis que desejam se tornar pais adotivos, ainda assim são desencorajados pelas longas filas de espera e pelos custos exorbitantes da adoção - cerca de US$ 10.000 a US$ 25.000 por criança. No total, estima-se que um a dois milhões de americanos por ano aguardam a adoção de recém-nascidos.

Isso poderia ser resolvido com a abolição do aborto. Como Melinda Thybault argumentou em seu resumo de amicus curiae para a Suprema Corte: "Muito mais pessoas estão esperando para adotar recém-nascidos do que o número de bebês abortados por ano... não há mais necessidade de aborto para liberar a assistência infantil para as mulheres. As mulheres não buscam o aborto por si mesmas, procuram para se livrar da criança."[44]

Salvar bebês do aborto não apenas terminaria as longas filas, mas também reduziria o custo de adoção. Milhões de americanos estão esperando para adotar recém-nascidos e dar-lhes lares amorosos. A demanda é maior que a oferta.

Você pode pensar: "Ah, isso é verdade apenas para bebês saudáveis". Não. Os adotantes querem todos eles. Minha amiga de ministério, Jane Clement (esposa do falecido Kim Clement), é mãe cristã de cinco bebês saudáveis e ela adotou cinco bebês não saudáveis. Todos eles têm defeitos congênitos que requerem atenção médica - no rosto, no coração etc. Todos eles são perfeitamente humanos. Eles estão vivendo plenamente. Eles estão desfrutando de boas vidas cristãs - tão felizes por estar naquela família de dez filhos.

Não há absolutamente nenhuma razão para fazer um aborto hoje em dia. É bárbaro matar um bebê. Permitam-me reiterar, nas palavras de Melinda Thybault: "Há milhões de americanos esperando para adotar recém-nascidos que poderiam dar a essas crianças um lar amoroso em vez de uma morte prematura. O resultado seria uma sociedade mais justa, humana e saudável... Portanto, é hora de avançar para uma sociedade em que fornecemos justiça para a 'vida infantil', misericórdia para a mãe e amor para a 'vida infantil' e as famílias que desejam adotá-las."[45]

★ ★ ★ ★ ★

Progresso Nos Estados

Para trazer justiça à América, precisamos proteger bebês e crianças, dentro e fora do útero. Os Estados Unidos já estão caminhando para essa agenda.

Em 28 de maio de 2019, a Suprema Corte decidiu por uma votação de 7–2 defender uma lei estadual de Indiana assinada por Mike Pence quando ele era governador de Indiana. A lei exige que as clínicas de aborto forneçam o enterro adequado ou a cremação do bebê abortado.

Mães e médicos não têm permissão para descartar um bebê da mesma maneira que alguém descartaria lixo médico, como catarro, sangue ou apêndice. As mães não têm permissão para tratar um bebê humano como se fosse lixo médico. Por que alguém seria contra isso? Todo cidadão decente deve se preocupar em dar dignidade à vida. Uma decisão de 7 a 2 é uma afirmação moral esmagadora.

A Planned Parenthood imediatamente se opôs a isso com uma declaração de que "o enterro estigmatiza o aborto".[46] Eles são anti-ciência. Eles não querem que você veja os restos de um humano. Se você fosse pró-ciência, gostaria de ver tudo, gostaria de ouvir tudo. Mostre-me a evidência! Deixe-me decidir por mim mesmo! Deixe-me repetir: o movimento pró-vida é pró-ciência.

Por que os abortistas se escondem tanto? Para ser pró-aborto, você precisa esconder a verdade. O aborto está sendo adotado pelas corporações globais de esquerda. Não são apenas os gigantes da tecnologia - a "quadrilha dos quatro" Google, Apple, Facebook, Amazon (GAFA) e o Twitter - já sabemos que eles são solidários às causas anticristãs de esquerda. Mas estamos descobrindo que Netflix e Disney também são pró-aborto.

Ambas as empresas de entretenimento ameaçaram proibir as filmagens na Geórgia porque a Geórgia aprovou a lei "Heartbeat bill" (Projeto de Lei Batimento Cardíaco) HB 481 em 7 de maio de 2019 tornando o aborto ilegal assim que o batimento cardíaco de um bebê for detectado. Em resposta, o jornalista da PragerU Will Witt tuitou em 31 de maio de 2019:

"Mas a Disney está filmando na Bolívia, onde o aborto é ilegal, na Croácia, onde o aborto é ilegal após onze semanas e nos Emirados Árabes Unidos, onde o aborto é ilegal e ser gay é ilegal. A Disney não tem problemas em filmar em qualquer um desses locais, mas agora de repente a Geórgia é inimiga?"

Vários estados estão propondo ou aprovaram Projetos de Lei de "batimento cardíaco". Em 2013, Dakota do Norte se tornou o primeiro estado a aprovar uma lei de batimento cardíaco, mas a lei foi revogada em 2015 pelo Supremo Tribunal Federal, citando Roe X Wade. Em 2019, os projetos de lei de batimento cardíaco foram aprovados no

Alabama, Geórgia, Louisiana, Missouri e Ohio. O HB 314 do Alabama é uma das leis mais pró-vida; tornou a realização de abortos um crime punível com 99 anos de prisão. Alabama não está punindo a mulher; O Alabama está punindo o médico que mataria um bebê, rasgando-o com braçadeiras de metal e um tubo de sucção. Em linguagem clara, isso é desmembrar um ser humano vivo - é isso que o ISIS, a organização terrorista, faz. O ISIS desmembra infiéis.

As leis dos batimentos cardíacos afirmam o óbvio: se um médico pode ouvir um batimento cardíaco, ele tem o dever de cuidar para proteger esse ser humano. A mãe pode ir embora - ela pode se despedir do bebê, mas não tem permissão para matar aquele ser humano.

Embora algumas dessas leis de batimento cardíaco em Iowa, Kentucky e Mississippi tenham sido julgadas inconstitucionais pelos tribunais, os pró-vida acreditam que essas leis servirão como um veículo para que a Suprema Corte dos Estados Unidos anule finalmente a decisão imoral da Suprema Corte em *Roe X Wade*.

Os Direitos Civis Dos Bebês

A proteção de bebês e crianças deve ser enquadrada como uma questão de direitos civis. Em seu nível mais básico, envolve a questão de quem determina se alguém é humano ou não humano.

Ao longo da história, os déspotas desumanizaram as pessoas que planejavam matar, assim como os defensores do aborto desumanizam os bebês ainda não nascidos hoje.

Adolf Hitler e seu Partido Nazista desumanizaram os judeus, comparando-os com macacos e tornando-os evolutivamente inferiores à "raça ariana", para que os soldados nazistas pudessem matá-los sem questionar a moralidade da ordem.

Os britânicos desumanizaram os aborígines na Austrália para que pudessem dominar o país, prender muitos deles e levar seus bebês. Hoje, a pergunta é: "Quem são os que os esquerdistas desumanizarão a seguir?".

Conservadores e cristãos querem proteger a humanidade dos humanos; isso significa que se você é geneticamente humano, possui

46 cromossomos e batimento cardíaco, é humano. Você não é nada além de um humano, e cada humano tem direitos dados por Deus. A ideia de proteger os seres humanos - não importa quão jovem - se torna uma questão de direitos civis.

Um Passo Perdido

O presidente Trump está fazendo um bom trabalho nessa área de proteção do direito à vida dos bebês. Ele já nomeou dois juízes conservadores para a Suprema Corte - os juízes Neil Gorsuch e Brett Kavanaugh, mas minha decepção com ele é que ele não indicou um cristão protestante para a alta corte, apenas católicos até agora.

Certamente, existem juristas protestantes nascidos de novo ou filósofos legais que se qualificam para o mais alto tribunal do país. O Presidente deve considerar a possibilidade de nomear alguém que seja moral, não apenas associado a uma organização moral, mas moral até o âmago – alguém como o vice-presidente Mike Pence, que é indiscutivelmente moral e vive sua vida de acordo com a Bíblia. O historiador jurídico David Barton vem à mente como uma pessoa de força que poderia reformar o Judiciário com base em seu entendimento de fontes primárias de textos que revelam a intenção original dos Pais Fundadores.

As próximas nomeações para a Suprema Corte devem levar em consideração um protestante, porque agora o tribunal superior é composto por católicos e judeus. Em uma nação amplamente fundada por cristãos protestantes, onde metade da população permanece protestante, parece justo que os protestantes sejam representados na Suprema Corte.

Mais de 80% dos cristãos evangélicos brancos votaram em Trump em 2016. Os cristãos evangélicos foram e são o voto decisivo. Nós, o povo, faremos ouvir nossas vozes: estamos mais preocupados com quem será o próximo a ficar na Suprema Corte. Trump pode convencer os cristãos evangélicos de que eles tomaram a decisão certa, certificando-se de que sua próxima indicação à Suprema Corte seja alguém que não seja um cristão nominal, mas um cristão que acredita na Bíblia e que segue a Bíblia.

É assim que garantiremos que nossos filhos, netos e bisnetos sejam protegidos pelas próximas gerações.

Minha Predição Se O Povo De Deus Não Fizer Nada

O mal nunca para. No início, eles disseram à Suprema Corte em 1973: "Nós queremos apenas o aborto no primeiro trimestre de gestação, caso uma mulher cometa um erro, a contracepção não funcionou, ela foi promíscua e se arrependeu; é uma escolha da mulher."

O aborto de primeiro trimestre foi legalizado.

Então eles seguiram em frente. Eles queriam o segundo trimestre. Quando eles conseguiram isso, eles queriam o aborto no terceiro trimestre. O mal nunca para. Após o terceiro trimestre, começaram a pedir aborto "pós-nascimento".

Você já teve um bebê? Eu segurei três dos meus bebês nos braços e muitos outros bebês, é claro. No momento em que estão em seus braços, ninguém pode negar que este é um ser humano. Se você pegasse um martelo e esmagasse o crânio daquele bebê, que é basicamente o que um abortista faria, você seria um assassino.

Qual é a diferença entre um bebê recém-nascido e um bebê um minuto antes de nascer? Peço-lhe que faça um exercício simples em sua mente e faça o caminho inverso: se você reconhece que um bebê é um bebê no momento em que entra no mundo, ele não é um bebê um minuto antes? Uma hora antes? Uma semana antes? Um mês antes? Sete meses antes? Ele sempre foi um bebê, biologicamente um bebê, geneticamente um bebê; e mesmo em seus sentimentos, ele é um bebê humano.

Deixe-me pré-visualizar aqui, se as pessoas não fizerem nada para reverter *Roe X Wade*, elas pedirão "aborto de um ano", depois "aborto de dois anos" e "aborto de três anos". Eles pedirão uma legalização do infanticídio. É uma consequência natural de qualquer sociedade que se torne menos cristã e mais hedonista.

Graças a Deus com o governo Trump, o Sexto Mandamento está sendo reintroduzido na América. Trump afirmou na Marcha pela Vida em 2020: "Os nascituros nunca tiveram um defensor mais forte na Casa Branca."[47]

Esta é a estação da justiça. É hora de reexaminar a ciência, os custos e a imoralidade da indústria do aborto. É hora de encerrar a aliança com a morte e o acordo com a sepultura, como Deus disse no capítulo 28 de Isaías. Deus preparou o julgamento para aqueles que escondem os males da indústria do aborto. Quando forem derrotados, as bênçãos fluirão sobre a América e seus líderes.

ISAÍAS 28:15, 18

15 Pois que dizeis: "Firmamos uma ALIANÇA COM A MORTE, com o Sheol, a sepultura, fizemos um pacto. Quando o flagelo do extermínio chegar, não nos atingirá, pois da mentira fizemos nosso abrigo e na falsidade temos o nosso refúgio!"

18 Sua ALIANÇA COM A MORTE será anulada; seu pacto com o Sheol não subsistirá. Quando vier o tempo da calamidade arrasadora sereis arrastados por ela.

5 JUSTIÇA DA FAMÍLIA, DIVÓRCIO & IMPEACHMENT

★ ★ ★ ★ ★

O QUINTO MANDAMENTO

★ ★ ★ ★ ★

Honra teu pai e tua mãe, a fim de que venhas a ter vida longa na terra que Yahweh, o teu Deus, te dá. (Êxodo 20:12)

PORQUE DEUS PERMITE IMPEACHMENT

Em 18 de dezembro de 2019, dias antes do Natal e do ano novo, Donald Trump se tornou o terceiro presidente a ser impugnado pela Câmara dos Deputados. Em 16 de janeiro de 2020, seu julgamento de impeachment começou no Senado e em 5 de fevereiro ele foi absolvido. Por que Deus permitiu que um patriota que servia aos interesses de seu país fosse impugnado com base em algo tão artificial quanto um telefonema com um chefe de estado estrangeiro e por ignorar os assédios legais do Poder Legislativo contra o Poder Executivo?

Há um paralelo com a experiência de Trump, que é o assunto do Quinto Mandamento - família. A injustiça que Donald Trump enfrentou no processo de impeachment é exatamente o que os pais (e algumas mães) enfrentam todos os dias no sistema de tribunais de família.

Acusar significa "questionar a integridade de alguém" ou "acusar alguém por má conduta, mas não condenar". Pais são impugnados todos os dias no tribunal.

Os pais têm sua honra e dignidade despojadas no tribunal da família através de rótulos antagônicos, alegações falsas, exageros, perjúrios, dependência de evidências de especialistas distorcidas, fingem neutralidade entre os tomadores de decisão, todos direcionados a um resultado predeterminado. Os profissionais violam a lei de Deus em Levítico 19:15: "Você não fará injustiça no tribunal."

Trump, sendo um homem poderoso com uma equipe de advogados capazes, pode não ter experimentado completamente dessa injustiça até que ele suportou seu próprio impeachment. Deus permitiu isso com um propósito. Ele quer que a opressão de um gênero sobre o outro termine - seja homem contra mulher, ou mulher contra homem. Ambos estão errados. A verdadeira igualdade de gênero deve ser consagrada na Constituição, como no Quinto Mandamento.

O Novo Testamento repete esse mandamento: "Honre seu pai e sua mãe (este é o primeiro mandamento com uma promessa), para que tudo corra bem com você e você viva muito tempo na terra".[1] Deus predisse que nos últimos dias, as pessoas sentiriam falta dos pais.[2] Certamente, a ausência de alguns pais se deve a homens que produzem descaradamente bebês e depois vão embora. "Mas se alguém não sustenta seus pais, e especialmente os membros de sua família, ele nega a fé e é pior do que o incrédulo", escreveu o apóstolo Paulo a Timóteo.[3] Também há homens casados que estão sobrecarregados ou são irresponsáveis, e são pais ausentes. Mas um número crescente de filhos não tem pai em suas vidas por causa da injustiça no sistema de tribunais de família. A dor que Trump tem sofrido em um julgamento injusto é multiplicado por todo o país em milhares de audiências tendenciosas. Trump pode ser um agente para parar o impeachment diário dos pais.

O tribunal de família é talvez o exemplo mais condenador de abuso de poder do governo. O direito da família permanece arcaico e bárbaro: calcula os estereótipos de gênero, ignora a necessidade dos filhos de ambos os pais, agrava a miséria durante o tempo mais vulnerável de uma pessoa, incentiva um dos pais a "vencer" e o outro a "perder" e geralmente resulta em uma ampla transferência de riqueza de lares desfeitos para advogados predadores. Nada pode ser pior do que o governo destruir famílias e separar filhos de seus próprios pais, mas é isso que os tribunais de família fazem há décadas.

Estou convencido de que Trump experimentou essa injustiça para despertá-lo para quatro verdades que a maioria dos políticos estão ignorando, porque essas verdades não são elitistas e politicamente corretas:

1. o impeachment pretendia ser um cheque ao Judiciário, não ao Executivo;

2. Deus dará a um presidente justo ambas as casas do Congresso se ele se comprometer com uma agenda de reforma judicial (isto é, manter o judiciário sob controle);

3. uma das maiores áreas de irregularidades judiciais está no direito da família; e

4. existem mecanismos constitucionais e ideias de reforma para restaurar a justiça e reconstruir a família americana.

O impeachment presidencial afeta uma pessoa de vez em quando. A injustiça familiar afeta milhões de pessoas 24 horas por dia. O presidente Trump reagiu ao seu impeachment tuitando: "Isso nunca deveria acontecer com outro presidente novamente. OREM!".

Orei, Sr. Presidente, e aqui está a resposta do Céu: Deus quer uma grande reforma não apenas para proteger o próximo presidente, mas também para proteger milhões de pais de julgamentos injustos e injustiça evitável. Com o toque de uma caneta, esse problema pode ser resolvido.

Nós, o povo, pedimos a você e ambos os partidos que defendam uma emenda constitucional que consagra a verdadeira igualdade de gênero, a igualdade dos pais e a falta de paternidade por culpa (explicarei as três e mais em minhas propostas abaixo).

No caso de Trump, os Democratas queriam o divórcio desde o início. Não deveria haver negociação racional ou reconciliação pacífica. Estavam decididos ao impeachment primeiro e a encontrar um crime depois. O problema era que a Câmara dos Deputados não tinha testemunhas credíveis de um crime, então trouxeram "testemunhas especializadas", como professores de direito, psicólogos e historiadores e todos concordaram que Trump deveria ser impugnado. Mas ninguém concordou com que crime. Portanto, as acusações criminais mudaram do "toma lá dá cá" para a extorsão, para o suborno, para acusações vazias que não continham nenhum crime, como obstrução do Congresso. Qualquer que seja a acusação, a Câmara controlada pelos Democratas havia decidido o resultado: impeachment.

Isso não é diferente do que acontece nos tribunais de família diariamente. As pessoas que ajudam os casais a passar por esse conflito, como pastores e conselheiros, sabem que um curso e resultado pré-determinados são prováveis, mas o jogo começa assim mesmo.

Como primeiro passo, os advogados geralmente aconselham as mulheres a acusar seus parceiros de abuso doméstico e / ou abuso sexual (contra o cônjuge ou contra seus próprios filhos). Uma ordem de restrição (também chamada de 'ordem de intervenção') é emitida pelo tribunal e o homem perde o acesso à sua própria casa. Um precedente é estabelecido onde o homem não vê seus filhos. Depois de várias audiências, testemunhos de especialistas e altas contas legais, independentemente dos fatos, a maioria das mães (cerca de 85%) ganhará a custódia total dos filhos.

Num caso em questão, relatado pelo Herald Sun: "O juiz do Tribunal de Família considerou a ex-esposa de Bill violenta, inverídica, sem valores morais e responsável pelo abuso psicológico e emocional de suas filhas - mas ainda assim lhe deu a custódia das duas meninas, agora com 9 e 11 anos, porque se separou do pai. "[4]

Após uma audiência final, muitos pais perdem suas economias, seus meios de subsistência, suas reputações, pagam pensão alimentícia e dificilmente conseguem ver seus filhos. A minoria dos pais (cerca de 15%) receberá guarda conjunta ou custódia total. Esses 15% são enganosamente altos porque incluem cerca de 8% dos casos de divórcios em que os pais vencem por julgamento à revelia quando as mães não aparecem no tribunal. Portanto, a proporção de viés de gênero é mais parecida com 93% para as mães e 7% para os pais.

O rapper Kanye West, que se tornou cristão nascido de novo em 2019, identificou o viés de gênero e a discriminação contra os pais como um problema de motivação política durante uma entrevista com o colega rapper Big Boy: "Os Democratas nos fizeram votar neles por cupons de alimentos por anos, mano. Sobre o que você está falando? Armas nos anos 80, **levando os pais para fora de casa**, Plano B [contracepção de emergência, também conhecida como 'pílula do dia seguinte'], diminuindo nossos votos, nos fazendo abortar nossos filhos..."[5]

Candace Owens, conservadora negra e líder do Blexit, um movimento que incentiva os negros a deixar o Partido Democrata, não acredita que o racismo seja o maior problema enfrentado pelos negros americanos. Em vez disso, ela disse: "O principal problema enfrentado pela comunidade negra não é o racismo - **é a ausência do pai**. Barack Obama lhe disse as estatísticas: se você crescer sem um pai em casa, terá 12 vezes mais chances de acabar na prisão; 9 vezes mais chances de viver uma vida de pobreza e 6 vezes mais chances de não se formar no ensino médio. Tudo começa com o colapso da família.".[6]

Há uma guerra contra os homens. No entanto, aqueles que poderiam resolver o problema negam a existência de um viés de gênero. Os conflitos legais pós-divórcio são uma fonte de renda para muitos juízes, advogados e psicólogos. É de se esperar que eles façam lobby alto contra a reforma ou abolição do tribunal de família. A indústria do divórcio é lucrativa. Devemos esperar que aqueles que pressionam mais contra os pais tenham mais interesse em manter vivo um sistema quebrado.

De vez em quando, as pessoas dentro do sistema admitem que é uma farsa, assim como fez o congressista Democrata de Nova Jersey Jeff Van Drew quando mudou de partido para o Partido Republicano em dezembro de 2019. Ele explicou sua crença de que um impeachment partidário privou os eleitores e dividiu o país.

Como os procedimentos comuns de direito de família são semelhantes às audiências de impeachment dos Democratas?

Como As Mentes Legais Operam

Permitam-me desvendar o mistério de como juízes de família, advogados e psicólogos nomeados pelo tribunal são capazes de favorecer consistentemente um gênero em detrimento de outro, independentemente dos fatos de cada caso. Embora as decisões finais usualmente beneficiem a mãe e prejudiquem o pai, às vezes, acontece o inverso, e as mesmas técnicas que descrevo podem ser usadas ao contrário. Nenhum advogado explicará para você. Eu os decodifiquei a partir de exemplos reais que encontrei pessoalmente em meus vinte anos de pastoreio de pessoas através de seus desafios familiares. Veja como a racionalização legal funciona:

As crianças frequentam a escola perto da mãe, portanto, devem morar com a mãe.

As crianças frequentam a escola perto do pai, portanto, é muito inconveniente para a mãe; as crianças devem mudar de escola e viver com a mãe.

A mãe coloca os filhos na melhor escola possível que pode pagar, portanto, os filhos devem morar com a mãe.

O pai colocou as crianças na melhor escola possível que pode pagar, ele tomou uma decisão unilateral e é inflexível com outras escolas; os filhos devem morar com a mãe.

A mãe matriculou os filhos em esportes, música, aulas particulares ou outras atividades; portanto, os filhos devem morar com a mãe.

O pai matriculou os filhos em esportes, música, aulas particulares ou outras atividades; portanto, o pai sobrecarrega os filhos e não consegue separar suas necessidades das necessidades das crianças; os filhos devem morar com a mãe.

A mãe alega que o pai é emocionalmente abusivo, portanto os filhos devem morar com a mãe.

O pai alega que a mãe é emocionalmente abusiva; portanto, ele é crítico da mãe e a comunicação do casal é ruim; portanto, os filhos devem morar com a mãe.

As crianças dizem que gostariam de morar com a mãe, portanto, as crianças deveriam morar com a mãe.

As crianças dizem que gostariam de morar com o pai, portanto, foram treinadas pelo pai para dizer isso, e o psicólogo acredita que as crianças são jovens demais para que sua opinião tenha um "peso", portanto, as crianças devem morar com a mãe.

O pai está na prisão, portanto os filhos devem morar com a mãe.

A mãe está na prisão, mas deve sair logo, portanto, os filhos devem morar com a mãe.

O pai é viciado em drogas, portanto os filhos devem morar com a mãe.

A mãe é viciada em drogas, mas o psicólogo está "impressionado" com o quão bem está progredindo na terapia, portanto, as crianças devem morar com a mãe.

O pai era fisicamente violento, portanto os filhos devem morar com a mãe.

A mãe era fisicamente violenta, mas foi a primeira vez e ficou "chocada" e "horrorizada" com sua ação, lamentou profundamente e promete nunca mais fazê-lo; além disso, a Proteção à Criança acredita que a mãe não é mais uma ameaça para a criança, portanto, as crianças devem morar com a mãe.

A mãe é uma recorrente na violência doméstica, uma alcoólatra ou psicopata viciada em drogas que não deseja criar seus próprios filhos; portanto, os filhos devem morar com o pai.

Quando você vê como fatos simples podem ser derrotados por habilidades verbais em inglês no tribunal da família, você começa a entender como um sistema que deve agir de forma imparcial pode afastar os filhos dos pais 90% das vezes. E como a Câmara dos Deputados tem armado a disposição constitucional de impeachment contra Donald Trump.

Os fatos não importam. O resultado é predeterminado. E a culpa é de Trump. A culpa é dos pais. Eles "ficaram sem escolha", como as mentes legais gostam de dizer.[7] Eles tiveram que acusar para se proteger. Apesar de sua capacidade de distorcer e girar os fatos, eles falam como se fossem compelidos por um conjunto rígido de regras que não podem ser adulteradas, quebradas ou manipuladas de nenhuma maneira. Essa é a língua de prata das mentes legais. Trump deve entender intuitivamente a injustiça do tribunal de família, porque é a mesma farsa do impeachment partidário.

O objetivo de explicar a retórica dentro do sistema de tribunais de família é que os legisladores acordem: se você é um representante do governo, aprova leis de família, mas concede "poder discricionário" indefinido aos juízes, então você não tem lei. Você tem opiniões de juízes atuando como lei. Você tem Caifás, o Sumo Sacerdote, fazendo um julgamento para os judeus e Pôncio Pilatos, fazendo um julgamento político para os romanos. Nenhuma lei escrita foi aplicada e várias foram ignoradas durante os julgamentos de Jesus.

Ao contrário da impressão dada na escola, nossa lei não é "imutável", como são os Dez Mandamentos de Moisés. Thomas Jefferson nos avisou que os juízes poderiam transformar pedra em cera. "A Constituição... É uma mera coisa de cera nas mãos do judiciário que eles podem torcer e moldar em qualquer forma que quiserem."[8]

Por exemplo, a frase mais frequentemente citada no direito da família - "os melhores interesses da criança" - é tão fluida e amorfa que a torna sem sentido. "O melhor interesse da criança" é um termo que ninguém pode definir, tornando-se inútil em juízo e abusado por discrição judicial. Psicólogos, advogados e juízes privam rotineiramente os filhos de um dos pais, moldando a frase "o melhor interesse da criança" para se adequar aos seus preconceitos e produzir o resultado que desejam.

Poder discricionário é como o Poder Judiciário neutraliza os poderes Legislativo e Executivo. A discrição dos juízes neutraliza a lei que, no papel, as pessoas através de seus representantes aprovaram. Mas, na prática, o feminismo americano, o socialismo russo e a psicologia alemã estão martelando os Pais Fundadores Cristãos em suas cabeças com um martelo legal e tirando a Senhora Justiça de suas roupas com suas mentes imorais.

. . .

Pare O Padrão Duplo

As feministas da primeira onda lutaram pelo direito de voto das mulheres. As feministas da segunda onda lutaram pela igualdade das mulheres no local de trabalho. Nestes dois sentidos, sou feminista. As feministas da terceira onda promovem o conceito de independência das mulheres - que as mulheres não precisam de homens e são ainda melhores sem os homens.

Em toda parte, em nossa cultura, somos confrontados com a narrativa de que as mulheres são fortes e até superiores aos homens - em todos os lugares, exceto no tribunal da família.

De acordo com as leis da família, escritas quando homens e mulheres seguiam "papéis tradicionais do casamento" (quando os homens trabalhavam, as mulheres não), é uma vantagem ser a donzela em perigo, ser uma mãe solteira e fraca. Não há feministas fortes e autossuficientes nos processos de divórcio. Quando divorciadas, praticamente todas as litigantes afirmam ser fracas e vulneráveis. Eu nunca ouvi falar de um processo judicial em que a mulher divorciada disse: "Sou forte e financeiramente independente. Eu não preciso do dinheiro dele; ele deveria pegar o meu. Estou me oferecendo para apoiá-lo. Elas dizem, de fato, "eu sou a vítima, estou estressada financeiramente e quero o máximo de dinheiro possível no divórcio". A frase favorita da donzela em perigo é: "Ele não me deixa escolha".

Por outro lado, minha mãe Cioccolanti é uma mulher forte. Antes que o primeiro marido a deixasse, ele usara o nome dela para comprar duas propriedades e juntos eles construíram dois negócios. Quando ele a deixou, ela nunca pediu um centavo. Ela nunca reivindicou uma propriedade. Ela trabalhou e me mandou para escola particular a vida toda.

Com o tempo, sua abordagem à vida se mostrou correta. Ela ficou mais rica e melhor em todos os aspectos do que seu ex-marido. Ela ficou em paz e não perdeu a saúde durante o divórcio. O que a fez tão forte?

Ela tinha uma fé simples: acreditava que Deus cuidaria dela e não precisava lutar por si mesma ou convencer alguém a cuidar dela. Na sua opinião, se outros fizessem a coisa certa, seriam abençoados. Se eles fizessem a coisa errada, seriam amaldiçoados. Ela não era a juíza dele. Ela nunca falou mal do meu pai biológico. Ela nunca tentou justificar seu lado da história. Eu observei sua fé em Deus e isso se provou genuíno ao longo da vida. Ela é uma mulher forte, que merece respeito, e nunca se chamaria uma feminista moderna.

Eu já vi muitas mães divorciadas tentando alienar os filhos dos pais. A Bíblia adverte sobre essa má condição que aparece nos últimos dias na terra, e Deus diz que não está muito feliz com isso. Ele quer que o oposto ocorra. Antes da Segunda Vinda de Cristo, o seguinte será cumprido:

MALAQUIAS 4:5-6
5 Eis que eu vos enviarei o profeta Elias, antes que venha o grande e terrível dia do SENHOR;
6 e ele converterá o coração dos PAIS aos FILHOS, e o coração dos FILHOS a seus PAIS; para que eu não venha, e fira a terra com maldição.

Estamos vivendo os dias do "espírito de Elias", que está previsto para reconciliar pais com seus filhos e filhos com seus pais. A maioria dos pais ama seus filhos mais do que qualquer coisa no mundo, mas muitos pais estão sendo tratados como criminosos no tribunal da família e ficam pensando: "Vou ver meus filhos novamente? Meus filhos saberão quem eu sou? Crianças de todo o mundo estão sendo alienadas de seus pais, e o feminismo de terceira onda é um culpado que está trazendo guerra contra meninos e homens.

Discriminação Contra Um Fere Todos

Apesar do favoritismo, nenhum dos lados está feliz com o tribunal da família. Os homens não estão felizes porque geralmente não conseguem o que querem. As mulheres não estão felizes depois que conseguem tudo o que querem. Elas lutam pela custódia total das crianças e geralmente conseguem. Isso as pressiona de várias maneiras.

Primeiro, não é fácil ser mãe solteira. Deus criou os filhos para serem criados por pai e mãe. Para fazer isso sozinha, as mães solteiras costumam ficar frustradas e atacar seus próprios filhos. Tirar os pais não facilita o trabalho das mães. Os filhos se beneficiam da presença da maioria dos pais e provavelmente ao crescerem ficarão ressentidos com a mão por terem sido afastados do pai.

Segundo, o status de mãe solteira não é atraente para as mulheres que procuram um novo casamento. Depois de ganhar a custódia dos filhos, ela tem menos tempo, menos energia e menos oportunidade de se unir a um bom companheiro. Homens de sucesso querem uma parceira que se concentre no novo casamento, não no divórcio anterior ou no conflito com o ex.

Se psicólogos da família, mediadores, advogados e juízes fossem feministas genuínos, eles considerariam que, para cada pai que punem, inadvertidamente machucam uma mãe divorciada, uma filha, uma avó e uma família inteira de mulheres. No entanto, muitos deles não conseguem ver como a divisão draconiana de bens ou a redução do tempo de qualidade com o pai tem um efeito dominó adverso em outras meninas e mulheres, além da mãe divorciada "vencedora".

Muitos homens agora veem o divórcio como um processo injusto de extração de recursos, com a maioria dos recursos indo do ex-marido para a ex-esposa. A ameaça parece real o suficiente para fazer com que muitos homens solteiros elegíveis evitem o casamento. Eles preferem ter sexo casual e não morar com uma mulher - porque morar juntos agora é chamado de casamento "de fato" na atual linguagem jurídica. Para esses homens, o tempo está do lado deles. Eles podem "jogar no campo" enquanto quiserem e se casarem quando encontrarem uma alma gêmea adequada.

Não estou tolerando sexo fora do casamento. A resposta desses homens não é bíblica, mas é lógica. Os homens agem por incentivo, e há poucas vantagens em ser um homem casado hoje. Nos últimos cinco mil anos de civilização, o casamento elevou automaticamente o status social e econômico de um homem. Os homens perdem principalmente no casamento e no divórcio agora.

A menos que os líderes nacionais reconheçam essa injustiça e a corrijam imediatamente, o país colherá as consequências sociais e econômicas da redução do número de casamentos, da baixa taxa de natalidade e do declínio da população. Essa combinação preocupante, coincidindo com os Baby Boomers entrando no último estágio da vida e se aposentando, significará um desastre para muitas nações desenvolvidas. A solução é a verdadeira igualdade de gênero, conforme enunciado no Quinto Mandamento de Deus: "Honre seu pai e sua mãe".

E SCANDINÁVIA: UM MODELO MELHOR

A questão do gênero está tão corrompida que precisamos de uma emenda constitucional para consagrar a verdadeira igualdade de gênero. Esse tipo de lei já existe na Escandinávia. A igualdade é assumida no casamento e no divórcio. Os americanos parecem valorizar a igualdade de gênero no casamento, mas toleram a desigualdade no divórcio.

Com base em uma cultura de igualitarismo de gênero, homens e mulheres são tratados igualmente na Escandinávia. Os casais não usam tribunais ou advogados para se divorciar, dividir propriedades ou fazer um plano de copaternidade. O divórcio é simples e barato. Os casais preenchem um formulário para se divorciar e esperam 6 meses, caso haja reconciliação. Após 6 meses sai o divórcio, nenhum tribunal é envolvido. Se eles dividem seus ativos, as propriedades conjuntas são divididas em 50-50; as propriedades adquiridas antes do casamento e as heranças são mantidas. Se houver filhos, a guarda conjunta é assumida e os filhos moram com os pais. Eles tiraram a recompensa em dinheiro da guerra do divórcio.

A manutenção do cônjuge, se houver, dura no máximo 6 meses após o divórcio. Nenhum cônjuge deve enriquecer-se através do divórcio. Somente um acordo pré-nupcial pode substituir isso. Os casais que desejam concordar com um papel mais tradicional de "dependente do provedor" podem fazer seus próprios acordos pré-nupciais para continuar a manutenção do cônjuge. A pensão da criança deve ser gasta com a criança.

Em um documentário de 2014, *Divorce Corp* (Corporação de Divórcio), um juiz escandinavo disse que ninguém vai a tribunal por um simples divórcio. Ele disse que atende talvez um a dois casos por ano relacionados a assuntos familiares. Isso é o contrário de 20.436 petições[9] arquivadas em 2017/18 apenas no Tribunal da Família da Austrália.[10] O Tribunal Federal da Austrália ouve muitos outros casos de família. Os tribunais familiares americanos estão igualmente obstruídos.

Alguns juízes e advogados são reformistas e admitem que o direito da família precisa mudar. Eles estão dispostos a fazer uma mudança sem nenhuma referência ao papel da igreja, mas não acho que a mudança moral possa acontecer no vácuo moral.

Os escandinavos são cerca de 70% cristãos, e poucos deles perdem tempo e dinheiro com advogados de família ou passam por longas batalhas legais por causa do divórcio porque têm uma alternativa - podem procurar seus pastores. É certo que o luteranismo escandinavo se afastou muito do que Martinho Lutero ensinou. A Igreja Luterana foi tomada pelo estado centenas de anos atrás, e o estado não foi separado da igreja até o ano 2000 na Suécia.

No entanto, ser culturalmente cristão é uma identidade dentro da alma escandinava, e essa herança espiritual ajuda a impedir que os advogados se enriqueçam dentro de um vácuo moral. Nesse meio, o direito da família tornou-se neutro e igualitário em termos de gênero. Há pouco para homens e mulheres contestarem em tribunal. A divisão dos ativos é fixa. A igualdade de gênero está consagrada.

Estou convencido de que a verdadeira igualdade de gênero é uma plataforma vencedora para qualquer político e partido político. Quem está disposto a lutar contra a verdadeira igualdade de gênero, exceto aqueles que têm uma agenda para tratamento preferencial e discriminação de gênero?

Reparações

Os Democratas há muito procuram reparação pela escravidão. Candace Owens disse que o maior problema enfrentado pela comunidade negra não é o racismo, mas a falta de pai. "A ausência do pai é o maior problema enfrentado pela América Negra."

[11]Portanto, nós, o povo, devemos buscar reparações de todas as partes responsáveis por essa crise.

Deveríamos começar com os pais que ocultaram os filhos dos outros pais por meio de ações unilaterais, como realocar os filhos para longe ou inventar acusações falsas para obter uma ordem de restrição. Um crime ocorre quando há uma parte ferida, chamada vítima. Os pais alienantes devem pelo menos dar um tempo de compensação com os filhos para os pais vitimados. Nos casos em que seja tarde demais (as crianças estão muito crescidas), devem pagar uma multa ou ir para a cadeia por arruinar a vida das pessoas.

Em seguida, psicólogos nomeados pelo tribunal (chamados de avaliadores, conselheiros familiares ou "amigos do tribunal") precisam pagar uma multa pesada, ter seus nomes anunciados publicamente e ser banidos dos tribunais se, sob revisão por um órgão independente, forem considerados culpados de má conduta profissional, com um padrão de discriminação de gênero.

Foram necessários sete anos para que um psicólogo influente fosse exposto. Ele escreveu um relatório familiar contra John Archer, chamando-o de "psicopata". O psicólogo cuja identidade foi protegida e rotulada como "Dr. M" não possuía os dados, as evidências clínicas ou o treinamento para fazer esse diagnóstico. No entanto, com base em seu "testemunho especializado", o tribunal retirou a custódia de Archer de seu filho Sammy, de nove anos de idade.

Como informou a ABC News em 18 de novembro de 2019: "Sammy passou de morar com o pai a cada duas semanas para vê-lo apenas sob o que o psicólogo disse que deveria ser uma supervisão mais rigorosa. Eventualmente, o Sr. Archer perdeu todo o contato com o garoto depois que ele se mudou para o exterior com sua mãe."[12]

Foram necessários sete anos para que o Tribunal Administrativo do Estado da Austrália Ocidental considerasse o Dr. M culpado de má conduta profissional, ele foi banido do tribunal e multado em US$ 20.000. No entanto, ele havia ganho cerca de US$ 25.000 com o relatório da família e o comparecimento no tribunal, por isso o saldo ainda era positivo em seu relatório falso e ato de injustiça.

Como a justiça poderia agir nesse caso?

Archer nunca recuperará seu filho de nove anos. O garoto, agora com 16 anos, está completamente alienado de seu pai. Como o tempo perdido e o relacionamento perdido com seu próprio filho podem ser compensados? Porque há uma parte ferida, há um crime. Nenhum profissional em tribunal deve ter "privilégio" (termo legal de proteção) para mentir e afetar o destino de pais e filhos com o toque de uma caneta.

Tendo exposto uma instância de abuso de poder e posição, eu fico pensando: "Ao longo da carreira do Dr. M, quantas outras partes o Dr. M feriu? Quantas outras decisões ruins no tribunal de família foram tomadas com base em seu testemunho especializado? Quantos pedidos de pais agora devem ser revistos?".

No mínimo, o Dr. M deve ser obrigado a pagar reparações a todas as famílias que feriu e transferir as taxas que recebeu dos casos a cada pai / mãe que ele denunciou com seus relatórios falsos. Mas devemos investigar ainda mais: "O Dr. M é o único que está abusando de sua posição e poder?" O fato é que o Dr. M teve a audácia de escrever um relatório de 200 páginas cheio de mentiras e cobrar US$ 25.000 por seus serviços, porque ele pensou que poderia se safar.

O Dr. M representa outros psicólogos no lobby do Parlamento Australiano por menos escrutínio de sua profissão. Ele queria que o Parlamento controlasse os poderes da Agência de Regulação de Profissionais de Saúde da Austrália (AHPRA), a agência que lançou um processo disciplinar contra ele. Quem são os outros psicólogos que buscam influência sem escrutínio e os interesses de quem eles estão protegendo?

Reduzindo O Poder Dos Psicólogos

Nós, o povo, não designamos psicólogos para serem nossos juízes. Mas eles se tornaram juízes de fato. A ABC informou que os psicólogos são considerados os "deuses da corte" e "Dr. M também sabia que o juiz provavelmente confiaria fortemente em seu relatório...".[13]

Os Democratas estão cientes do poder da psicologia. Quando quiseram se opor à nomeação do juiz Brett Kavanaugh para a Suprema Corte, eles sacaram a maior arma que conseguiram encontrar: uma mulher seria mais crível que um homem, mas isso não foi suficiente; uma acusação de abuso sexual seria devastadora, mas isso também pode não ser suficiente (Bill Clinton sobreviveu a várias); eles precisavam de uma professora de psicologia para fazer uma acusação que poderia destruir o homem.

Enquanto Christine Blasey Ford testemunhava no Congresso sobre Kavanaugh a abusar sexualmente 36 anos antes, no verão de 1982, os Democratas a elogiaram. Nancy Pelosi tuitou em 27 de setembro de 2018 uma foto de si mesma assistindo quatro telas de televisão simultaneamente: "Esta manhã, tomei um tempo para assistir à declaração de abertura de Christine Blasey Ford, comovente. Obrigado pela sua coragem, Dra. Ford. #Believesurvivors #KavanaughHearings."

Alguns dias depois, em 1º de outubro, a palestrante Pelosi elogiou a psicóloga: "Aplaudo sua coragem por apresentar sua história e acredito nela".[14] Havia apenas um problema. Dra. Ford estava mentindo.

Essa armação do testemunho de um psicólogo é usada todos os dias no tribunal da família com o mesmo objetivo de difamar e desacreditar os pais. Geralmente funciona. Estou convencido de que as orações dos cristãos ajudaram o juiz pró-vida a superar a campanha de difamação, sobreviver à provação e vencer.

A solução bíblica seria proibir os psicólogos de testemunharem como testemunhas especializadas. Não devemos terceirizar a justiça para outra profissão. Os juízes precisam fazer um trabalho melhor ao discernir a verdade, assumindo um papel inquisitorial ao ouvir todas as testemunhas, sem depender de terceiros para fazer seu trabalho.

Por causa da secularização da cultura e do declínio na frequência à igreja, as pessoas estão recorrendo aos psicólogos para serem seus pastores. Os psicólogos não são moralmente treinados nem são capazes de oferecer a verdade. Mas as pessoas confiam neles, como os frequentadores da igreja confiam em seus pastores. Portanto, é provável que as pessoas continuem a aceitar testemunhos psicológicos em tribunal.

Nesse ínterim, um remédio legal é dar às pessoas a opção de mudar o psicólogo designado pelo tribunal uma vez. Na Califórnia, você tem o poder de desqualificar um juiz de direito da família sem provar preconceito. Nesse caso, cada lado tem o poder de mudar de psicólogo. Para capacitar as pessoas a fazer boas escolhas, todos os nomes dos psicólogos nomeados pelo tribunal devem ser divulgados. Toda a sua produção deve ser revisada, resumida e disponível para o público ver.

Na era das análises de mídia social, eles também devem obter classificação social. Quase todas as profissões são revisadas online por seus clientes. Médicos e hospitais são revisados publicamente em sites como vitals.com. Se a psicologia é realmente um campo médico, por que eles não deveriam estar sujeitos a análises sociais?

— ★ ★ ★ ★ ★ —

PROJETO DE LEI DE JUSTIÇA DA FAMÍLIA (PROPOSTA)

★ ★ ★ ★ ★

Direitos das Crianças. Consagrar o direito dos filhos a ambos os pais igualmente.

Igualdade parental. Consagrar o direito de pais e mães a seus próprios filhos igualmente. Direitos dos pais são direitos humanos. Nenhum pai ou mãe deve ter que lutar judicialmente pelos seus direitos, a menos que tenham sido condenados por um crime.

Igualdade de gênero. Consagrar a igualdade de gênero em todos os assuntos relacionados à família. A família é o único lugar na sociedade em que a própria natureza exige igualdade de gênero - um pai e uma mãe – para produzir filhos. Portanto, todos os serviços públicos relacionados à família serão inerentemente injustos se violarem a igualdade de gênero.

A maior parte do preconceito estabelecido nas instituições governamentais que atendem aos interesses da família vem do fato de que os homens estão ausentes em suas profissões. Em todo lugar que você olha no sistema de direito da família, vê um desequilíbrio de mulheres em número superior aos homens. Devem ser oferecidos incentivos para os homens entrarem em serviços e profissões relacionados à família.

Portanto, a igualdade de gênero deve ser aplicada em todos os níveis de serviço público relacionados à família. Os juízes de direito da família devem ser 50% homens, 50% mulheres. O DHS deve empregar 50% de homens e 50% de mulheres. Os psicólogos pagos pelos tribunais devem ser 50% homens, 50% mulheres. As escolas públicas devem contratar 50% de professores, 50% de professoras.

Nenhuma outra parte do governo ou empresa deve ser obrigada a seguir uma cota equilibrada por gênero. Diferentes gêneros tendem a ter diferentes preferências por profissões. Eles devem ser livres para escolher.

Paternidade sem culpa.

Desde 1975, o divórcio na Austrália é "sem culpa", o que significa que um tribunal não é obrigado a julgar o divórcio.[15] O divórcio é um cancelamento voluntário do contrato. Os casais não perdem mais tempo e honorários legais para pedir a um juiz secular que determine quem é o culpado pelo fim do casamento.

O conceito de cônjuge "sem culpa" não foi estendido adequadamente para pai sem culpa. Se um pai e uma mãe eram pais capazes antes do divórcio, o divórcio não muda esse fato. Um tribunal não é necessário e não é competente para decidir de quem, pai ou mãe, um filho precisa.

O divórcio que "encontra o culpado" nunca voltará. Os cristãos que foram prejudicados por um parceiro que os traiu lutam pelo retorno à busca de culpados no tribunal, alegando que seu contrato foi violado, mas isso é um desperdício de energia. A Bíblia ordena o divórcio "sem culpa" em Deuteronômio 24:1. Os judeus seguem isso e, em geral, a comunidade judaica tem uma menor taxa de divórcio e uma maior taxa de sucesso matrimonial do que o público.

Os cristãos devem aprender com seu sucesso. Os judeus preferem que seu casamento e divórcio sejam tratados por sua própria Beth Din, ou pela corte judia (literalmente "casa da justiça"), que não permite divórcio por culpa, de acordo com a lei mosaica. As decisões de um Beth Din são rotineiramente mantidas pelos tribunais civis nos Estados Unidos.

Planos de copaternidade iguais. São assumidos planos iguais para os pais de 50% a 50%, exceto quando violência ou abuso sexual são comprovados, ou ambos os cônjuges concordam com um acordo diferente de sua preferência. As falsas alegações devem ser punidas com menos bens conjugais e menos tempo com os filhos.

Fundo para o Futuro da Criança ou imposto sobre o divórcio. O divórcio custa pelo menos 30 a 50% dos ativos médios do casal. Nenhuma outra transação financeira na vida ocidental moderna é tão debilitante e cara. O divórcio é uma indústria predatória no valor de US$ 14 bilhões por ano na Austrália, e os advogados saem com a maioria dos ativos de casamentos desfeitos. O governo criou um imposto sobre o divórcio que é pago não ao bem público, mas a indivíduos na profissão de divórcio. Os tribunais são cúmplices nessa tremenda transferência de riqueza. Se nos preocupássemos em acabar com a pobreza infantil, acabaríamos com o absurdo do tribunal de família.

Um estudo do Centro de Pesquisa Urbana e Populacional da Universidade Monash revela que o desmembramento familiar constitui a principal causa do atual aumento dos níveis de pobreza na Austrália.[16] O divórcio reduz a capacidade dos adultos na meia-idade de cuidar dos mais jovens, bem como da geração mais velha. Um estudo canadense de 2009 estimou que os custos de desagregação familiar eram de sete bilhões de dólares canadenses por ano. Um estudo australiano de 2014 estimou que o divórcio está custando à economia australiana 14 bilhões de dólares australianos por ano.[17] E um estudo americano de 2008 estimou os custos de desagregação familiar e paternidade solteira em pelo menos US$ 112 bilhões por ano.[18]

Todo esse dinheiro teria sido melhor utilizado se depositado numa poupança para o futuro dos filhos. No divórcio, 30% dos bens conjugais devem ser depositados em um fundo a ser usado apenas pelos filhos. O primeiro montante do valor será usado para pagar despesas fixas com a criança para ambos os pais nos primeiros 18 meses. Se sobrar algum, o segundo montante será alocado às despesas educacionais dos filhos. Depois disso, se restar algum dinheiro, o terceiro montante será liberado em partes iguais para cada filho do casamento, uma vez que atingirem 30 anos de idade.

No caso de divórcios sem filhos, deve ser paga uma taxa de

divórcio mais baixa, de 15% dos bens conjugais. Os fundos serão usados para nenhuma outra finalidade além de contribuir para um novo esquema governamental de pensão fixa para crianças e para benefícios a crianças. Esse imposto realiza duas coisas: incentiva os casais a terem bebês que protegem os bens da família, mesmo em caso de divórcio, enquanto dissuadem o próprio divórcio.

Divisão igual de bens conjugais. A propriedade restante do casamento, sem incluir as propriedades trazidas para o casamento ou heranças, é dividida igualmente se o casamento exceder 3 anos. Isso remove o incentivo para qualquer parte se enriquecer através do divórcio, incluindo advogados de família que prolongam os casos por razões triviais. Em casamentos com menos de três anos, as partes devem considerar o que cada um contribuiu durante o casamento,[19] não seus desejos e sonhos após o casamento.

Montante fixo e prazo de pensão alimentícia. A pensão alimentícia é paga pelo governo em quantia fixa e razoável por filho de um divórcio, para ajudar ambos os pais a reconstruir suas vidas durante um período estressante. A pensão alimentícia dos fundos do governo termina após 18 meses.

Apoio condicional à criança.

Se o atual sistema de apoio à criança complicado e injusto continuar (em vez do novo apoio à criança por prazo determinado), o apoio à criança deve parar assim que uma criança for retida de um dos pais pagantes.

A conselheira de família Jodie Myintoo falou comigo em uma entrevista em 2019. Com base em sua experiência de 15 anos no sistema de tribunais de família, ela relatou,

> "Um dos maiores problemas que temos é que a pensão alimentícia deve ser paga sob nenhuma condição. Muitas mães fogem com uma criança, então exigem apoio à criança. Alguns de meus clientes retiraram seus filhos devido a falsas alegações ou porque a mãe foi para outro estado, mas os pais alienados precisam pagar por um filho que não veem."

> "Uma nova regra deve ser adotada: os pagamentos de pensão alimentícia terminam quando você não vê seu filho devido ao outro pai

que reter o filho por nenhum motivo fundamentado por duas semanas ou mais. Não importa se os pedidos estão em vigor ou se não há pedidos. Isso provavelmente reduziria vários casos que entopem o sistema de direito da família, onde geralmente os pais procuram ter contato com o filho desaparecido."

Em outras palavras, essa mudança sozinha desobstruiria os tribunais de família.

Na minha proposta, onde a guarda conjunta é assumida após o divórcio e os filhos moram com cada pai metade do tempo, nenhuma pensão alimentícia precisa ser paga após 18 meses. Isso traria enormes economias ao governo, eliminando as batalhas judiciais sobre o apoio à criança e reduzindo o tamanho da burocracia de apoio à criança.

Manutenção final do cônjuge.

Divórcio significa uma separação permanente. Ninguém deve continuar se enriquecendo de um ex-cônjuge.

Muitas injustiças foram criadas pela manutenção do cônjuge, calculada com base no estilo de vida de um casal antes do divórcio. Ninguém conhece o futuro. As circunstâncias de algumas pessoas mudam para pior e não podem mais ter seu estilo de vida passado, então a manutenção do cônjuge se torna roubo - o estado forçando alguém a se endividar e até ser preso. As circunstâncias de algumas pessoas mudam para melhor. Então, a manutenção do cônjuge se torna um imposto injusto e um desincentivo para que uma pessoa seja tão produtiva quanto possível.

A manutenção do cônjuge foi criada para uma época em que marido e mulher assumiam os papéis tradicionais de provedor e dependente. Hoje, 60% das famílias americanas[20] e 80% das famílias australianas têm 2 assalariados.[21]

Dezoito meses de pensão alimentícia são suficientes para manutenção na terra da oportunidade. Muitos cristãos reclamam do "divórcio fácil" e culpam a regra do "divórcio sem culpa". Eu não acredito que isso seja verdade. É a remoção das consequências financeiras do divórcio - recompensando os divorciados com um conjunto de benefícios sociais - que permitiu que os casamentos desmoronassem e tornou o divórcio "fácil". Tributar o divórcio, limitar o apoio à criança e interromper a manutenção do cônjuge pode ser o único incentivo do governo para salvar muitos casamentos e diminuir a taxa de divórcio do país.

Tornar a alienação parental grave um crime.

Alienação parental (AP) é a manipulação psicológica de uma criança por um dos pais (chamada de 'pai alienante') para fazer uma criança rejeitar o outro pai (o 'pai alvo'). Pesquisas extensivas estabelecem que esse padrão de comportamento é prejudicial para o futuro da criança.[22] É abuso infantil.

No entanto, a maioria dos especialistas não pode identificá-lo.

Dr. Steve Miller, membro do corpo docente da Harvard Medical School por 30 anos, explicou o porquê. Em suas palavras:[23]

"O que precisamos é de um subespecialista em alienação e estranhamento que o veja o tempo todo, e não o melhor psicólogo do mundo que raramente o vê... Esse campo é altamente contra intuitivo para quem não possui treinamento e experiência extensos lidando com isso."

Muitas pessoas geralmente entendem errado. E quando digo "pessoas", quero dizer advogados, psicólogos e outros especialistas em saúde mental. Na maioria das vezes, eles não apenas não entendem o caso, a avaliação e a recomendação, mas o fazem exatamente ao contrário ...

"O erro fundamental de atribuição significa que você olha para o comportamento... se você vê um homem com raiva, alguém com raiva, você diz: "Ele é um homem bravo". Você pensa: "É o caráter dele. Em geral, ele é um homem bravo." Não importa que o motivo de estar com raiva seja porque alguém roubou seu carro, sua carteira. Estamos empenhados em dizer: "Eu vou ficar longe desse cara. Ele está demonstrando raiva." Então, se a raiva é situacional, então a avaliação psicológica especializada está errada."

Agora, a relevância para nós é quando um entrevistador vê um grave caso de alienação, mas o pai alienante é calmo. Mas é um sociopata limítrofe ou narcisista, um mestre manipulador, aprendeu a imitar de forma convincente o comportamento normal e se apresenta muito bem: 'Sim, incentivo o relacionamento da criança com seu pai ou sua mãe.'

"Por outro lado, o pai-alvo tem TEPT [transtorno de estresse pós-traumático], não vê seu filho sabe Deus há quanto tempo - talvez anos - foi informado de que ele é o único problema, e vem todo tenso, todo zangado e estressado. Agora, pessoalmente, participei de um curso completo em uma reunião da AFCC [Associação de Tribunais de Família e Conciliação], onde a pessoa que ministrava o curso dizia às pessoas do grupo: "Você pode seguir o que vê. Se os pais se apresentarem ansiosos e intensos, você pode ter certeza de que é assim que eles são como pais." Não! Esse é um erro elementar no raciocínio clínico e na tomada de decisões. Isso é um erro de atribuição fundamental.

"Os casos graves são fundamentalmente diferentes dos casos moderados. Em um caso moderado, é muito razoável tentar educar os pais para serem mais cooperativos. Mas, em um caso grave, onde você tem o que um especialista chamou de 'alienador obcecado', essa pessoa - com quase 100% de certeza - tem um grave distúrbio de personalidade. Pessoas normais simplesmente não fazem isso com seus filhos. E uma pista seria que eles bloqueiam o acesso aos filhos por anos a fio por razões triviais e frívolas.

A psicoterapia normal piora esses casos. Portanto, se é um psicoterapeuta habilidoso que pensa que você pode entrar e fazer terapia dupla [terapia de conversa com o pai e a mãe]: "Por que você não encontra algo para se desculpar?" ou "Johnny, como isso fez você se sentir?" isso é um desastre. Não tente isso, mesmo com um caso médio. Eles quase sempre ficam catastroficamente piores. Então você tem que combinar o terapeuta com a criança. Essa é a minha resposta.

"Existem dois lugares, um no Canadá, dirigido por Kathleen Reay, e outro no Texas, dirigido por Richard Warshak. Dê a eles quatro dias com a criança, e a criança volta para o pai rejeitado feliz da vida. Mas eles exigem uma mudança na custódia e nenhum contato com o pai alienante por 90 dias. Fora isso, não há esperança para um caso grave..."[24]

Evitar a alienação parental como uma consideração primordial para todas as outras ordens familiares.

Como ilustração, dirigir para levar ou buscar as crianças, deve ser compartilhado igualmente, e o local da troca deve ser igualmente conveniente para ambos os pais. Isso elimina uma maneira de juízes, advogados ou pais alienarem clandestinamente um dos pais, tornando seu ponto de troca tão excessivamente distante e inconveniente que eles perdem seu tempo com seus filhos.

Certamente os juízes sabem que, se todas as trocas forem na residência de um dos pais, esse fardo injusto cria um obstáculo para que os filhos consigam um tempo com o outro pai. No entanto, os juízes criam rotineiramente essa barreira artificial contra um dos pais.

Remover o sigilo do tribunal de família.

Todos os julgamentos justos em uma democracia devem ser abertos e públicos. No entanto, existe uma ordem de mordaça em todas as ordens do tribunal da família, supostamente para proteger os membros da família. Os nomes podem ser facilmente alterados para proteger os inocentes. Ordens de mordaça são frequentemente usadas para punir um réu e proteger o juiz sem noção, como foi o caso de Roger Stone. A juíza Amy Berman Jackson proibiu o aliado de Trump, sua família e seus amigos de defendê-lo em público e o proibiu de usar as mídias sociais.

Minimizar a dependência de 'evidências de especialistas' e depoimentos de psicólogos.

Os relatórios psicológicos devem estar sujeitos a responsabilidade, transparência e ser usados minimamente em casos raros. Os relatórios psicológicos são notoriamente não confiáveis em casos criminais.[25] Os juízes em casos criminais os descartam rotineiramente. Portanto, não há razão para supor que sejam mais úteis em casos civis.

Um estudo de Liam Meagher, intitulado "Avaliando o papel dos consultores da família ao fornecer evidências em disputas parentais", publicado no Macquarie Law Journal, concluiu que "os consultores de família excedem os limites de sua base de conhecimento."[26] Concluiu:

"...que os consultores de família devem interromper a prática de fazer recomendações ao tribunal sobre quais ordens são do interesse de uma criança, pois essas recomendações excedem os limites de sua base de conhecimento, deturpam sua base de conhecimento, geram um provável conflito com a legislação e levam a possibilidade de institucionalizar preconceitos de especialistas dentro do sistema judicial."[27]

Punir perjuros no tribunal de família.

Existe excesso de confiança em repórteres ou avaliadores da família, porque não há penalidade por perjúrio no tribunal da família. É o único tribunal em que o perjúrio é rotineiramente permitido e fica impune. Os cônjuges acusam-se falsamente de violência doméstica ou abuso sexual de crianças como uma tática legal para ganhar vantagem.

Imagine um sistema de justiça familiar que responsabilize as pessoas por suas mentiras! O tribunal deve facilitar que as pessoas normais forneçam evidências do que afirmam ser verdade - e-mails, fotos, gravações de voz, testemunhas etc. Os tribunais tratam as evidências como vivêssemos na década de 1970. Em algumas jurisdições, vídeos não são permitidos. Os áudios não podem ser reproduzidos. As entrevistas com psicólogos não podem ser gravadas. Quais interesses eles estão protegendo? Parece que os profissionais lucram mais com o sistema do que as famílias. O tribunal ainda exige várias fotocópias de documentos mal digitalizados. Não vivemos mais na década de 1970. Facilite a coleta e o envio de evidências on-line.

Quando as audiências forem objetivas, com base em evidências, e não em avaliações subjetivas, haverá menos emoções, menos incerteza e mais justiça. Será mais fácil pegar aqueles que estão mentindo para o tribunal, como acusar falsamente um cônjuge de violência doméstica ou de abusar sexualmente de uma criança. Devem aplicar-se penalidades por perjúrio - menos bens conjugais na liquidação de propriedades, menos tempo com os filhos, pesadas multas e, possivelmente, tempo de prisão quando a reputação e o sustento de alguém foram prejudicados.

Um caso em questão é um australiano conhecido como RB, acusado de estupro. O juiz do tribunal distrital de New South Wales (NSW) decidiu em agosto de 2019, ele não pôde apresentar evidências de 12 incidentes nos quais sua suposta vítima havia feito alegações falsas anteriores sobre abuso sexual.[28]

RB recorreu da decisão do tribunal de primeira instância. Seu advogado afirmou que, se não pudessem ser apresentadas evidências durante o julgamento, a promotoria apresentaria "uma imagem totalmente distorcida do verdadeiro estado dos fatos em relação à questão principal do julgamento; ou seja, a credibilidade e a confiabilidade do denunciante."[29] A denunciante parecia ser uma falsa acusadora compulsiva de abuso sexual.

Em nossos tribunais familiares atuais, se o perjurador é uma mulher, os juízes relutam em puni-la. Mesmo que o homem se prove inocente, ele já terá sido punido pelo processo legal prolongado, durante o qual provavelmente perderá grande parte de suas economias, tempo, trabalho, saúde e paz de espírito.

Tornar o processo legal rápido, para não durar mais de um ano.

Você ter sido casado por apenas um ano e estar no tribunal de divórcio por dois anos (ou mais). Isso é uma violação da constituição que garante um "julgamento público e rápido". O tribunal de família de hoje carece de transparência e rapidez.

A demanda por julgamentos rápidos, sob pena de juízes ou advogados, desestimulará os profissionais do direito a arrastar os casos para seu próprio ganho financeiro. Além disso, evitará abusos legais, como a caça às bruxas política que Trump sofreu. Eclesiastes 8:11 diz: "Quando os crimes não recebem rapidamente os devidos julgamentos e punições, os corações dos demais filhos dos homens se enchem de disposição para fazer o mal.". A Bíblia exige processos judiciais rápidos, geralmente dentro de dias.

Os profissionais de direito da família lucram com a complexidade e as complicações. Com a igualdade de gênero consagrada, e o cuidado compartilhado igual e a divisão igual dos bens conjugais assumidos, um caso de tribunal de família seria bastante simplificado e levaria apenas um a dois dias.

Para as partes que concordam com a igualdade de gênero e não desejam contestar a divisão igual de bens conjugais e tempo igual com os filhos, deve ser criado um formulário de processamento simplificado que não exija o tempo do tribunal. Pode ser um contrato de obrigação legal processado por qualquer funcionário de integridade autorizado a testemunhar documentos oficiais, como um membro do clero, um farmacêutico, um notário público, um revisor oficial de contas ou um celebrador de casamentos. Eles poderiam até ganhar uma pequena taxa pelo seu tempo. O governo economizaria milhões de dólares.

. . .

D istinção Entre Cinco Tipos De Violência Familiar.
Pesquisas da Universidade de Sydney fornecem uma base
útil para distinguir diferentes tipos de violência familiar.[30] A distinção
mais óbvia é entre violência física e não física. Mas a pesquisa revelou
distinções mais sutis que categorizo da seguinte maneira:

"Violência controladora coercitiva" (também conhecido como
"terrorismo íntimo") é o tipo de violência que tem um histórico e
padrão de abuso físico e / ou sexual. É premeditado pelo autor.

"Violência conjugal situacional" (ou "violência conjugal
comum") na qual um desacordo não resolvido se transforma em um
incidente violento, mas a violência não faz parte de um padrão maior
de controle coercitivo. Esse tipo de violência é uma resposta a um
desacordo comum e não é premeditado de nenhum dos lados.

"Violência instigada pela separação" ou ferir fisicamente um ex-
parceiro antes ou durante a separação. Esse tipo de abuso não tem
histórico anterior, é o resultado do estresse do rompimento e
geralmente produz menos danos que a violência coercitiva. É em
resposta ao rompimento do relacionamento e não é premeditado de
nenhum dos lados.

"Violência iniciada por conflito" ou força em resposta a conflito
gerado intencionalmente por um cônjuge que se mostra como a
"vítima". Por exemplo, um cônjuge que não tem histórico de violência
pode se tornar verbal ou fisicamente abusivo quando trancado para
fora de casa ou ser impedido de ver os filhos. O objetivo dessa reação
não é controlar, mas desafiar esse controle.

Às vezes, a pessoa que iniciou o conflito quer provocar uma
resposta que possa justificar uma ação legal (por exemplo, uma ordem
de restrição ou ordem de intervenção). A violência é uma resposta a
uma "configuração" e é premeditada pela vítima que não é inocente,
mas está "ativamente apertando os botões do parceiro".

"Resistência violenta" ou força usada em autodefesa. Uma parte
parece ser culpada de violência quando na verdade se defende
agressivamente. A violência é uma resposta ao controle da violência
coercitiva.

Como Parkinson, Cashmore e Single observaram: "O idioma de 'vítima' e 'agressor', 'pai abusado' e 'pai violento' não se encaixa facilmente na natureza da violência causada pelo conflito; nem uma análise que insista em que apenas um gênero é responsável."[31] No entanto, a violência é indiferenciada pelo tribunal e pelos legisladores. Isso produz injustiça.

Se existem diferentes tipos de violência, deve haver diferentes tipos de resposta. Isso é intuitivo ao lidar com crianças. A mãe que grita com seu filho nunca é culpada no tribunal de "abuso verbal" (para ser justo, um homem que grita com ela não deve ser culpado de abuso). A mãe que bate no filho uma vez por frustração, deixando-o machucado, é culpada de abuso infantil, mas geralmente é dispensada com um "tapa no pulso" (ou uma "ordem de consentimento" para não o fazer novamente, ou uma "ordem de desvio"para desviar a punição por bom comportamento por um ano).

Mas os pais que regularmente batem ou molestam sexualmente seus filhos são culpados de um crime premeditado em uma ordem diferente. Eles devem ser punidos severamente e despojados dos direitos e liberdades normais.

Assim, o legislador e os tribunais não fazem distinção para a violência doméstica entre os adultos. Os resultados são que algumas mães ficam livres, apesar de machucarem muito o filho, enquanto alguns pais nunca veem seus filhos por chamarem a ex-parceira de "exagerada" (uso indevido do termo criminal "perseguição"). A injustiça é intolerável para muitos e, infelizmente, alguns tiraram suas próprias vidas.

Qualquer legislação que lide com igualdade de gênero e justiça familiar deve distinguir diferentes tipos de resposta a diferentes tipos de violência.

Limitar o poder discricionário dos juízes definindo termos legais claramente.

Os juízes não devem receber poderes indefinidos de "discrição" que, de fato, zombam da lei e da sentença. Um exemplo disso é no direito da família, onde o termo "melhores interesses dos filhos" é indefinido e, portanto, está sujeito a abusos flagrantes de interpretação.

É melhor para as crianças serem educadas em casa, enviadas para escolas públicas ou para escolas particulares? Depende completamente do capricho do juiz. Qualquer cidadão normal diria que os pais que desejam gastar mais tempo ou mais dinheiro na educação de seus filhos estão agindo no melhor interesse dos filhos, e não estão usando a custódia dos filhos como um meio de ganhar dinheiro pessoalmente com o sistema de bem-estar, mas os juízes descartam o que é normativo e não seguem nenhum padrão.

Leia novamente meus exemplos anteriores em "Como advogados atuam". Todas essas alegações contraditórias podem ser argumentadas por um advogado de língua afiada para servir aos "melhores interesses das crianças", tornando a frase sem sentido. Pior que isso, os juízes rotineiramente aceitam essas alegações, mesmo que prejudiquem os interesses das crianças. Na verdade, ninguém verifica depois do tribunal se os interesses das crianças foram atendidos por recomendações psicológicas e decisões judiciais. O termo "melhores interesses da criança" deve ser eliminado, pois praticamente não tem significado, ou tantos significados quanto opiniões.

Substitua-o por uma disposição mais definível como "disposição amigável dos pais".

Acrescentar uma "disposição amigável dos pais" ao Direito da Família.

Segundo o Quinto Mandamento de Deus, o melhor interesse da criança é ter o amor e o cuidado de ambos os pais. Portanto, os pais que demonstram maior disposição para facilitar esse relacionamento pós-divórcio estão, por definição, agindo no "melhor interesse da criança."

A legislação deve incluir uma "disposição amigável dos pais" que recompensa os pais amigáveis que tentarem se comunicar e cooperar mais. Isso incentiva os pais a produzir evidências positivas, em vez de falar sobre lixo e atirar a lama que os advogados da família os incentivam.

Os juízes devem se preocupar com evidências de estilo parental. Normalmente, isso é muito fácil de dizer para pessoas não treinadas legalmente. Os pais permitiram que uma criança comparecesse a um aniversário, casamento ou funeral do outro lado da família? Retirar uma criança de qualquer uma dessas ocasiões especiais seria uma desqualificação clara da "disposição amigável dos pais."

No entanto, de acordo com a legislação atual, os juízes geralmente ignoram quando um dos pais retém um filho de outro pai e agem de acordo com sua "discrição". Assim, as vítimas do divórcio podem se tornar vítimas dos juízes.

Na Bíblia, raramente havia medo de "injustiça composta" indo a tribunal, ou seja, o medo de se tornar uma vítima secundária do juiz depois de já ser a vítima principal do agressor. Em contraste, hoje os cidadãos temem os juízes porque seu poder de discrição significa que eles têm latitude excessivamente imprevisível. Quando o tribunal se torna tão imprevisível, o próprio tribunal é uma fonte do mal e é um perigo para cidadãos pacíficos.

Eleição e prazo dos juízes.

Os juízes de família devem vir de uma ampla variedade de profissões e ser eleitos pelo povo, e não pelos políticos, a cada seis anos, por um período máximo de 30 anos de serviço. Suas decisões devem ser claramente resumidas e divulgadas em um site.

Limite de mandatos: devido à natureza estressante de ser juiz de família, imponha uma sentença sabática. Eles podem ser juízes de direito de família por 6 anos, após os quais devem descansar um ano e não podem se tornar advogados novamente durante o período sabático. Isso elimina um conflito de interesses entre juízes e escritórios de advocacia, e elimina o potencial de usar o tribunal como um trampolim para uma carreira lucrativa no direito. Reduzir o elitismo da "rede dos velhos" parece a única maneira de incentivar pessoas de outras profissões a assumir a alta responsabilidade de servir como juízes de direito da família.

Os juízes devem servir o público, para não dominar as pessoas ou enriquecer-se mais tarde. Se não confiamos que um presidente ou primeiro ministro fique no poder para sempre, não devemos permitir que um juiz fique no poder para sempre.

Não podemos ter justiça familiar com maus juízes. Para ter bons juízes, apenas compromissos não são suficientes. O congresso deve acusar juízes federais injustos.

— ★ ★ ★ ★ ★ —

O PODER DO IMPEACHMENT

— ★ ★ ★ ★ ★ —

De acordo com o Constituição Americana, todos os escritórios políticos podem sofrer impeachment.

> Artigo II, Seção 4: "O Presidente, o Vice-Presidente e todos os funcionários civis dos Estados Unidos serão afastados por Impeachment se condenados por Traição, Suborno ou outros crimes e contravenções graves."

O profeta Samuel disse ao rei Saul: "O seu reino não continuará." [32]O empregador na parábola de Jesus disse a seu servo desonesto: "Você não pode mais ser meu gerente." [33]Nem Saul nem o funcionário foram condenados em um tribunal . Eles foram efetivamente impeachmados por má conduta não-criminal.

Os Pais Fundadores foram sábios ao incluir o poder do impeachment. O ramo de governo em que menos confiavam era o judiciário, porque viram como as leis e os tribunais britânicos podiam ser usados para assediar, aprisionar e até matar cidadãos, então criaram um segundo tribunal: o Senado. Para casos de impeachment, o Senado se torna o segundo Supremo Tribunal.

No entanto, a Constituição dos EUA é confusa sobre o que constitui uma ofensa para impeachment. Permite impeachment por "traição, suborno ou outros crimes e contravenções graves". Eu acredito que mais uma frase deveria ter sido adicionada, "**por violações dos direitos das pessoas**".

A Constituição também não aborda o uso arbitrário e frívolo do impeachment como arma política. Como vimos com os apelos dos Democratas pelo impeachment de Trump desde o primeiro dia em que ele assumiu o cargo, esta disposição da Constituição dos EUA pode ser abusada por membros do Congresso e por aqueles que trabalham na burocracia permanente chamada Deep State.

Dois anos e pelo menos US$ 32 milhões de dólares foram desperdiçados na investigação de conluio da Rússia, alimentada pela esperança dos Democratas de destituir o presidente. Cidadãos foram assediados legalmente por nenhuma outra razão além de ter uma amizade ou negócios com Donald Trump.

Sem evidências para a acusação de conluio russo, os Democratas passaram à acusação seguinte de "quid pro quo" (tomar uma coisa por outra) ucraniano com base em uma única ligação telefônica entre o presidente Trump e o presidente ucraniano Zelensky. Como o representante Devin Nunes disse ao Hannity da Fox, é "como o dia da marmota (um festival em que este animal teria o poder de prever qual a duração do inverno, segundo a crença dos moradores locais), aqui estamos passando por tudo de novo."[34]

O impeachment não deve ser uma tática partidária para anular uma eleição. Uma emenda constitucional deve especificar com precisão os padrões para o término do mandato do presidente, membro do Congresso ou juiz.

PADRÕES PARA O IMPEACHMENT DE JUÍZES

Considere as razões históricas apresentadas pelo Congresso para a remoção dos juízes federais:

Em 1804, o juiz da Suprema Corte Samuel Chase foi impugnado por destituição judicial e por excluir evidências de um julgamento.

Em 1830, o juiz federal James H. Peck foi acusado de improbidade judicial.

Em 1862, o juiz federal West H. Humphreys foi acusado por apoiar o movimento de secessão.

Em 1904, o juiz federal Charles Swayne foi acusado de improbidade financeira e arbitrariedade judicial.

Em 1912, o juiz do circuito federal Robert W. Archibald foi acusado de improbidade e conduta imprópria.

Em 1926, o juiz federal George W. English foi acusado de improbidade e profanação judicial.

Eu gostaria de destacar duas coisas desses exemplos.

Primeiro, dos 19 oficiais federais acusados pela Câmara dos

Deputados, 15 eram juízes federais.[35] Tanto em sua intenção quanto em sua prática, o poder do impeachment foi projetado para limpar o Judiciário, não o Escritório Executivo.

O executivo está sujeito ao voto do povo e pode ser removido rapidamente a cada quatro anos. Mas muitos juízes têm compromisso vitalício; a única responsabilidade que eles têm é pelo processo de impeachment.

Portanto, Trump e o próximo Congresso devem utilizar plenamente a ferramenta que os Democratas aplicaram incorretamente contra o presidente e aplicá-la corretamente aos juízes, começando primeiro pelos da Justiça da Família. Não basta o presidente Trump nomear novos juízes para o banco; os fundadores acreditavam que era necessário remover juízes maus.

Thomas Jefferson achou que os juízes deveriam ser julgados. Em uma carta a William Charles Jarvis, datada de 1820, Jeerson escreveu: "Veja, considerar os juízes como os árbitros finais de todas questões constitucionais é uma doutrina muito perigosa e que nos colocaria sob o despotismo de uma oligarquia. Nossos juízes são tão honestos quanto os outros homens e não mais. Eles têm, com outros, as mesmas paixões pelo partido e pelo poder..."[36]

Segundo, observe que a razão mais comum citada para o impeachment é a "arrogância". Ser arrogante significa não ter ou mostrar respeito pelos direitos, preocupações ou sentimentos dos outros, ser arbitrário, ser arrogante.

As violações dos direitos dos pais e da igualdade de gênero, por definição, se enquadram no projeto de destituição. Os juízes de direito da família usam táticas autoritárias e razões arbitrárias para institucionalizar a discriminação de gênero. Eu já vi vários casos.

Em um caso que eu testemunhei, um pai auto representado pediu uma violação de ordens (ou ordem de execução) porque a mãe removeu seus dois filhos da escola cristã particular, ordenada pelo juiz anterior. A juíza não apenas rejeitou a solicitação do pai, como também ordenou que ele pagasse os honorários legais de sua esposa. Ele não era de forma alguma vexatório, mas o juiz poderia intimidá-lo porque ele não tinha advogado.

Aqui estava um homem auto representado buscando o tribunal

para fazer cumprir suas próprias ordens, e ele não apenas foi rejeitado, mas também punido financeiramente. Qual foi o efeito dessa destreza nos demais homens e pais? Nos advogados que ouviram seu veredicto? Ensinou-lhes uma lição: não solicite a execução de ordens contra mulheres em um tribunal feminista... ou então!

Em outro caso que vi, um juiz difamava a fé de um cristão no tribunal. O juiz abriu a audiência com uma pergunta: "Quem disse: 'A religião é o ópio das massas?'".

Ninguém no tribunal ousou responder a esse juiz. "Karl Marx", ele riu de sua própria resposta Pelo resto da audiência, ele continuou zombando da fé do cristão, até que seu advogado se levantou e pediu ao juiz que se recusasse a julgar o caso com base em sua animosidade em relação à religião de seu cliente. O juiz deixou a câmara e voltou citando precedentes legais sobre por que ele não deveria atender ao pedido do advogado - isso reduziria a estima do tribunal aos olhos do público, afirmou ele.

Seu julgamento final foi, em minha opinião, uma retaliação contra o pai. Ele foi despojado de seus direitos parentais, a mãe recebeu a custódia total dos filhos e os filhos não tiveram tempo com o pai para celebrar a Páscoa - um golpe óbvio no cristianismo.

Sei que pais não-religiosos, ateus e até budistas tiveram tempo com seus filhos durante a Páscoa. Esse tipo de julgamento vil é qualificado como "ignorância" judicial, o que significa que não era um crime, mas era uma ofensa impensável de acordo com os Pais Fundadores.

PROPOSTAS PARA IMPEACHMENT DE JUÍZES

Proponho duas maneiras objetivas de abordar os abusos do poder judicial.

Primeiro, se 25% das decisões de um juiz analisadas por um tribunal superior forem anuladas, esse juiz não deverá mais julgar. Se um quarto dos pacientes saudáveis de um médico morresse durante o tratamento, um conselho médico estadual permitiria que esse médico continuasse praticando a medicina? Se um quarto dos edifícios que um engenheiro aprovasse desabasse, esse engenheiro teria permissão para continuar aprovando os planos de construção? Não.

Por que permitimos que juízes cujas decisões sejam regularmente revogadas continuem julgando? A Suprema Corte reverte as decisões da Corte de Apelações do Nono Circuito em cerca de 80% das vezes - superior a quase todos os demais tribunais do país. Aos olhos do público, o Nono Circuito é uma farsa.

Por outro lado, isso significa que o Supremo Tribunal ainda é um bom tribunal. A América é abençoada por ter os melhores no topo. Mas os juízes do tribunal de apelação sabem que o Supremo Tribunal não pode ouvir todos os recursos. Portanto, mesmo sabendo que uma porcentagem muito grande de suas decisões será anulada, eles podem se envolver em ativismo judicial sem muita consequência. Muitas de suas decisões escapam e se tornam a "lei da terra".

Abusos judiciais como esses devem parar. O caminho para acabar com isso foi sugerido pelos Democratas: impeachment. Impeachment de juízes cujas decisões em um tribunal superior são anuladas 25% das vezes.

Segundo, e isso se aplica particularmente ao tribunal de família, se um órgão independente, não formado por juízes ou ex-juízes, concluir que a decisão de um juiz é tendenciosa em favor de um lado, 60% das vezes, então o juiz deve ser investigado por impeachment. No caso do tribunal de família, é fácil dizer os dois lados: marido ou mulher, pai ou mãe, suposto agressor masculino ou feminino, etc. Obter estatísticas objetivas deve ser a primeira prioridade do governo para salvar a família.

Atualmente, não há responsabilidade pelo tribunal da família. O objetivo do impeachment é garantir a responsabilização judicial. Como explicou o professor John Randolph Tucker: "O poder de impeachment pretendia limpar o governo da presença de funcionários sem valor e sem fé."[37]

USAR TECNOLOGIA PARA CONSEGUIR JUÍZES MELHORES

Na era da Internet, deveria ser muito mais fácil denunciar juízes corruptos. Os juízes corruptos devem ser denunciados on-line a um órgão independente, não formado por juízes, ex-juízes, advogados ou ex-advogados, mas por cidadãos. A condenação de um cidadão deve resultar em desqualificação imediata para julgamento em tribunal e pode incluir até 5 anos de prisão.

Quando os juízes julgam outros juízes, eles "repreendem" seus pares, mas não há dentes para o seu rugido. Juízes ofensivos continuam a julgar mais pessoas. Foi o caso de uma juíza da Flórida chamada Jerri Collins, que foi advertido por seu comportamento "intolerável" em relação a uma mulher que se recusou a comparecer em tribunal e testemunhar contra seu suposto agressor.[38]

A juíza Collins foi flagrada diante das câmeras repreendendo a suposta vítima de violência doméstica e, em julho de 2015, ela a prendeu por três dias por desrespeito ao tribunal. Mandar alguém para a cadeia por não comparecer ao tribunal é um exemplo de ignorância - um encargo impensável. Collins pode voltar a ser advogada, mas nunca mais deve julgar ninguém.

Devemos esperar que nossos juízes sejam pessoas do mais alto calibre, emocionalmente temperadas, moralmente retas e cheias de humildade judicial. Muitas vezes vemos o oposto: arrogância judicial e desprezo pelo povo...

★ ★ ★ ★ ★

Porque tentaram O Impeachment Contra Trump

Todo o processo de impeachment foi uma farsa que incluía as características típicas dos processos de divórcio: um tribunal de oposição que nunca daria um julgamento justo; um processo fechado, secreto e injusto; um colossal desperdício de tempo e recursos preciosos; falsas alegações, perjúrio e moralização sobre a decisão "triste e difícil" de tirar um homem inocente de sua dignidade; e a desculpa retórica favorita da injustiça - que as ações do homem deixaram o partido fraco com "nenhuma escolha", a não ser seguir o curso de ação mais beligerante.

Trump nunca teria entendido o que as famílias passam todos os dias se ele não tivesse sofrido a tentativa de impeachment. Ele é um homem muito poderoso e tem muitos advogados caros que o defendem para conhecer a situação de muitos pais e algumas mães. Deus despojou seus advogados, suas defesas, sua dignidade, com um propósito - para criá-lo para Seu propósito.

Depois das conquistas documentadas do governo Trump - desregulamentações recordes, emprego recorde, elevações recordes do mercado de ações, negociações sem precedentes pela paz na península coreana e no Oriente Médio - depois de tudo isso, o presidente Trump deve estar se perguntando por que ele recebe tão pouco crédito.

Para o historiador Doug Wead, Trump admitiu sua perplexidade com a forma como seu sucesso com a Coréia do Norte foi minimizado: "Nunca recebi tão pouco crédito por algo que era realmente tão importante... Estaríamos em guerra agora. Provavelmente seria uma guerra nuclear, para ser honesto com você... E meu governo não recebe nenhum crédito por isso. Não levamos o crédito por nada."[39]

Ouso dizer que é assim que a maioria dos pais que sai da corte da família se sente. O que é preciso para o sistema jurídico dar crédito aos pais? O que é preciso para as elites admitirem seu preconceito? Em vez de recompensar um pai por querer se envolver na vida de seus filhos, algo que as mães das gerações anteriores teriam elogiado, feministas hoje querem eliminar os pais da vida das crianças.

Deus permitiu que Donald Trump sofresse a tentativa de impeachment por um motivo: para que ele possa simpatizar com os pais que são diariamente acusados por nenhum crime. O propósito de Deus é que Trump redima sua experiência, levantando-se para combater a injustiça em nome de todas as famílias e todas as crianças. Foi profetizado pelo último escritor do Antigo Testamento que um lutador justo surgiria antes do retorno de Jesus:

MALAQUIAS 4:6
    6 e ele converterá o coração dos PAIS aos FILHOS, e o coração dos FILHOS a seus PAIS; para que eu não venha, e fira a terra com maldição.

Os EUA não podem ser salvos sem resolver o que acontece com a vida após o divórcio. O Quinto Mandamento nos dá um roteiro: "Honre seu pai e sua mãe". Os filhos precisam de pais e mães igualmente, e a lei deve reconhecer essa verdade. Você pode deixar de ser cônjuge de alguém, mas nunca pode deixar de ser pai de seu filho.

Portanto, uma nação justa deve ajudar toda criança a obedecer ao Quinto Mandamento. Não podemos fazer isso retirando a dignidade e os recursos de um dos pais ou alienando os filhos de um dos pais. Esta é uma violação grave do Quinto Mandamento, e o pecado está trazendo uma maldição sobre a América.

4 COMO EVITAR A GUERRA CIVIL

* * * * *

O QUARTO MANDAMENTO

* * * * *

Lembra-te do dia do shabbath, sábado, para santificá-lo.
Trabalharás seis dias e neles realizarás todos os teus serviços.
10 Contudo, o sétimo dia da semana é o shabbath, sábado,
consagrado a Yahweh, teu Deus. Não farás nesse dia nenhum
serviço, nem tu, nem teu filho, nem tua filha, nem teu escravo,
nem tua escrava, nem teu animal, nem o estrangeiro que
estiverem morando em tuas cidades.
11 Porquanto em seis dias Eu, o Senhor, fiz o céu, a terra, o mar e
tudo o que há neles, mas no sétimo dia descansei. Foi por esse
motivo que Eu, o Senhor, abençoei o shabbath, sábado, e o
separei para ser um dia santo. (Êxodo 20:8-11)

Os EUA está dividido. O que está se formando agora é uma
segunda Guerra Civil em potencial. Ainda há bolsões de

violência, mas não há derramamento de sangue nas ruas. Não se engane, este é um choque de visões de mundo - patriota X globalista, religioso X secular, conservador X progressivo, tradicional X comunista rosa, livre mercado X socialista. Um lado quer liberdade; o outro lado quer poder globalista com códigos de fala, modificações de comportamento e eliminação da religião - principalmente a cristã. Este capítulo é sobre o caminho de Deus para impedir uma guerra civil e criar unidade em uma nação.

Divisão Histórica

A última guerra civil americana também foi um choque entre os valores cristãos e os seculares. Cristãos e conservadores lideraram a batalha pela abolição da escravidão. Os Democratas lideraram a batalha pelo que chamavam de direitos dos estados, que era um eufemismo político para a escravidão na época.

Foi lamentável que o resultado líquido da primeira Guerra Civil tenha sido uma perda: os escravos receberam liberdade (uma vitória) às custas de poderes muito maiores do governo federal (uma perda). Os direitos dos estados eram e continuam sendo uma questão legítima na política americana, mas sofreram depois que foram confundidos com o direito dos estados do Sul de possuir escravos. Isso aparece diariamente, pois várias cidades e estados se declaram "santuários" de várias leis federais. Por exemplo, as leis de imigração são rotineiramente ignoradas em muitas cidades importantes que se declararam "cidades santuário". Como resultado, tem aumentado o crime, a pobreza e a degradação da sociedade.

A Guerra Civil poderia ter sido ganha-ganha: abolição pela aplicação da justiça bíblica sem abrir mão do poder para o governo federal. A Guerra Civil foi estruturada como uma luta entre poder federal X poder estatal, em vez de uma luta entre a restauração dos valores bíblicos e a perversão desses valores.

Até hoje, a Guerra Civil continua sendo a guerra mais sangrenta da história dos EUA, custou 620.000 vidas - quase metade do total de mortes americanas de todas as guerras combinadas. Acredito que os EUA estavam na vontade permissiva de Deus durante a Guerra Civil, mas não em Sua vontade perfeita. A Igreja poderia ter feito um trabalho melhor na construção de uma nação cristã. Os que se unem no amor cristão não escravizam ou se matam. Como um país que começou com tantos líderes cristãos sábios não conseguiu manter a coesão e a unidade? Como Deus estabeleceria uma sociedade unida?

Ambiguidade Histórica

Fica claro quando você estuda os escritos dos Pais Fundadores que eles estavam se referindo a Jesus Cristo e a nenhum outro deus. No entanto, eles omitiram o Nome de Jesus da Constituição. Por quê? Talvez eles tenham tomado Jesus como garantido. Talvez eles tenham assumido que o cristianismo seria sempre a religião dominante de um povo que ama a liberdade e é alfabetizado na Bíblia. Talvez eles quisessem evitar a criação de uma religião estatal de estilo europeu baseada em uma denominação e exclusão de outras. Talvez os deístas entre eles não imaginassem que Deus tivesse um papel ativo na sociedade. Talvez todos os itens acima sejam verdadeiros.

Sua referência a 'Deus' e 'Providência' e a omissão de 'Cristo' e 'Cristão' nos documentos fundadores deixaram uma porta aberta para o inimigo semear sementes de divisão. Esta é a raiz da divisão americana hoje.

Os Pais Fundadores provavelmente sentiram que seu país estava dividido no seu tempo, mas foi dividido de maneira diferente. Tomemos, por exemplo, a colônia da Virgínia.

Começando em 1624, todos os brancos da Virgínia foram requisitados pela lei a atender e dar suporte à Igreja da Inglaterra através de seus impostos. Isso era forçado legalmente. John Weatherford, um pastor Batista, foi para a cadeia por cinco meses em 1773 por "pregação sem licença". Patrick Henry, cinco vezes governador da Virgínia, defendeu a liberdade religiosa e garantiu a libertação dos batistas. Os protestantes dissidentes, evangélicos como os batistas, metodistas e presbiterianos, iniciaram um movimento de resistência social e religiosa. Eles desafiaram as práticas discriminatórias do estado, ignorando as leis de licenciamento e recusando-se a se restringir a lugares específicos para adoração. Os escravos eram atraídos em número sem precedentes ao cristianismo evangélico, porque tinha uma mensagem convincente sobre um Deus que interveio nos aspectos humanos e lutou contra as ideias já estabelecidas.[1]

Assim, os Pais Fundadores enfrentaram a questão da divisão entre diferentes denominações cristãs. Eles tentaram garantir a liberdade de religião através da elaboração cuidadosa da Primeira Emenda. Os fundadores não previram que sua fórmula para a liberdade religiosa seria distorcida posteriormente para intimidar os cristãos e espalhar a intolerância aos valores cristãos!

Comparado a agora, os americanos durante os tempos coloniais eram pelo menos unidos como cristãos.[2] Eles simplesmente pertenciam a diferentes denominações cristãs. Eles deveriam ter colocado as palavras 'Cristo', 'Cristão' e todos os Dez Mandamentos na Constituição. Eles não colocaram, isso causou muita confusão séculos depois sobre se a América é ou não uma nação cristã. Os americanos nunca ficaram tão divididos.

O tempo não pode voltar atrás. A inserção de "Cristo" e "cristão" na Constituição foi julgada em 1863, 1874, 1896, 1910 e 1954. Todas as vezes, os cristãos correram para pesquisar montanhas de documentos originais dos Pais Fundadores para provar que eram verdadeiramente cristãos, não irreligiosos, deístas ou maçons (embora alguns fossem, a maioria não era). Tudo isso pode ser comprovado por historiadores como Mark David Hall e David Barton.[3]

A Solução Genial

Segundo a Bíblia, há uma maneira melhor de unir os Estados Unidos da América novamente. Esta pode ser a única maneira de evitar uma Segunda Guerra Civil iminente. Não é óbvio para os conservadores, mas é óbvio na Palavra de Deus e na esquerda.

A solução está contida no Quarto Mandamento de Deus.

Primeiro, olhamos para a história bíblica e nos perguntamos: "Como Deus uniu treze tribos diferentes de Israel em uma nação?"

Eu conduzo tours bíblicos a Israel todos os anos (você pode

participar na próxima tour, inscreva-se em nosso site). Eu amo Israel e os judeus. Mas uma coisa que você perceberá é que os judeus são algumas das pessoas mais opinativas e argumentativas da Terra. Eles dizem que se você tiver dois judeus em um quarto, terá três opiniões. Eles podem discordar sobre tudo, especialmente sobre seus próprios políticos, mas há união. Eles são um povo, uma nação.

Como Deus conseguiu isso?

Deus instituiu o sábado e deu a eles sete feriados bíblicos para celebrar três vezes por ano. O sábado foi apenas um de vários feriados que eles receberam ordens de manter.

A função dos feriados é criar um povo. Poucas pessoas percebem que os feriados fazem isso. Deus nos disse, com efeito: "Se você pudesse escrever apenas dez leis, uma delas deveria ser sobre feriados".

Os Pais Fundadores o omitiram, apesar de Deus ter considerado crucial. 250 anos depois, os americanos estão questionando: "Bem, os Pais Fundadores eram realmente cristãos ou não?".

O fracasso dos Pais Fundadores foi que eles não instituíram os feriados bíblicos. Isso está na raiz da guerra cultural que põe em dúvida se a América era ou não cristã na sua fundação.

O que define uma nação como uma nação cristã? Considere o seguinte: como você sabe que está em uma nação budista? Pelo fato de a maioria celebrar Vesak - o dia que comemora o nascimento de Buda e o dia de sua iluminação. Como você sabe que está em uma nação muçulmana? Obviamente, a maioria celebra o Ramadã, um mês inteiro de jejum religioso. Como você sabe que está em uma nação judaica? Pelo fato de tudo ficar quieto, a maioria das lojas fica fechada e a maioria das ruas fica vazia no sábado (de sexta à noite a sábado à noite). Para saber que você está cercado por um povo judeu unido, não precisa encontrar conformidade de interpretação da Bíblia ou uniformidade de opiniões sobre a política da nação. Você saberia pelo fato de que a maioria mantém o sábado como um dia santo de descanso. Os feriados são poderosos, colas galvanizantes.

No entanto, na América, precisamos reunir evidências para estabelecer que a nação é cristã desde a sua fundação. Sabemos que o cristianismo era a base da nação, porque os cristãos protestantes que fugiam da perseguição religiosa foram uma das principais razões que levaram os imigrantes da Europa às colônias. Sabemos pelas biografias dos Pais Fundadores que dizem que eram cristãos, não ateus. Eles exibiram o cristianismo e o comportamento cristão na maior parte do que fizeram. Também sabemos porque juramentos são feitos sobre a Bíblia. Sabemos porque os Dez Mandamentos adornam a Suprema Corte e muitos outros prédios do governo. No entanto, poucas pessoas levariam tempo para considerar essas evidências. A maneira mais fácil de provar a base espiritual de uma nação é observar os feriados que ela celebra.

Os Feriados Cristãos Nos EUA (Feriado em inglês é Holyday – Dia Santo)

O Natal se tornou um feriado federal em 1870, e isso indiscutivelmente reconhece os EUA como uma nação cristã. No entanto, a data do nascimento de Cristo não foi especificada na Bíblia. A Páscoa, que deveria ser chamada pelo nome original de Pessach (como em muitos outros idiomas), deveria ter sido reconhecida como feriado federal. Os Pais Fundadores deveriam ter reconhecido todos os sete feriados bíblicos, porque esses são marcadores dos eventos mais importantes da história da humanidade, segundo Deus. Nada é mais importante do que o cumprimento profético dos sete feriados bíblicos (eles são explicados em meu livro mais vendido, O Código Divino: Uma Enciclopédia Profética dos Números).[4]

Se os Pais Fundadores dissessem desde o começo: "Celebramos o nascimento de Jesus e a morte, sepultamento e ressurreição de Jesus", já teríamos duas festas para definir a América como uma nação cristã. A Páscoa, embora seu nome não seja bíblico, corresponde a uma das sete festas bíblicas. Jesus foi crucificado no mesmo dia em que o Cordeiro da Páscoa foi morto e o sangue foi aplicado aos batentes das portas de madeira das casas israelitas para protegê-los do Anjo da Morte (que "passou por cima" dos crentes).

Se os Pais Fundadores tivessem aderido à Bíblia e comemorassem as sete festas bíblicas como feriados oficiais, 250 anos depois, a pergunta: "Somos uma nação cristã?" teria sido respondida.

Somos uma nação cristã porque celebramos os feriados cristãos! Escolas americanas, funcionários do governo e muitas empresas fazem uma pausa durante o Natal e a Páscoa, porque os EUA são fundamentalmente uma nação cristã. Devemos ainda celebrar todos os sete feriados bíblicos que Deus instituiu.

Mas, em vez de celebrarmos os feriados bíblicos de Deus, reconhecemos o Dia dos Presidentes, o Dia do Trabalho e, onde eu moro no estado de Victoria, na Austrália, temos um Dia do Cavalo chamado Dia da Copa de Melbourne. Não sei o que estamos comemorando - jogos de azar ou cavalos que nunca conheci. Em países da CommonWealth, como Austrália e Canadá, celebramos a rainha. Aos 93 anos, a rainha Elizabeth II ainda é a monarca da Austrália. Como você sabe que ela está acima da Austrália? Uma vez por ano, comemoramos o aniversário dela. É assim que você sabe.

O Modelo Eterno De Deus

Como os pais fundadores americanos perderam isso? Como os feriados bíblicos de Deus se tornaram esquecidos ou sem importância para os crentes na Bíblia? A única lição que ainda não aprendemos da história é esta: nunca podemos melhorar a Bíblia.

Deus não encerrará esta era de provação e revelará Seus planos para a eternidade até que todo ser vivo esteja convencido: você não pode melhorar a sabedoria de Deus. Você pode não entender, mas deve confiar. Assim como uma criança nem sempre pode entender as regras dos pais, mas mais tarde, quando crescerem, eles entenderão.

Do mesmo modo, Deus é um bom pai para nós. Deus diz, com efeito: "Eu escrevo todas essas coisas na Minha Palavra e espero que você me desafie em algumas delas, mas espero que um dia você cresça e entenda que eu amo você, sou justo e sábio.". Todo pai ou mãe pode entender Deus porque a paternidade é apenas uma amostra da tentativa de Deus de amadurecer o homem.

Os feriados foram instituídos por Deus para ser uma força unificadora em uma nação diversa. Não há substituto para este mandamento. A Bíblia nos diz que essa é uma maneira de proteger uma nação do caos social, manter a unidade e criar coesão entre um povo que vem de muitas tribos ou origens diferentes. A resposta para a divisão nos EUA é clara na Bíblia: instituir feriados bíblicos.

D onald Trump Comemora Os Feriados
O presidente Donald Trump entende isso intuitivamente. Ele insiste em dizer "Feliz Natal!" em vez dos substitutos vazios de "Saudações da estação" e "Boas festas". Feriados definem uma cultura e unificam um povo.

A verdadeira intenção da esquerda radical é apagar o cristianismo do público, mas eles nunca o admitiram; eles afirmam que estão mantendo a separação entre igreja e estado quando dizem "Boas Festas" em vez de "Feliz Natal!". Em 27 de dezembro de 2019, tuitei: "Se o Natal é desfavorável à diversidade e 'Boas Festas' é melhor, uma Menorá judaica não deve ser chamada de 'Velas de Feriado' e o Ramadã Muçulmano é um 'Mês de Férias', apenas para ser igual e evitar incomodar alguém? Ou algumas pessoas são 'mais iguais que outras', como George Orwell disse?"

Quando Trump anunciou em 2019 que Washington, DC, sediaria uma celebração militar para as celebrações do 4 de julho, a esquerda ficou histérica. Alguém teria que perguntar "por quê?". Todo mundo sabe que 4 de julho é a independência dos EUA. É o dia em que honramos os sacrifícios daqueles que lutaram na Guerra Revolucionária Americana. Qual é o grande problema?

O grande problema é que os feriados são uma poderosa força unificadora. Os da esquerda secular o conhecem melhor do que a maioria dos cristãos e conservadores. Parece frívolo para nós que a esquerda tenha usurpado quase todos os dias no calendário para celebrações que muitas vezes entram em conflito com os costumes bíblicos.

F eriados Não Santos
Primeiro foi o Halloween - um dia para as crianças celebrarem a morte, demônios e bruxas. De alguma forma, a feitiçaria e o satanismo não violam a separação entre igreja e estado para a

esquerda. Observe que eles não precisaram mudar a Constituição ou adicionar uma emenda para secularizar nossa cultura. Eles o alcançaram dentro de algumas décadas, em parte instituindo um feriado secular (um oximoro, pois um feriado – dia santo, em inglês holyday - é o dia em que Deus declara "santo").

O número de dias que os secularistas declararam "santo" se multiplicou exponencialmente.[5]

19 de janeiro é o Dia Nacional da Pipoca.

4 de fevereiro é o Dia Nacional do Cânhamo.

24 de fevereiro é o dia da tortilha.

28 de fevereiro é o dia da fada do dente.

1 de março é o dia da proteção dos cavalos.

8 de março é o Dia Internacional da Mulher.

10 de março é o Dia da conscientização sobre o HIV / aids para mulheres e meninas (não sei porque meninos e homens são excluídos. Eu não encontrei um para homens, a menos que fossem gays).

14 de abril é o dia nacional do ex-cônjuge.

22 de abril é o Dia da Terra.

4 de maio é o dia de Star Wars.

7 de maio é o Dia Nacional da Razão.

15 de maio é o dia das espécies ameaçadas de extinção.

16 de maio é o dia do piercing.

23 de maio é o Dia Mundial da Tartaruga.

21 de julho é o dia da junk food.

7 de agosto é o Dia Internacional da Cerveja.

12 de setembro é o dia dos videogames.

23 de setembro é o dia da bissexualidade.

1 de outubro é o Dia Internacional do Café.

4 de outubro é o Dia Mundial dos Animais.

10 de outubro é o Dia Mundial da Saúde Mental.

11 de outubro é o dia nacional de lançamento.

24 de outubro é o dia das Nações Unidas.

No passado, apenas Deus ou líderes nacionais podiam declarar um feriado nacional. Os feriados prescritos por Deus são os melhores porque são eternos e carregam uma mensagem eterna.

Os críticos argumentam que instituir feriados bíblicos violaria a separação entre igreja e estado. Absurdo. Já temos o Natal, o dia de Martin Luther King Jr. e outros feriados abertamente cristãos no calendário federal. Tudo o que acrescentamos com raízes cristãs não imporia religião a ninguém.

Eclesiastes 10:17

Ó terra, feliz de ti se o teu rei é filho de nobres e se os teus líderes comem com equilíbrio, e no devido tempo a fim de recuperar as forças, e não para embriagar-se!

Feriados Extra Bíblicos

A capacidade de designar um feriado teve origem em Deus, mas é delegada a homens santos. A Bíblia permitiu que líderes religiosos na história criassem dois feriados extras além dos sete originais dados a Moisés:

Purim - criado por Mardoqueu para celebrar a libertação dos judeus de um perseguidor persa chamado Hamã;

Hanukkah - criado pelos Macabeus para celebrar a libertação dos judeus de um opressor sírio chamado Antíoco Epífanes IV e a rededicação do Segundo Templo.

Embora o Hanukkah não seja mencionado na Bíblia Hebraica (Antigo Testamento), sabemos que Deus o aprovou porque é mencionado no Novo Testamento. Jesus o celebrou quando participou da "Festa da Dedicação", conforme registrado em João 10:22.

O aniversário da Declaração de Independência foi reconhecido por George Washington e outros pais fundadores antes que os americanos vencessem a guerra em 1783. Em 1781, Massachusetts se tornou o primeiro estado a tornar o 4 de julho um feriado oficial do Estado.[6] Em 1870, o Congresso dos EUA fez do Dia da Independência um feriado federal.

George Washington proclamou o Dia de Ação de Graças um feriado nacional em 1789, mas foi comemorado apenas de forma intermitente até o Presidente Abraham Lincoln o declarar feriado em 1863. Lincoln convidou todos os cidadãos a "se separarem e observarem a última quinta-feira de novembro seguinte, como um dia de Ação de Graças e louvor ao nosso Pai beneficente que habita nos céus.".[7]

Nosso governo federal tem autoridade para designar feriados, mas nunca impõe celebrações. Você não precisa comemorar o 4 de julho. Você não precisa fazer um piquenique ou assistir a fogos de artifício, mas a maioria dos americanos o faz. Você não precisa cantar canções de natal e trocar presentes no dia de Natal, mas a maioria dos americanos faz.

Hoje a América celebra dez feriados federais. Em 1870, o Congresso decidiu reconhecer quatro feriados:

Dia de Ano Novo, ancorado no cristianismo, porque cada ano é uma contagem de quanto tempo atrás Jesus nasceu.

Dia da Independência, indiretamente cristão, porque a grande maioria das pessoas que imigraram para o Novo Mundo eram cristãos que buscavam liberdade da perseguição religiosa. Uma das principais razões pelas quais eles lutaram pela independência da Grã-Bretanha foi para que eles pudessem exercer os direitos inalienáveis que Deus lhes dava, incluindo o direito de ser cristão sem estar sob o catolicismo ou o anglicanismo.

Dia de Ação de Graças, derivado diretamente de Sucot ou Festa dos Tabernáculos, o feriado em que o povo judeu se regozija com ação de graças por uma colheita abundante. Também é indiretamente cristão, como muitos milagres levaram ao primeiro Dia de Ação de Graças, uma época em que os cristãos fizeram as pazes com os nativos americanos.

Dia de Natal, comemorando o nascimento de Jesus Cristo. É o feriado mais célebre da Terra, reconhecido e apreciado por cristãos e não cristãos.

Outros feriados e o ano em que foram estabelecidos pelo Congresso são os seguintes:

Aniversário de George Washington (1880) - comemora o aniversário do primeiro presidente dos Estados Unidos, um cristão nascido em 22 de fevereiro de 1732.

Memorial Day (1888) - originalmente um dia para homenagear todos os soldados da União que morreram na Guerra Civil; após a

Primeira Guerra Mundial, homenageia todos os homens e mulheres que morreram em serviço militar nos Estados Unidos.

Dia do Trabalho (1894) - comemorado originalmente na cidade de Nova York como o "feriado dos trabalhadores" em 1882, foi adotado em todo o país como uma homenagem aos trabalhadores americanos em 1894.

Dia dos Veteranos (1938) - originalmente marcou o fim da Primeira Guerra Mundial, mas agora é o dia de homenagear todos os veteranos que lutaram na Segunda Guerra Mundial, na Guerra da Coréia, na Guerra do Vietnã, nas Guerras do Golfo e em qualquer outro conflito.

Dia de Colombo (1968) - comemora o dia em que Cristóvão Colombo descobriu a América desembarcando na Ilha de San Salvador (atualmente Bahamas), tradicionalmente em 12 de outubro de 1492. Desde 1971, o feriado é comemorado na segunda segunda-feira de outubro. É um feriado cristão, pois Colombo era cristão. Ele nunca usou palavrões. Ele e sua equipe observaram ritos religiosos. Toda vez que viravam a ampulheta de meia hora, confessavam: "Bendita seja a hora do nascimento de nosso Salvador, abençoada seja a Virgem Maria que o deu à luz, e abençoado seja João que o batizou."[8] Eles terminavam todos os dias com um culto à noite, com oração e adoração. Colombo nomeou a ilha em que desembarcou em homenagem ao nosso Salvador.

Dia de Martin Luther King Jr (1983) - claramente outro feriado cristão comemorativo de um pregador batista que foi guiado por Deus para liderar o movimento dos Direitos Civis. Seus sermões foram poderosos e transformacionais porque foram baseados na Bíblia. Ele nasceu em 15 de janeiro de 1929. O feriado em sua homenagem foi assinado por Ronald Reagan e é comemorado na terceira segunda-feira de janeiro.

Feriados têm a função de definir a alma de uma nação - o que é importante para o povo além de dinheiro e política. O governo reconhece que está sob uma autoridade espiritual maior, o governo de Deus e Seu Filho Jesus Cristo, mas não força nenhum cidadão a acreditar no mesmo. Portanto, além dos dez feriados que a América observa atualmente, devemos acrescentar os nove observados na

Bíblia, além de um Dia Nacional de Arrependimento observado por muitos presidentes anteriores. Estes feriados são críticos para a sobrevivência da América e a prevenção de uma Segunda Guerra Civil.

D ia Global e Nacional De Arrependimento

Há um crescente movimento moderno, liderado por pastores como Jeey Daly, para o Presidente designar e separar um Dia anual de arrependimento. Este é um feriado exclusivamente cristão. O arrependimento é um princípio cristão da fé. É o primeiro a ser listado em Hebreus 6 entre as seis "doutrinas elementares de Cristo".[9] O arrependimento não aparece como um dos cinco pilares do Islã ou os cinco preceitos de Buda.

Dez presidentes pediram dias nacionais de oração, jejum e arrependimento: George Washington, John Adams, James Madison, John Tyler, Zachary Taylor, James Buchanan, Abraham Lincoln, Andrew Lincoln, Andrew Johnson, Chester Arthur e Woodrow Wilson.[10]

Durante a Guerra Civil, o Presidente Abraham Lincoln marcou um dia de "Humilhação, Jejum e Oração Nacional" na quinta-feira, 30 de abril de 1863. Muitos americanos observaram o dia em oração, jejum e arrependimento pelos pecados pessoais e nacionais. Dois dias depois, o general confederado Stonewall Jackson foi fatalmente ferido em um acidente por um de seus próprios guardas. Dois meses depois, o Sul perdeu a Batalha de Gettysburg.[11] Dois anos depois, a guerra terminou. Quando um líder nacional declarou um dia de arrependimento, Deus ouviu e restaurou a nação.

Em 1798, a ex-aliada dos EUA, a França, estava em agitação. Depois da Revolução Francesa, a Queda da Bastilha e o Reino do Terror com a sangrenta guilhotina, os EUA decidiram não pagar dívidas da Guerra Revolucionária devidas à Coroa Francesa, porque ela não existia mais. Como resultado, os corsários franceses ignoraram os tratados com os EUA e apreenderam quase trezentos navios americanos com destino a portos britânicos. O ministro das Relações Exteriores francês exigiu grandes subornos para os franceses deixarem os navios americanos em paz. Várias dezenas de batalhas ocorreram, todas no mar. O Presidente John Adams convocou um "Dia de humilhação solene, jejum e oração" em 23 de março de 1798 e novamente em 6 de março de 1799. Logo depois disso, Napoleão tomou o poder na França em um golpe e decidiu que não queria guerra com os EUA. Ele já estava lutando contra a Inglaterra e a maior parte da Europa e queria grãos e arroz dos EUA. Napoleão perdoou a maior parte da dívida e cancelou tratados que interfeririam no comércio dos EUA com a Grã-Bretanha.[12] O Segundo Grande Despertar começou logo depois.

Quando a Guerra de 1812 começou contra a Grã-Bretanha, o Presidente James Madison proclamou em 9 de julho de 1812 um Dia Nacional de Humilhação e Oração Pública a ser observado no mês seguinte: "Eu recomendo a terceira quinta-feira de agosto para prestar homenagem pública ao Soberano do Universo..."[13]. Os britânicos conseguiram queimar a Casa Branca e grande parte de Washington, DC. Depois, uma violenta tempestade e tornado expulsaram os britânicos e também apagaram os incêndios provocados. Os britânicos fugiram porque viram que Deus estava do lado americano; eles tiveram mais mortos na tempestade do que os soldados americanos. Quando os Estados Unidos venceram a guerra, Madison proclamou um Dia Nacional de Ação de Graças em 4 de março de 1815: "Eu agora recomendo que as pessoas de todas as denominações religiosas, unam seus corações e suas vozes em livre arbítrio, oferecendo ao benfeitor celestial sua homenagem e seus cânticos de louvor."[14]

O último chamado para um Dia Nacional de Arrependimento foi pelo presidente Woodrow Wilson em 1918. A Primeira Guerra Mundial se arrastava há quatro anos. Wilson escreveu:

"Eu, Woodrow Wilson, Presidente dos Estados Unidos da América, proclamo, quinta-feira, 30 de maio, um dia de humilhação, oração e jejum, e exorto meus concidadãos de todas as crenças e credos a se reunirem nesse dia em seus vários locais de culto e ali, bem como em seus lares, orar ao Deus Todo-Poderoso, para que Ele perdoe nossos pecados e deficiências como povo e purifique nossos corações para ver e amar a verdade, para aceitar e defender todas as coisas que são justas e corretas, e para propor somente os atos e julgamentos justos que estão em conformidade com Sua vontade."[15]

Dois dias depois, o Corpo de Fuzileiros Navais dos EUA se envolveu em sua primeira grande batalha da guerra em Belleau Wood. Essa batalha durou de 1 a 26 de junho, custando 9.777 baixas de fuzileiros navais. Os alemães perceberam que os americanos estavam dispostos a sofrer sérias perdas em combate e ainda lutar com determinação e habilidade. A vitória americana em Belleau Wood quebrou o mito dos "americanos macios" nas mentes alemãs. Essa batalha foi um prenúncio do que estava por vir. Como resultado, o General alemão decidiu encerrar suas ofensivas na França e mudar para uma postura defensiva. Alguns meses depois, a Primeira Guerra Mundial terminou em 11 de novembro de 1918. O arrependimento nacional ajudou os EUA a vencer e o mundo a estar em paz novamente.

A Chave Para Curar A Nação

2 Crônicas 7: 13-14 é a base para esses excelentes resultados de oração. Liga a reversão dos desastres nacionais à humilhação, oração e arrependimento:

> "Se Eu fechar o céu para que não derrame a chuva [seca e incêndios], ou ainda se ordenar aos gafanhotos que devorem a terra, ou mesmo enviar a praga [doenças e epidemias] sobre a minha própria gente; e se esse meu povo, que se chama pelo meu Nome, se humilhar, orar e buscar a minha face, e se afastar dos seus maus caminhos, dos céus o ouvirei, perdoarei o seu pecado e seus erros e curarei a sua terra..."

Quando Abraham Lincoln proclamou em 13 de março de 1863, um dia Nacional de arrependimento no mês seguinte, ele explicou a lógica e os resultados que esperava:

> "... na medida em que sabemos que, por Sua lei divina, nações como indivíduos estão sujeitas a punições e castigos neste mundo, não tenhamos com razão que a terrível calamidade da guerra civil possa ser apenas um castigo infligido a nós, por nossos pecados presunçosos,

intoxicados com sucesso ininterrupto, nos tornamos autossuficientes demais, orgulhosos demais para orar ao Deus que nos fez!

Cabe a nós, então, nos humilharmos diante do Poder afrontado, confessar nossos pecados e orar por clemência e perdão... Tudo isso sendo feito, com sinceridade e verdade, vamos descansar humildemente na esperança de que **o clamor unido da Nação será ouvido no alto** e respondido com bênçãos, nada menos que o perdão de nossos pecados nacionais e a **restauração de nosso país agora dividido e sofrendo**, à sua antiga e feliz **condição de unidade e paz.**"[16]

Lincoln esperava que o arrependimento nacional unisse um país dividido. Ainda pode.

Eu acredito que um segredo para unificar o país é dar a eles feriados mais significativos, começando pelos sete a nove feriados bíblicos mandados por Deus.[17]

O**s Benefícios Do Sabbath**

Outro passo é voltar a descansar no sábado. Os judeus tiveram um dia de descanso, os cristãos instituíram o fim de semana de dois dias de descanso, mas os secularistas nos roubaram esse ciclo divino e não nos deram descanso. Os comunistas literalmente tiraram o fim de semana em um esforço para apagar a religião da memória coletiva.

Por 11 anos (1929 - 1940), a União Soviética não teve fins de semana[18]. Proposta pelo economista e político Yuri Larin, na *nepreryvka* ou "semana de trabalho contínua", havia dias de descanso para 20% da população apenas, e o restante da população cambaleava ao longo da semana. Por esse esquema, 80% da população trabalhava todos os dias da semana. O experimento comunista de engenharia social falhou miseravelmente e a semana de sete dias originada no relato bíblico da criação foi devolvida ao povo. Mas agora muitas pessoas nas democracias estão ativas sete dias por semana. As lojas são abertas sete dias por semana e nossa saúde coletiva está em declínio devido à atividade incessante e ao bombardeio sensorial.

Ao conduzir tours a Israel e ao Oriente Médio anualmente, passei a apreciar o Shabbat[19] de uma maneira diferente do que muitos cristãos que ainda não tiveram a experiência pessoal de testemunhar uma nação inteira que obedece ao mandamento de Deus. É inspirador.

Um político secular pode pensar que toda a nação em repouso significa menos dinheiro gerado na economia. Pelo contrário, os israelenses são altamente produtivos. Uma fonte de sua inspiração prolífica e invenções incomuns é a bênção que eles obtêm do descanso santo.

Minhas Sete Observações Sobre O Shabbat:

1. **No Shabat, os judeus observadores não podem viajar para longe.** Eles estão limitados a distâncias curtas, pois não podem viajar de carro, bicicleta, ciclomotor, avião, trem, bonde ou qualquer outro veículo. Eles também não podem andar uma certa distância. Essa distância é definida uma vez na Bíblia - acho que não é por acaso que é no Novo Testamento!

Em Atos 1:12, o Apóstolo e Dr. Lucas registrou que as testemunhas da ascensão de Jesus (arrebatamento) andaram "a jornada de um sábado" ou a distância de Jerusalém ao Monte das Oliveiras. Os rabinos estabeleceram o limite de caminhada no Shabat como 2000 côvados (960 metros ou 3050 pés).

2. **No início do Shabat (sexta-feira à noite), as famílias judias tradicionais se reúnem para comer e recitar orações.**

3. **Durante a refeição do Shabat, o patriarca judeu coloca sua mão na cabeça de seus filhos e filhas e abençoa sua esposa citando Provérbios 31 sobre ela.**

4. **Durante todo o Shabat, ninguém deve acender uma fogueira, o que inclui cozinhar, apertar um botão do elevador, ligar um telefone celular e usar um tablet ou computador.** Imagine nossos filhos jejuando uma vez por semana de telefones celulares e tablets! Quão mais saudáveis seriam seus espíritos, mentes e corpos.

5. **Shabat é um tempo para adorar juntos em uma assembleia** (uma sinagoga para judeus tradicionais, uma congregação para judeus messiânicos). O Shabbat é dedicado a adorar a Deus e estudar a

Palavra de Deus. Não é imposta pelo Estado, mas quando todos os dispositivos são desligados e todas as lojas são fechadas, não há muito o que fazer além de estar com Deus e com a família. É incrível ver os adolescentes andando pelas ruas vazias no Shabat segurando uma história em quadrinhos da Bíblia ou lendo as Escrituras. Muitas pessoas optam por recalibrar seus corações de volta a Deus.

6. **O efeito espiritual desse descanso sagrado é que as pessoas têm mais tempo para Deus, assembleia e família.** As pessoas conseguem se concentrar em coisas que estão acima do mundano e são mais importantes que o dinheiro. Isso é refrescante para a alma.

7. **Além do refrigério espiritual, há efeitos sociais e econômicos do Shabbat.** Devido à restrição de viagens durante o Shabbat e à necessidade de participar de uma refeição semanal em família e de uma congregação local, os membros da família geralmente optam por comprar casas próximas umas das outras. Lojas, empresas e parcerias se formam a uma curta distância. É assim que um bairro judeu cresce em várias cidades do mundo todo.

A ordem para celebrar o Shabbat reúne a comunidade judaica em todo o mundo. Sem ela, a cultura judaica minoritária pode ser engolida pelas culturas hospedeiras dominantes.

Ninguém, exceto Deus, poderia ter previsto o impacto do Shabbat sobre um povo que estaria disperso por todo o mundo. Eu acredito que é um mandato divino manter tempo livre. Os crentes da Bíblia devem manter ao menos os sete principais feriados, além de um dia de descanso. Os sete feriados bíblicos são: Páscoa, Pães Asmos, Primícias, Pentecostes, Festa das Trombetas, Dia da Expiação e Festa dos Tabernáculos.[20] Foi isso que reuniu os judeus e os manteve unidos desde os tempos bíblicos.

Evitando Extremos

Gostaria de lembrar aos leitores e líderes mundiais que vocês podem pegar o Quarto Mandamento e transformá-lo em morte. Muitos cristãos fazem. Eles não sabem como interpretar a Bíblia para que ela traga vida. Deus sempre quer que escolhamos comer da Árvore da Vida, não da Árvore do "Estou certo, você está errado."[21]

Como você pode interpretar o Quarto Mandamento como morte?

Você poderia dizer: "Cumprimos o sábado como o dia que todos devem observar religiosamente. Caso contrário, você morrerá e irá para o inferno. Não importa que Jesus morreu na cruz e pagou pelos seus pecados. Você também deve adorar no sábado ou é mau." Bem, isso é farisaico. Isso é um mal-entendido de como aplicar a Bíblia.

O espírito farisaico pode ser aplicado a qualquer dia da semana. Nos Estados Unidos, era comum haver "Leis Azuis do Domingo" que proibiam coisas que a Bíblia não proibia. Por exemplo, "sundaes de sorvete" foram criados porque os "sorvetes de refrigerante" eram considerados muito "babados" e pecaminosos no domingo.[22] Isso sobrecarrega a vida das pessoas, em vez de melhorá-la.

Se você aplicar a Bíblia dessa maneira, as mulheres que fizeram um aborto não têm outra opção senão ir para o inferno. Pela graça de Deus, você deve encontrar vida em todas as situações imperfeitas. Quando você confronta uma pessoa imperfeita, não deve julgar e condenar primeiro, mas perguntar: "Existe espaço para a vida, arrependimento e redenção?" Mesmo os rabinos tecnicamente não guardam o sábado, já que a maioria dos servos de Deus trabalha no sábado. No entanto, eles mantêm o princípio do sábado, encontrando outro dia para descansar.

Você não deve receber um mandamento de Deus e dizer:

"Esse é o meu favorito. Vou seguir esse mandamento para a eternidade." Você não pode fazer isso. Isso se chama má interpretação da Bíblia, e muitos cristãos fazem isso. É quase uma segunda natureza para as pessoas piedosas construir sua identidade em um versículo ou um mandamento de Deus. Essa inclinação legalista na carne do homem é o motivo porque Deus tem tão poucos crentes qualificados para governar na Terra.

Uma maneira de evitar extremos é compreender que todo mandamento de Deus se destina a trazer vida.

— ★ ★ ★ ★ ★ —

Critério Para Feriados

Se não estabelecermos os feriados de Deus, teremos feriados

substitutos, como "Dia do Hamburguer", "Dia do Donut" e "Mês do Orgulho Gay". A humanidade não pode ficar sem feriados, por isso, se nossos líderes se recusarem a reconhecer os feriados de Deus, teremos substitutos artificiais, desunião e guerra civil.

Quando Israel se dividiu nos reinos do Norte e do Sul (o Norte foi chamado Israel, Efraim ou Samaria; o Sul foi chamado Judá), os principais problemas que os impediram de voltar a se reunir foram: impostos e feriados. O Sul comemorava feriados no monte do templo em Jerusalém; o Norte comemorava os feriados no Monte Gerizim.

Vamos entender os critérios bíblicos para estabelecer um feriado.

Três coisas todos os feriados sempre têm em comum:

1. Deus designa um dia como santo.

Feriados são o domínio soberano de Deus. Somente Deus pode tornar o dia "santo". Ele costuma fazer isso muito antes de todo o significado de dia santo se tornar aparente para as pessoas.

Por exemplo, Deus declarou o sétimo dia santo. Somente agora os cientistas modernos concordam que o homem é mais saudável e mais produtivo se descansar uma vez a cada sete dias. Mas por milhares de anos, a humanidade seguiu o que a Bíblia diz, independentemente de sua religião. Nenhuma cultura tem uma semana de 4 ou 12 dias, nenhuma. A semana de 7 dias é uma das provas de que as histórias da Bíblia são originais; elas são anteriores à criação de qualquer cultura e nação.

2. Deus ordena a cessação do trabalho em um dia santo.

Por que Deus nos disse para parar de trabalhar? Porque devemos celebrar o trabalho de outra pessoa em um dia santo. Devemos agradecer por nos beneficiarmos do trabalho de outra pessoa.

Esta é de fato a mensagem central do cristianismo: você não pode trabalhar pela sua própria salvação; suas boas obras não chegam ao céu; você é chamado a descansar de obras mortas e a agradecer pelos benefícios da obra de Cristo na cruz.

As obras do Messias são o assunto de todos os feriados bíblicos, incluindo o sábado. Os sete eventos mais importantes da Terra, segundo Deus, apontam para a obra de Seu Filho Jesus Cristo.

3. Os feriados criam uma identidade cultural e uma unidade

divina, porque treinam indivíduos para recordar as obras de outros do passado.

Em outras palavras, as crianças precisam aprender o significado de cada feriado e agradecer pelos sacrifícios de outras pessoas que vieram antes delas.

Alguns feriados modernos perdem alguns desses três elementos. Mas se você sentir falta dos três, não será um feriado. Se você não cessa de seu próprio trabalho, não é um feriado. Se você não comemora o que os outros fizeram por você, não é um feriado. Feriados frívolos como o Dia do Café diminuem o valor dos feriados em geral.

Outros feriados modernos, como o Dia da Consciência Única[23], tendem a ser com base na identidade sobre a qual você não tem controle; portanto, eles não associam a celebração a nenhuma conquista. Não é uma conquista ser preto ou branco, gay ou hetero. Na verdade, é uma conquista se casar, mas a esquerda celebra o Dia da Consciência.

Alguns feriados nacionais são limítrofes. Eles se qualificam parcialmente satisfazendo dois dos três critérios. Acredito que estes atendam aos três critérios de um feriado: Dia de Natal, Dia dos Pais, Dia das Mães, Ação de Graças, Dia da Santidade da Vida Humana, [24]Dia da Família. Esses atendem a dois critérios: Dia D, Dia do Trabalhador, Dia dos Presidentes e qualquer dia de final de guerra em que um feriado provavelmente será declarado. Esses não atendem aos critérios de feriado: Dia das Bruxas, Dia da rosquinha, Dia do abacate, Dia da Consciência para Solteiros, Semana Nacional da Creche para a Família,[25] Dia Mundial do Vegano, Dia da Copa de Melbourne.[26]

Você não consegue ser melhor que Deus. Você pode escolher seus próprios feriados, mas os melhores feriados serão os de Deus. Eles têm o significado mais profundo e trazem automaticamente as maiores bênçãos. Independentemente de uma nação os reconhecer ou não, eles são eternos. Se incutirmos reverência nacional pelos feriados bíblicos, construiremos a unidade e impediremos a próxima Guerra Civil Americana. Vamos fazer todo mundo comemorar de novo em vez de lutar novamente!

10

3 LIBERDADE RELIGIOSA & COMUNISMO ROSA

★ ★ ★ ★ ★

O TERCEIRO MANDAMENTO

★ ★ ★ ★ ★

Não pronunciarás em vão o Nome de Yahweh, o Senhor teu Deus, porque Yahweh não deixará impune qualquer pessoa que pronunciar em vão o seu Nome. (Êxodo 20:7)

Quando a liberdade religiosa desaparece, a tirania não fica muito atrás.

A liberdade religiosa é essencial para a paz mundial, portanto, este capítulo será o mais internacional em seu escopo.

Coréia do Norte, China e Irã têm algo em comum - não são armas nucleares - é a perseguição à religião cristã. É isso que os torna inimigos naturais dos EUA. Dada essa dimensão espiritual, muitas vezes ignorada do conflito, o líder sábio irá considerar as implicações de um movimento liderado pelos EUA para a liberdade religiosa global.

Essa estratégia, uma vez entendida, poderia resolver muitos problemas geopolíticos sem que um míssil ou uma bala fossem disparados. Primeiro devemos implementar o modelo de Deus em casa, depois mostrarei um plano para transformar inimigos em aliados.

O Terceiro Mandamento de Deus é uma lei para proteger a liberdade religiosa. O pecado da blasfêmia está no coração do que divide o mundo em bons e maus impérios. "Não tomarás o nome do Senhor teu Deus em vão", em essência, isso significa que você não tem permissão para transmitir seu ódio à religião e dificultar que outras pessoas pratiquem sua religião. Os americanos dizem: "Adoramos a liberdade de expressão", mas a fala está ficando mais restrita e censurada do que nunca na história americana. A esquerda inventou suas próprias leis de blasfêmia ou códigos de fala, principalmente porque os cristãos não levavam a sério a lei de ódio contra Deus.

A escolha não é: aceitaremos a lei de Deus ou nenhuma lei sobre o assunto? A escolha é: aceitaremos a lei de Deus ou uma alternativa inferior que acabará por levar à injustiça?

Vivemos em uma sociedade invertida, na qual é aceitável fazer "arte" urinando na cruz de Jesus Cristo e vender filmes acusando Jesus de adultério com Maria Madalena, mas é inaceitável criticar terroristas islâmicos, questionar os ativistas da mudança climática e usar o pronome gramaticalmente correto "ele" para um homem biológico que se identifica como mulher. Se alguém o fizer, a esquerda secular os acusará de um crime de "ódio".

A palavra religiosa para isso é "blasfêmia". Significa "caluniar, falar mal contra, abusar de". O Novo Testamento inclui desafios e ações desrespeitosas, como mostrado por essas Escrituras:

- "E os que passaram por ele o **blasfemaram**, abanando a cabeça e dizendo: 'Ah! Você que destrói o templo e o constrói em três dias '"[1]
- "Agora os homens que seguravam Jesus zombaram dele e o espancaram. E, tendo-o vendado os olhos, bateram nele e

lhe perguntaram, dizendo: Profetize! Quem foi que bateu em você? 'E muitas outras coisas que eles falaram de forma **blasfema** contra ele,"[2]

- "Então, um dos criminosos crucificado o **blasfemava**, dizendo: 'Se você é o Cristo, salve a si mesmo e a nós'."[3]

Se a Bíblia chama sacudir a cabeça, zombar, cuspir e condescender com desafios como 'blasfêmia', então certamente urinar na cruz deve ser legalmente rotulado como 'crime de ódio', não arte. Há um limite para a liberdade de expressão, e Deus nos concede. Se você desenhar o profeta Maomé em um desenho animado, como a revista francesa Charlie Hebdo fez em 2011 e 2015, todos os muçulmanos ficariam ofendidos e alguns muçulmanos iraim queimar seu escritório e matá-lo. O diretor e cartunista principal da revista, Monsieur Charb, juntamente com outros 11 funcionários, descobriram isso quando foram assassinados em 7 de janeiro de 2015. Os muçulmanos se opõem fortemente ao ódio. Os esquerdistas se opõem ao ódio. Mas os cristãos não levam o ódio muito a sério. Ignoramos o ódio em favor da promoção positiva da "liberdade de expressão". Como frequentemente cobro os cristãos modernos, somos mais agradáveis que Jesus. Jesus ficou zangado com aqueles que blasfemaram contra seu pai. Deus está zangado com aqueles que blasfemam de Seu povo e das coisas sagradas.

Blasfêmia não é apenas um insulto contra Deus. O Novo Testamento expande a definição de blasfêmia para incluir insultos contra ministros cristãos. Conheço muito poucos cristãos que acreditam nisso. Eu acredito nisso porque a Bíblia diz isso, e porque eu não toleraria insultos contra meu pai, minha mãe, minha esposa ou nossos filhos. Ninguém na sociedade civil tem o direito de começar a atacar os membros da nossa família, on-line ou off-line. Aqui estão dois exemplos em que a blasfêmia é aplicada a insultos contra os servos de Deus.

- [Falando dos judeus que moravam na Macedônia que ouviram o apóstolo Paulo pregar o Evangelho] "Mas quando eles se opuseram a ele e **blasfemaram**, ele sacudiu suas vestes e disse-lhes: Seu sangue esteja sobre suas próprias cabeças; Eu estou limpo. De agora em diante irei aos gentios. "[4]

- [Falando do anticristo durante os piores três anos e meio da Terra] "E ele abriu a boca em **blasfêmia** contra Deus, para **blasfemar** contra o seu nome e seu tabernáculo, e os que habitam no céu."[5] Observe que a blasfêmia incluía insultar o Nome de Deus, o Templo de Deus e o povo de Deus no Céu - esses incluem os profetas que morreram e foram para o céu!

A escolha não é se teremos leis de blasfêmia ou não, mas sim que lei de blasfêmia teremos? Deveríamos ser punidos no trabalho e no tribunal por dizer algo contra alguém ou por dizer algo que insulta Deus e Suas coisas sagradas? Deus definiu o problema corretamente: é uma questão de ódio.

Devemos resolver legalmente a questão: a quem somos autorizados a odiar?

Em outra área, a esquerda parece ser mais astuta que a direita. A esquerda substituiu a palavra "blasfêmia" pela palavra "ódio" (ou "difamação") e implementou "leis de ódio" (ou leis "anti-difamação") em todo o mundo para restringir o discurso contra muçulmanos, homossexuais, travestis, etc. Essas "leis de ódio" foram usadas para proteger os amigos das elites políticas e perseguir os cristãos. Enquanto isso, cidadãos comuns perderam muito terreno na liberdade religiosa. Entre aqueles que foram publicamente envergonhados e assediados legalmente:

- Dois pastores australianos, **Danny Nalliah** e **Daniel Scot**, foram levados ao tribunal entre 2002 e 2006 por citar o Alcorão. (Eles perderam em um tribunal chamado VCAT, depois venceram a apelação ao Supremo Tribunal de Victoria, custando a saúde deles e mais de meio milhão de dólares em honorários advocatícios).
- A tenista mais bem-sucedida da Austrália virou pastora, **Margaret Court**, e a mídia australiana a difama por sua

posição em relação ao casamento tradicional e pela oposição ao casamento gay. Em maio de 2017, Court escreveu uma carta aberta acusando a Qantas Airlines de se tornar "uma promotora ativa do casamento entre pessoas do mesmo sexo".[6] Radicais esquerdistas responderam envergonhando Court na mídia e pedindo que seu nome fosse removido da Margaret Court Arena em Melbourne, assim nomeado em homenagem a ela desde 2003.

- Um jogador australiano de rugby, **Israel Folau**, que postou citações das Escrituras contra o pecado em suas mídias sociais em 10 de abril de 2019. O rugby da Austrália cancelou seu contrato de US$ 3 milhões no dia seguinte. Folau perdeu sua carreira no rugby, mas ganhou um acordo não revelado.

- Uma parlamentar finlandesa, **Päivi Räsänen**, que está sendo investigada pela polícia por dois assuntos separados, um deles datado de mais de 15 anos atrás. No que pode ser o caso de maior destaque da perseguição cristã, a polícia finlandesa adotou uma postura agressiva contra um cristão proeminente para fazer cumprir as leis de ódio de seu país.

Em janeiro de 2020, entrevistei Päivi Räsänen para garantir que eu recebesse a história em primeira mão e com a esperança de que o governo Trump ouvisse seu caso de injustiça.

CIOCCOLANTI: "Do que a polícia finlandesa está acusando você?"

RÄSÄNEN: "Fiquei chocada quando soube que a Igreja Luterana Evangélica da Finlândia, da qual sou membro, anunciou sua associação oficial ao Orgulho LGBT de Helsinque em 2019. Em junho, decidi escrever um tweet onde perguntei como poderia o fundamento doutrinário da igreja, a Bíblia, ser compatível com o levantamento da vergonha e do pecado como um assunto de orgulho?

"A polícia iniciou uma investigação criminal sobre esse tuite em agosto de 2019. Fui então convocada para um interrogatório policial. A polícia me perguntou se eu concordaria em remover o tweet dentro de duas semanas. Eu respondi 'não'. Fui perguntada sobre o conteúdo da

Epístola de Paulo aos romanos e o que eu quis dizer ao dizer que praticar a homossexualismo é um pecado e uma vergonha. Respondi que todos nós somos pecadores, mas hoje em dia é negado o pecado de praticar o homossexualismo."

"A outra investigação policial tem a ver com um panfleto que escrevi há 16 anos. A investigação também começou em agosto. Ainda não fui convocada para o interrogatório sobre o panfleto, mas é provável que ocorra em breve."

"O panfleto é uma publicação de Suomen Luther-säätiö [Fundação Luterana da Finlândia], de 2004. Ele se posiciona sobre política eclesiástica e política social sobre sexualidade e casamento a partir de uma perspectiva cristã. Anteriormente, em outubro, a polícia já concluiu que não havia necessidade de investigação, pois não havia motivo para acreditar que um crime havia sido cometido."

"O procurador-geral, a quem foi solicitado que reavaliasse esse assunto, chegou a uma conclusão diferente do que a polícia. Segundo o procurador-geral, há motivos para acreditar que a difamação de homossexuais é uma violação de sua dignidade humana, portanto, sou culpada de incitar o ódio contra um grupo. Eu enfatizei que meu objetivo não era de forma alguma insultar minorias sexuais. Minhas críticas foram dirigidas à liderança da igreja. Nossa Lei da Igreja declara que 'toda doutrina deve ser examinada e avaliada de acordo com a Santa Palavra de Deus.'"

CIOCCOLANTI: "Qual é a implicação mais ampla de seus aborrecimentos pessoais e legais?"

RÄSÄNEN: "Como cristã, acho que se alguém expressa uma opinião contrária à minha fé ou à minha consciência, isso não significa que fui ameaçada, difamada ou insultada da maneira que está no Código Penal. Na Finlândia, estamos vivendo em um país democrático, devemos poder discordar e expressar nossa discordância. Temos que ser capazes de lidar com falas que sentimos insultar nossos sentimentos. Caso contrário, o desenvolvimento é direcionado a um sistema totalitário, com apenas uma visão correta.

"De acordo com nossa lei, é legal falar e pregar sobre o que a Bíblia ensina. No entanto, cada vez mais, parece que expressar opiniões relacionadas a, por exemplo, casamento pertencente a um homem e uma mulher, ou a pecaminosidade de atos homossexuais, é politicamente incorreto, sujeito a silenciamento e desaprovado. Meu caso é um precedente. **A Bíblia é um livro totalmente legal e o fundamento doutrinário de nossa igreja.**"

"Se a expressão de pontos de vista baseados na Bíblia se tornar mais intolerável e considerada como elemento constituinte de agitação contra um grupo étnico, a divulgação da Bíblia ou o acesso a ela deve ser criminalizado logicamente. No momento, parece que especialmente os jovens têm medo de que, se você for rotulado como cristão que acredita na Bíblia, isso prejudicará sua carreira e aceitação social. Na minha opinião, é especificamente o cristianismo que está sendo atacado e será atacado ainda mais agressivamente no futuro."

CIOCCOLANTI: "Se eles podem atacar um deputado, quem não podem atacar?"

RÄSÄNEN: "Uma grande ameaça para a liberdade de religião é que não exercemos esse direito [de liberdade de expressão]. Essas investigações policiais levantam preocupações sobre a limitação de nossas liberdades básicas que foram garantidas a todos nós, também parlamentares, em nossos tratados constitucionais e internacionais de direitos humanos. Temos que conhecer nossos direitos e usá-los. É de extrema importância que os cristãos e os conservadores não se sintam intimidados a ficarem calados sobre assuntos controversos, independentemente de quão agressivos sejam os ataques que possam enfrentar."

CIOCCOLANTI: "Se você puder aconselhar o presidente Trump sobre qualquer mudança de política, qual seria sua principal recomendação?"

RÄSÄNEN: "Como cristã, médica, mãe de cinco filhos e legisladora, algumas das minhas principais preocupações são a proteção da vida humana e o apoio aos cristãos perseguidos. Acredito que preservar a santidade da vida e promover políticas que protejam a dignidade humana dos mais vulneráveis (bebês no útero) devem ser as principais prioridades de qualquer sociedade civilizada. Abortos tardios acabam profundamente com a dignidade humana das crianças. Eu respeitosamente espero que os EUA deem o exemplo e liderem a discussão e as políticas relativas à proteção da vida humana.

"Minha outra preocupação principal é apoiar e defender os cristãos perseguidos. Segundo as estatísticas da World Watch List,[7] no ano passado, havia mais de 260 milhões de cristãos vivendo em lugares onde eles experimentam altos níveis de perseguição e pelo menos 4.000 cristãos mortos por sua fé. Isso é de partir o coração. Espero, respeitosamente, que os EUA defendam fortemente o direito humano de cada pessoa a viver de acordo com sua fé e ter verdadeira liberdade religiosa."

Agradeci à deputada Räsänen pelo seu tempo e depois cheguei a duas conclusões sobre a nossa conversa.

Primeiro, que os cristãos parecem mais preocupados com o pecado do aborto do que com a liberdade religiosa.

Na questão do aborto, os cristãos estão agindo coletivamente. Eles se unem para defender os bebês inocentes que não podem se defender. A Marcha pela Vida, uma organização que representa os nascituros, une anualmente uma marcha pacífica por Washington e por toda a América. Em janeiro de 2019, a Marcha DC e as Marchas Estaduais coordenadas viram cerca de meio milhão de manifestantes pacíficos marchando por toda a América em defesa dos nascituros. Em 22 de janeiro de 2020, Donald Trump se tornou o primeiro presidente da história dos EUA a falar na Marcha pela Vida no National Mall. Os cristãos estão se posicionando juntos fortemente pelo direito à vida e está dando certo, com o presidente Trump fazendo muitas mudanças nas políticas pró-vida. É por isso que prevejo que os conservadores vencerão o debate sobre a proteção da vida infantil, em vez de dar às mães a "opção" de matar seus bebês como uma forma conveniente de controle da natalidade.

Na questão da liberdade religiosa, no entanto, os cristãos não se unem. Päivi Räsänen é deixada sozinha para cuidar de si mesma. A liberdade religiosa morre em silêncio, um cristão de cada vez. É por isso que os conservadores estão perdendo terreno em muitas outras frentes morais que comprometem o status da América como líder mundial.

Mesmo sob uma pressão pessoal tão poderosa, as principais características de Räsänen é que sua preocupação não era consigo mesma, mas com o pecado do aborto. Essa é a posição que a Igreja também toma. A defesa de cristãos adultos não é uma prioridade tão alta entre as igrejas quanto a defesa da vida infantil. Mas, eventualmente, se as igrejas não se defenderem, elas não serão mais livres para defender qualquer princípio bíblico, incluindo o direito à vida dos nascituros.

Segundo, o idioma que os cristãos estão usando para se defender é atualmente "muito gentil e educado" e nunca provocará as mudanças que precisam ocorrer. Por exemplo, a própria defesa da Ministra Räsänen de si mesma foi enquadrada de maneira muito positiva. Parafraseando: "Eu não quis machucar ninguém, mas mesmo quando outros me machucam, eu realmente não fico ofendida, porque é disso que se trata a liberdade de expressão". Agora compare isso com sua defesa dos nascituros: "Matar um bebê pronto para nascer é profundamente ofensivo à dignidade das crianças". Qual defesa é mais eficaz?

Os cristãos têm feito progressos na luta pelos direitos dos nascituros, porque eles não têm medo de falar a verdade sobre o que acontece com um bebê no útero, pois ele é desmembrado vivo e arrancado do que deveria ser seu espaço seguro. Se os cristãos desejam progredir substancialmente contra a perseguição religiosa, necessária para a paz mundial, eles devem ter a mesma tenacidade de falar a verdade a respeito de sua própria perseguição. Se a Igreja não se defender, quem mais se defenderá?

A menos que os conservadores estejam dispostos a expressar negativamente a defesa da liberdade religiosa, perderemos. A questão política / jurídica é: a quem é permitido odiar e não odiar?

Deus expressa seu terceiro mandamento negativamente. Minha interpretação atualizada desse comando antigo é a seguinte:

"Você não tem permissão para odiar meu Filho Jesus Cristo, minha Palavra (a Bíblia) e meu povo (a Igreja)."

Se isso tivesse sido explicado desde o início da República, poderíamos ter evitado muitas mágoas. Uma falha dos Pais Fundadores é que eles pensavam que a Primeira Emenda, por melhor que fosse, era melhor que o Terceiro Mandamento de Deus. Estamos descobrindo que não é.

Sem uma proteção mais forte da liberdade religiosa, acabaremos com um remanescente erodido da fundação cristã da nação e precisaremos constantemente nos defender contra-ataques.

Na América, você é livre para ser negro, ser gay, ser muçulmano, sem defender quem você é. Mas você precisa se explicar se você é um professor cristão que cita a Bíblia ou um atleta cristão que ora em público ou um estudante cristão que acredita na Criação. Todas essas pessoas são intimidadas.

Rejeito o ódio, intolerância, intimidação e discriminação contra os cristãos. Rejeito uma versão politicamente correta do cristianismo. Rejeito o estado e seus agentes que me impõem qualquer ideologia. Rejeito uma versão mutante do cristianismo que abafa qualquer verdade da Bíblia.

Sou livre para ser cristão em público, para acreditar na Bíblia em público e praticá-la em público.

Muitos de meus colegas cristãos não se sentem assim. Eles se sentem ameaçados, intimidados, assediados e envergonhados por expressar suas crenças cristãs em público.

A Liberdade Religiosa Está Debaixo De Ataque

A maioria das pessoas não sabe o que é a liberdade religiosa, porque é importante, de onde veio ou mesmo que existem sete tipos de liberdades religiosas. As pessoas seculares dizem aos cristãos: "Você é livre para adorar, apenas faça dentro da sua igreja. Você é livre para pregar o que quiser, mas longe do público, faça-o entre si."

Isso não é liberdade de religião. Isso está a reduzir a liberdade de culto. Eles não são o mesmo. A liberdade de religião é mais do que a liberdade de culto. Inclui liberdade de culto, mas inclui também a liberdade de ser cristão em público, de ler, falar e estudar a Bíblia onde quer que eu escolha.

Em Mateus 10:32-33, Jesus disse: "Portanto, quem me confessar diante dos homens, eu também o confessarei diante de meu Pai, que está no céu. Mas quem me negar diante dos homens, a ele também negarei diante de meu pai, que está nos céus."

Eu sempre levei esses versículos a sério como versículos da salvação. Não apenas Romanos 10, mas também Mateus 10, nos dizem que nossa confissão pública marca nossa salvação. E nossa confissão contínua de Cristo para o público define nossa fé cristã.

Jesus alertou no próximo versículo: "Não pense que eu vim trazer paz à terra. Não vim trazer paz, mas espada." Em outras palavras, não pense que quando você me confessar publicamente, isso criará muitos sentimentos pacíficos. "Pois vim para 'pôr um homem contra seu pai, uma filha contra sua mãe e uma nora contra sua sogra'; e 'os inimigos de um homem serão os de sua própria casa'". "Quem ama mais o pai ou a mãe do que a mim não é digno de mim. E quem ama mais o filho ou a filha do que a mim não é digno de mim. E quem não toma a sua cruz e não me segue não é digno de mim. Quem encontrar a sua vida a perderá, e quem perder a sua vida por Minha causa, a encontrará."[8]

O conflito está sobre o cristianismo. A intolerância visa os cristãos. Todas as outras religiões recebem um passe livre no oeste secular. Yoga é hinduísmo expresso como uma prática cultural; agora é recebido em escolas públicas. As estátuas de Buda são ídolos religiosos; eles são aceitos como decoração moderna (algo que os verdadeiros budistas desprezam porque é degradante; há uma campanha na Tailândia contra estrangeiros que compram budas como decoração). Os hijabs são coberturas de cabeça muçulmanas para manter as mulheres modestas - significa literalmente em árabe "barreira, divisão, isolamento de mulheres e homens na esfera pública"; no entanto, eles estão na moda para usar em locais públicos. O uso do hijab é obrigatório pela lei sharia na Arábia Saudita, no Irã e na província indonésia de Aceh. Pergunte às mulheres iranianas o que representa e porque elas desafiam o regime totalitário islâmico. Se você gosta do hijab, deve usá-lo. Mas se você não gosta, não deve ser forçado a usá-lo. É uma falsa modéstia, não é libertadora, é uma ameaça contra a segurança nacional. Os apologistas ocidentais afirmam que o hijab é um símbolo do feminismo e da moda. Eles receberiam igualmente a Oração do Senhor na assembleia da escola, a

Cruz no telhado de uma escola pública e a Bíblia em todas as salas de aula?

A erosão da liberdade cristã é real. O que a maioria dos políticos pode fazer sobre isso? No ano passado (2019), um painel de especialistas em liberdade religiosa conduziu na Austrália uma "revisão da liberdade religiosa". Aceitou submissões públicas que usaria para informar o Departamento do Primeiro Ministro e o gabinete. A maioria dessas pesquisas, provavelmente será como as de um cosmético, usadas para marcar pontos políticos, mantendo o público em silêncio.

Por que temos o problema de corroer a liberdade religiosa em uma nação tão grande como a Austrália? (Uso exemplos globais para o presidente Trump ser informado ao lidar com nações como Finlândia, Austrália e Coréia. Nunca confiaria em um político que não protege a liberdade religiosa.).

A Constituição Australiana imita a Constituição dos EUA de várias maneiras. Se você perguntasse à maioria dos cristãos australianos se a liberdade de religião é protegida ou não, praticamente ninguém saberia, e dentre os que sabem, poucos seriam capazes de lhe dizer onde esse direito fundamental se encontra.

Enquanto a liberdade religiosa está contida na Primeira Emenda da Declaração de Direitos na América, ela está enterrada na Seção 116 da Constituição Australiana:

> "A CommonWealth não fará nenhuma lei para estabelecer qualquer religião, ou para impor qualquer observância religiosa, ou para proibir o livre exercício de qualquer religião, e nenhum teste religioso será exigido como qualificação para qualquer cargo público ou de confiança na CommonWealth."

Como nos Estados Unidos, essa lei se aplica apenas ao governo federal. Qualquer estado da Austrália pode restringir ou impor uma religião como bem entender. O mesmo se aplica a todos os 50 estados da América...

A Finlândia possui disposições semelhantes na Seção 11 de sua constituição:

"Todo mundo tem liberdade de religião e consciência. A liberdade de religião e consciência implica o direito de professar e praticar uma religião, o direito de expressar suas convicções e o direito de ser membro ou recusar-se a ser membro de uma comunidade religiosa. Ninguém tem a obrigação, contra sua consciência, de participar da prática de uma religião."

Com essas garantias constitucionais, por que cristãos como Daniel Scot e Päivi Räsänen são perseguidos pelo Estado? Por que a maioria dos deputados (membros dos parlamentos) - a maioria dos nossos políticos - não sabe o que é a liberdade religiosa, não sabe porque é importante, nem sabe de onde veio? Como podemos esperar que eles a defendam contra a crescente intolerância e hostilidade? Se os deputados não sabem, o que dizer dos eleitores? Como os eleitores podem votar em proteção religiosa se não sabem muito sobre as ameaças contra ela? E os nossos filhos, cujos resultados educacionais estão em declínio a longo prazo?[9] Eles são continuamente recrutados por professores de escolas públicas para ingressar no Culto ao Clima e negar o Deus vivo e verdadeiro.

Na verdade, estamos criando uma nova geração de perseguidores religiosos. Eu assisti isso nas escolas públicas de meus filhos: os professores e os alunos odeiam monoliticamente a Deus, odeiam o Presidente Trump e odeiam os Estados Unidos. Esses alunos crescem e se tornam nossos futuros advogados, policiais, políticos e juízes.

Nenhuma das crianças australianas que eu já pesquisei foi ensinada sobre liberdade religiosa em suas escolas, mesmo que isso esteja definido na Constituição Australiana. Não é de surpreender que muitos de nossos agentes da lei e advogados atuais não sabem que temos total proteção legal de nosso exercício religioso.

Em 4 de dezembro de 2015, às 22:30h, um pregador de rua chamado George Youssef estava citando uma passagem da Bíblia, 1 Coríntios 6:9-10, que menciona uma lista de pecados. Um bêbado aproximou-se do grupo de pregadores de rua da Operação 513 e começou a insultá-los e a xingá-los.

A operação 513 obteve permissão do conselho da cidade para estar lá com base na Lei da Assembleia Pacífica de 1992. A polícia apareceu e prendeu os pregadores que agiam legalmente, porque a polícia achou que o conteúdo da Bíblia era ofensivo ao público mais do que o bêbado que perturba a assembleia pacífica e legal!

A polícia perseguiu o caso contra os pregadores cristãos por um ano. Eles não tinham nada melhor para fazer? Somente em novembro de 2016 os magistrados de Southport julgaram o caso, concordando com o advogado de George Youssef, que não havia nenhum caso para responder.

Esses problemas surgem não tanto da lei, mas de um déficit educacional sobre a sórdida história dos perseguidores religiosos, o preço que as pessoas boas pagam pela liberdade religiosa e os tremendos benefícios da religião cristã. Ouso dizer que a maioria dos alunos não sabe nada sobre isso, porque a maioria dos professores não sabe.

Deixe-me dizer enfaticamente que, tanto na América quanto na Austrália, nós cristãos temos a liberdade de citar a Bíblia em público. Temos o direito de ler a Bíblia em público. Temos o direito de falar a Bíblia em público. Mas se não o usarmos, podemos perdê-lo.

Quantos de nós exercemos nosso direito de ler e falar a Bíblia publicamente? É o primeiro fundamento da liberdade religiosa.

Deixe-me traçar para você uma breve história da liberdade religiosa na Inglaterra e na comunidade da qual a Austrália faz parte, o Canadá faz parte e os EUA costumava fazer parte. Hoje, poucas pessoas estão cientes das batalhas do passado. Cristãos foram queimados na fogueira, jogados na prisão e fugiram para o exílio por liberdade religiosa.

William Tyndale, depois de traduzir a Bíblia para o inglês, foi estrangulado e queimado na fogueira em 1536. Seu desejo era permitir que todo falante de inglês lesse a Bíblia em inglês por si mesmo.

Um ano depois, em 1537, um decreto real tornou legal a leitura da Bíblia em inglês em público. Esse direito foi confirmado por outro decreto real em 1547.

De 1660 a 1672, John Bunyan passou 12 anos na prisão de Bedford County pelo direito de pregar o evangelho livremente na Grã-Bretanha. Ousamos tomar esse direito como garantido? Quando eu era um líder estudantil na universidade, frequentemente convidava os cristãos: "Venha conosco e evangelize! Venha conosco e compartilhe o evangelho na União dos Estudantes!". Sabe, poucos cristãos se aproveitaram do direito que temos neste país. Imagine se esse direito nos fosse tirado.

Quando a Primeira Frota do Capitão Arthur Phillip[10] chegou à Austrália em 1787, a Grã-Bretanha ainda não tinha plena liberdade de religião. Naquela época, os católicos não tinham permissão para possuir terras porque o governo anglicano se opunha à Igreja Romana. "Não-conformistas", como eram chamados os protestantes (acho que é um nome adequado), fugiram da Inglaterra para encontrar liberdade de religião na Austrália. Gostaria de saber quantos "protestantes não conformistas" restam hoje em dia? Muitos se transformaram em conformistas!

Em 1788, os católicos romanos foram autorizados a comprar terras pela primeira vez desde que o anglicanismo se tornou a religião do estado da Inglaterra.

Em 1828, o Reino Unido revogou a Lei de Testes, que excluiu os não-conformistas ou protestantes de ocupar certas funções públicas.

De 1838 a 1841, a primeira onda de alemães que se estabeleceram na

Austrália veio especificamente para escapar da perseguição e discriminação religiosa. Graças a Deus, porque a Alemanha logo depois aprovou leis extremamente repressivas para restringir a liberdade de religião na década de 1870, depois leis que impuseram correção política na década de 1930, que impuseram a ideologia estatal do nacional-socialismo. Conhecemos isso hoje como nazismo. O NA significa "nacional" e o ZI significa "socialismo".[11] O nazismo era apenas outra forma de correção política. Se você não acreditava, o Estado dizia que você tinha as crenças erradas.

Você consegue pensar em alguma crença hoje que, se você for cristão, o Estado e seus agentes ousarão chamar de errada? Crenças pelas quais você poderia ser punido? Provavelmente muitas.

As pessoas foram punidas e assassinadas nos anos 30 e 40 por não compartilharem as crenças dos nazistas. Infelizmente, muitas igrejas alemãs aceitaram a ideia de que sua fé e os ensinamentos da Igreja eram subservientes à ideologia do governo.

Alguns líderes cristãos corajosos tomaram uma posição em 1934 e escreveram a Declaração de Barmen, que proclamava que a Igreja Cristã é "somente propriedade de Cristo". Ou seja, não pertencemos ao estado. Não pertencemos ao polegar de nenhum político. Nós pertencemos a Cristo. E devemos aderir ao que nosso Criador e Redentor nos diz.

Esses cristãos alemães rejeitaram a coerção política do governo de seus dias, que era nazista, e mantiveram-se firmemente na Palavra de Deus como autoridade final. Os governos podem mudar. As ideologias podem mudar. Mas a Palavra de Deus nunca muda.

Rejeito uma versão politicamente correta do cristianismo. Nossa fé deve ser tão pública quanto qualquer sistema de crenças, incluindo crenças seculares e ateístas. Não é permitido ao Estado forçar nenhum conjunto de crenças em você e em mim. Isso é chamado de religião do estado ou ideologia do estado. Você tem o poder de dizer a eles: eu rejeito isso.

O que acontece se os cidadãos comuns se recusarem a ouvir a mensagem de - o apelo por - liberdade religiosa? E se eles não entenderem a maré que está trabalhando contra a liberdade? O que acontece se pessoas boas não fizerem nada?

Então aqueles com uma agenda mais determinada para moldar as leis dos EUA e da Austrália mudarão nosso modo de vida. Muitos cidadãos acham isso difícil de acreditar, mas em 2010, o Hizb ut-Tahir, uma organização islâmica que promove o objetivo de tornar a Austrália parte do califado islâmico global, escreveu um esboço da Constituição Islâmica para a Austrália com 191 artigos.

A Seção 7c declara: "Aqueles que são culpados de apostasia (murtadd) do Islã devem ser executados de acordo com a regra da apostasia."

Mas muitas pessoas vieram à Austrália para fugir desse tipo de intolerância em seus países anteriores. Um ex-muçulmano, Shakil Ahmed, que estava presente na reunião em Bankstown, ficou aterrorizado e disse: "A principal razão pela qual deixei meu país foi estar preocupado com minha própria segurança. E agora que vim para cá, sei que são as mesmas pessoas, já estão aqui e me querem morto."[12]

— ★ ★ ★ ★ ★ —

J ustiça: Nosso Negócio Inacabado
   Para que um Terceiro Grande Despertar ocorra, os cristãos
   devem despertar para a justiça bíblica e valorizar o papel que as
leis de Deus desempenham em uma sociedade justa. Parece que outras
religiões são mais bem organizadas que a fé cristã. Os judeus têm uma
diversidade de opiniões, mas também têm um conjunto claro de
crenças pelas quais podem viver: eles podem concordar com a Torá,
para que possam viver de acordo com as leis kosher. Os muçulmanos
também têm uma diversidade de opiniões (os xiitas e os sunitas não
se olham nos olhos), mas também têm um conjunto claro de crenças:
eles podem concordar com o Alcorão; portanto, aonde quer que vão,
começam a impor leis halal, o primeiro estágio, depois a lei sharia
como o estágio seguinte. É por isso que um grupo como o Hizb ut-
Tahir tem artigos de constituição elaborados para a Austrália - eles
têm uma visão e um plano não apenas para sua mesquita, mas para
toda a nação.

   Nós, cristãos, temos o direito de elaborar e publicar um conjunto
claro de crenças na forma de artigos de constituição? Poderíamos fazer
isso?

   Biblicamente, poderíamos. A Bíblia é um modelo para o governo
civil tanto quanto para uma comunidade de fé.

   Mas faríamos?

   Pode parecer difícil, pois todos os cristãos atualmente não
concordam com a importância dos cristãos serem ativos ou
representados no governo; alguns cristãos ensinam seus filhos em casa
e não veem a importância de reformar o sistema de ensino público
para ser mais moral e mais tolerante com o cristianismo; outros
cristãos estão esperando pelo fim do mundo, pelo retorno de Jesus em
breve, de modo que desistiram amplamente de lutar pela liberdade
religiosa e de melhorar a sorte de nosso próximo. Para eles, eu
gostaria de destacar a ordem permanente de Jesus para a Igreja:
"Ocupe até que eu venha".[13] A Bíblia é muito clara. Temos um papel na
melhoria da vida na Terra.

. . .

O Impacto Dos Despertares Cristãos

Durante o Primeiro e o Segundo Grande Despertar, cidades inteiras foram convertidas para Cristo. No Terceiro Grande Despertar, nações inteiras, especialmente suas estruturas legais e sistemas governamentais, serão discipuladas para se tornarem uma nação "ovelha". Essa é a condição do fim dos tempos antes da volta de Jesus, conforme descrito por Mateus 25:

> "Diante Dele [do Senhor Jesus] serão reunidas todas as nações, e ele separará as pessoas umas das outras como um pastor separa as ovelhas dos bodes. E ele colocará as ovelhas à sua direita, mas os bodes à esquerda."[14]

Embora não devamos estabelecer uma teocracia, porque valorizamos a liberdade de consciência acima de todas as virtudes, devemos permitir que a Cultura do Reino permeie e influencie todos os níveis da sociedade. Não devemos chamar Jesus de "Senhor", mas deixar que Suas Palavras sejam deixadas de lado e que Seu Nome seja manchado diariamente. É profano e injusto.

Mas quais valores e ideais os cristãos devem promover e até que ponto? A boa notícia é que não precisamos que todos os cristãos concordem. Esse fato já foi resolvido em um processo judicial na Austrália. Em 2002, um casal gay alvejou uma organização de assistência social cristã, a Missão Wesley. Eles entraram e pediram para adotar uma criança. É claro que eles tinham alternativas a seguir, ir a uma organização secular, mas não o fizeram. Eles escolheram especificamente uma organização cristã. A Missão Wesley recusou educadamente e disse que, de acordo com suas próprias diretrizes, eles não teriam permissão para fazer isso. Eles devem manter a fé wesleyana e a fé bíblica.

O casal gay não perdeu tempo. Eles imediatamente os processaram por discriminação, como se estivessem preparados para isso. A principal alegação deles era de que a preferência das missões Wesley pelo casamento tradicional não era a doutrina de todas as igrejas cristãs ou do cristianismo como um todo. Eles alegaram que era apenas sua preferência.

Para defender sua opinião, os advogados encontraram um ministro liberal (há muitos por aí) que não acreditava na Bíblia, e ele se levantou no tribunal e disse ao juiz que o casamento entre um homem e uma mulher não era uma doutrina cristã.

O tribunal inferior ficou do lado do ministro liberal, mas a Missão Wesley apelou. O Tribunal de Apelações de Nova Gales do Sul decidiu que a doutrina não precisava ser uniformemente aceita em toda a cristandade para ser aceita como doutrina.[15] O Tribunal de Apelações era mais sábio e não seria enganado pelo ministro liberal, e enviou o caso de volta para o tribunal inferior reconsiderar. Essa repreensão tem o mesmo efeito que anular a decisão do tribunal de primeira instância.

Em outras palavras, podemos ter uma onda de cristãos exigindo que certas leis cristãs ou mesmo a religião cristã sejam reconhecidas em vários estados, e não precisaríamos que todos concordassem. Independentemente de qual denominação você for, se você começar a exercer sua liberdade religiosa, poderá pedir que ela seja consagrada na Constituição estadual ou em uma nova lei, ou exigir que o governo federal proteja melhor nossa liberdade de expressão. Poderíamos exigir que a Bíblia fosse ensinada em nossas escolas públicas e que a oração iniciasse a assembleia da manhã. Não precisaríamos que todos concordassem com o modo de orar ou com as lições a ensinar na Bíblia. O tribunal entende isso. O tribunal entende que o cristianismo não é um monólito.

Os cristãos têm liberdade. Os cristãos têm diversidade. Ao mesmo tempo, a maioria dos cristãos concorda com os princípios básicos do cristianismo, as crenças centrais da Bíblia, especialmente porque foram resumidos no Credo dos Apóstolos e no Credo Niceno. Os cristãos também têm dois mil anos de história nos quais lutamos e desenvolvemos uma estrutura legal para proteger nossas queridas liberdades.

— ★ ★ ★ ★ ★ —

7 LIBERDADES RELIGIOSAS

Devemos ser claros sobre a proteção das 7 liberdades religiosas. Os Estados Unidos e a Austrália precisam de proteção completa, permanente e adequada das sete liberdades da religião.[16] Elas formam o fundamento de nossa sociedade. Eles são a base de todas as outras liberdades.

1. Liberdade de ler as Escrituras em público.

Isso foi concedido por decreto real em 1537, durante o auge da Reforma Protestante, e reafirmado em 1547. Esse direito está sob ataque nos EUA hoje.

2. Liberdade de interpretar as Escrituras sem interferência do governo.

Isso foi estabelecido por lei em 1559. Os juízes não devem decidir o que é ou o que não é a doutrina cristã. Não é o domínio deles. Eles não são qualificados para fazer isso.

3. Liberdade de culto.

Isso foi estabelecido pela Lei de Tolerância de 1689. Agora há uma tendência perigosa de políticos que reduzem todas as liberdades da religião a essa liberdade: a liberdade de culto. Eles dizem: "Não há problema em você adorar em particular, mas não saia em público". Isso não é liberdade, é uma prisão.

4. Liberdade de escolher ou mudar sua fé ou crença.

Pela mesma lei de 1689, esse direito foi reconhecido. Temos esse direito no papel, mas se as pessoas que mudam de uma crença para outra são assediadas, ameaçadas ou mesmo assassinadas, e a polícia não é proativa para protegê-las, então não é uma liberdade. A polícia deve levar a sério as ameaças que ex-muçulmanos estão enfrentando, mesmo em nosso próprio solo. Os EUA costumam assumir o papel de "polícia do mundo" quando se trata de defender o petróleo. Os EUA devem seguir o mesmo papel de policiar para defender pessoas de todo o mundo que mudam de religião para o cristianismo e para qualquer outra religião. Os EUA não devem negociar com tiranos que roubam seus próprios cidadãos dessa liberdade.

5. Liberdade de pregar e convencer os outros da verdade de suas crenças.

Isso foi estabelecido pela revogação da Lei das Cinco Milhas em 1812. Você sabia que havia uma lei injusta chamada Lei das Cinco Milhas? Entre outras proibições estabelecidas, uma era a seguinte: que ministros não conformistas (eu seria um deles), ministros que não aderiam à religião estabelecida pelo estado (anglicanismo na época), não tinham permissão para pregar o Evangelho dentro de cinco milhas de qualquer cidade que tivesse um membro do parlamento. O fato de o Parlamento revogar isso em 1812 significa que eles reconheciam a liberdade de pregar publicamente. Os alunos aprendem isso? Os professores sabem disso?

Eles deviam.

6. Liberdade de estabelecer locais de culto.

Estabelecido em 1812 pela revogação da Lei Conventicle, que proibia qualquer reunião de culto não anglicano de mais de cinco pessoas, exceto membros de sua própria casa. Você sabia que, se você não fosse anglicano até aquele momento, não poderia reunir-se com mais de cinco pessoas?

Quando o Parlamento revogou essa lei injusta, isso significava que eles reconheciam a liberdade de estabelecer locais de culto.

Agora, o que acontece com essa liberdade quando nossos conselhos municipais estão cheios de ateus seculares, com pessoas que se recusam a conceder permissões para a construção de igrejas? Nossa liberdade é reduzida. Esses membros do conselho tendem a usar os detalhes técnicos da lei. Eles impossibilitam a construção de locais de culto devido a requisitos de estacionamento que não podem ser atendidos em ambientes residenciais de alta densidade. Como as igrejas se reúnem apenas uma ou duas vezes por semana, quando o tráfego é leve, os requisitos de estacionamento não devem ser tão rigorosos quanto os de shopping centers ou empresas. Esses secularistas estão atacando secretamente a liberdade de religião, especificamente a liberdade de estabelecer locais de culto. Eles estão voltando 200 anos no tempo.

Por que eles fariam isso? Acredito que alguns deles não são tão educados sobre religião. Não acho que eles conheçam a história da liberdade de religião e quão importante é para a herança de nossa nação.

7. **Liberdade de ser requerido para confirmar uma visão de mundo ou um conjunto de crenças, a fim de manter um cargo público ou candidatar-se a eleições ou trabalhar em profissões como ensino.**

Vemos que agora o governo está estabelecendo um conjunto de crenças seculares através do politicamente correto e do comunismo cor-de-rosa (em oposição ao comunismo de sangue puro e vermelho). Eles estão dizendo que, se você não acredita no que eles acreditam, tem as crenças erradas, portanto não está qualificado para um cargo específico.

O politicamente correto é o Estado dizendo às pessoas: "Você tem as crenças erradas". Os cristãos lutaram e morreram pela liberdade das crenças impostas pelo Estado.

No passado, essas crenças vinham de uma denominação estabelecida pelo estado. Os escritores da Constituição não podiam prever o dia em que as crenças impostas pelo Estado pudessem vir do reino secular, da propaganda antirreligiosa ou de um sistema de crenças ateísta.

Há um teste religioso sendo aplicado aos titulares de escritórios públicos, mas é da nova religião do ateísmo militante e de seu comunismo cor-de-rosa. Até os conservadores estão nervosos em citar o que a Bíblia diz contra certos tipos de pecado, por medo de represálias políticas. Esse tipo de teste religioso deve ser inconstitucional.

Agora devemos proteger nossa liberdade de religião da ameaça invasora do estado, dizendo que temos as crenças erradas - crenças que não são sancionadas pelo Estado.

Rejeito todas as formas de ideologia politicamente correta. Rejeito o cristianismo politicamente correto. Exorto os líderes do mundo a se oporem ao politicamente correto e a protegerem todas as sete liberdades religiosas o mais rápido possível. Tornar essas liberdades parte de nossa constituição.

★ ★ ★ ★ ★

Paz Mundial

O maior perseguidor da religião, e da humanidade, é o comunismo. Os líderes comunistas assassinaram mais de 100 milhões de seus próprios cidadãos em tempos de paz, o que é mais do que todas as religiões combinadas em todos os tempos.

Muitos de nós acreditávamos que o comunismo terminou no final do século XX, mas quando entramos no século XXI, vimos que os EUA, a Europa, a Coréia do Sul e o sudeste da Ásia entraram em uma era comunista rosa e neomarxista. Agora vemos a evidência do comunismo cultural influenciando a vida e as opiniões dos jovens em todos os continentes.

O presidente Trump reconhece a ligação entre o comunismo rosa e os sentimentos antirreligiosos. No Dia Nacional da Liberdade Religiosa, em 16 de janeiro de 2020, o Presidente disse no Escritório Oval: "Tragicamente, há um crescente impulso totalitário na extrema esquerda que procura punir, restringir e até proibir a expressão religiosa. Algo que, se você voltar 10 anos, 15 anos ou 20 anos, não se pensava que algo assim pudesse acontecer - que alguém pensaria em algo assim acontecendo."

"É por isso que hoje meu governo está emitindo novas orientações fortes para proteger a liberdade religiosa em nossas escolas públicas. O direito dos alunos e professores de exercer livremente sua fé sempre será protegido, incluindo o direito de orar. Então chamamos isso de 'Direito de Orar.'"

O governo Obama foi talvez a presidência mais anticristã da história dos EUA. Era muito inclinado à esquerda, não protegia os cristãos de processos frívolos e até entrou com seu próprio processo federal contra o hospital Veteran Airways (VA) em New Hampshire por exibir uma Bíblia. O secretário do VA, Robert Wilkie, geralmente descrito como um homem de fala mansa e de espírito gerencial, disse que se recusou a ser "intimidado" pelo processo. Ele afirmou que exibir uma Bíblia no hospital VA é uma questão de liberdade e que o governo Obama errou ao tentar eliminar os símbolos cristãos do sistema de saúde de veteranos. "A última administração não conhecia a história deste país quando se tratava de fundações religiosas, o apoio religioso a quem estava de uniforme."[17]

Em resposta, o vice-presidente Mike Pence tuitou em 29 de agosto de 2019:

"O último governo tentou remover as Bíblias e até proibir as canções de Natal por serem politicamente incorretas, mas sob o presidente @realDonaldTrump, os hospitais de VA NÃO serão zonas livres de religião. Mensagem ao VA de New Hampshire: a Bíblia PERMANECE!"[18]

Metaforicamente, a Bíblia chama esses golpes de religião e acrobacias legais da esquerda de "raposinhas que estragam as videiras".[19] São pequenas coisas que diminuem a liberdade: um pouco de intimidação aos veteranos cristãos, uma pequena zombaria acadêmica da religião, um pouco de censura da mídia aos pontos de vista bíblicos, um pouco de intimidação policial aos pregadores de rua. Essas raposas cor-de-rosa agindo coletivamente se tornam uma força poderosa que destrói nações por dentro.

Os Estados Unidos estão agora enfrentando esses pequenos inimigos por dentro e por fora. Os conflitos e guerras comerciais dos EUA ainda são amplos com países comunistas: China, Coréia do Norte, Rússia. A solução é um reavivamento espiritual, que não pode ser imposto, mas pode ser facilitado por uma aliança de nações cristãs que buscam uma estratégia para acabar com a perseguição religiosa e promover a liberdade religiosa.

Uma agenda que o presidente Trump pode seguir para alcançar a paz mundial é: acabar com a discriminação dos cristãos em todo o mundo. Os Estados Unidos devem ampliar seu relacionamento com as nações cristãs além das simples alianças econômicas de comércio e defesa, rumo a uma aliança mais bíblica e espiritual para defender a liberdade contra inimigos espirituais comuns: as pequenas raposas cor-de-rosa.

Os parceiros naturais dessa aliança são nações cristãs como Coréia do Sul, Brasil, Polônia e Hungria. Em vez de combater o comunismo rosa econômica ou militarmente, os Estados Unidos podem derrotá-lo protegendo os cristãos de crimes de ódio e alinhando-se com parceiros cristãos estratégicos em todo o mundo.

Na Hungria, por exemplo, o primeiro ministro pró-cristão Viktor

Orban proibiu o estudo de gênero nas universidades, afirmando a verdade bíblica de que "as pessoas nascem homens ou mulheres". Os comunistas cor-de-rosa querem minar as normas culturais e os valores cristãos, incluindo gênero biológico e família tradicional. Em vez de combatê-los com evidências e lógica (que eles não ouvem), faremos melhor protegendo os cristãos de seu ódio. Isso garante sua derrota.

Assim como Viktor Orban está protegendo o direito dos cristãos de expressar a visão bíblica de gênero e casamento, também o presidente pró-cristão do Brasil, Jair Bolsonaro, está protegendo o direito dos cristãos de promover a abstinência antes do casamento. Ele nomeou uma pastora evangélica Damares Alves como ministra dos direitos humanos, família e mulheres. Alves tem uma mensagem para os adolescentes: deixe o sexo para o casamento! Para combater as altas taxas de gravidez na adolescência e a infecção pelo HIV no Brasil, o governo lançou uma campanha chamada "Eu escolho esperar."[20]

Em vez de combater os pervertidos acadêmicos que desejam legalizar a pedofilia, o governo faz melhor ao proteger o direito dos cristãos de expressar uma visão bíblica do sexo - é um ato sagrado criado por Deus apenas para o casamento. Os pervertidos da academia, da psicologia e do direito não pararão sua propaganda de crianças sexualizadas, e não precisamos detê-los. Nós apenas temos que parar toda discriminação pública e censura aos cristãos. No livre mercado de ideias, a verdade vencerá.

Em novembro de 2019, entrevistei o Rev. Jinseok Park, pastor de uma influente igreja presbiteriana na Coréia do Sul, para entender sua opinião sobre os inimigos da liberdade religiosa.

CIOCCOLANTI: "O presidente Trump alcançou algo que 11 presidentes antes dele não conseguiram fazer - conversou pessoalmente com o líder norte-coreano, diminuiu a ameaça de guerra nuclear na península coreana e trouxe estabilidade à região, mas os EUA parecem ser cada vez menos populares entre os jovens da Coréia do Sul. Eles também estão se tornando menos cristãos. O socialismo tornou-se atraente para muitos deles. Na sua opinião, qual é a solução? Como podemos mudar a maré do comunismo rosa?"

PARK: "Os Estados Unidos e a República da Coréia estão travando a mesma batalha, embora a República da Coréia tenha entrado nessa batalha um pouco mais tarde do que os Estados Unidos."

"Esta é uma continuação da guerra com o Partido Comunista, iniciada há cerca de 70 anos, que foi uma batalha ideológica entre o comunismo e o liberalismo clássico. Agora estamos lutando contra um movimento globalista neomarxista, neo-Babel."

"A Igreja coreana engordou e caiu no amor ao dinheiro. A nova geração de pastores carece da unção e fome espiritual das gerações anteriores. Simultaneamente, a Igreja tem sido assediada por grupos religiosos heréticos e falsa doutrina. Enquanto isso, a península coreana continua vacilando na questão da proliferação nuclear norte-coreana."

"Embora exista um desacordo entre os cristãos coreanos sobre o papel da Igreja coreana na condução desse contra-ataque, o contra-ataque ainda está avançando agressivamente na Coréia. Inúmeros comícios massivos de oração ocorreram desde junho de 2019 com milhões de santos coreanos reunidos na Praça Gwanghwamun para orar pela remoção do Presidente Moon (que se acredita ser um simpatizante comunista) e pela salvação nacional."

"Acredito de todo o coração que a República da Coréia é o colaborador mais adequado e preparado para alcançar uma aliança das nações baseada na Bíblia. Falo com ousadia dessa maneira, porque a Coréia é um dos únicos países que os Estados Unidos podem selecionar, preparados para transmitir esse mandato geopolítico e espiritual, sem perder a autenticidade da verdadeira luz bíblica do Evangelho."

CIOCCOLANTI: "Não acho que a maioria do mundo saiba que o centro do cristianismo mudou para a Ásia. Até os asiáticos ainda percebem o cristianismo como uma "religião ocidental", mas as maiores igrejas do mundo estão na Coréia do Sul. Por que você diz isso que a Coréia é um aliado natural com quem os Estados Unidos podem formar uma aliança espiritual de nações?"

PARK: "Os Estados Unidos da América foram fundados como nação cristã, e a República da Coréia também foi estabelecida como nação cristã pelo presidente Rhee Seungman em 1948, mas mesmo naquela época os líderes das igrejas coreanas sabiam que a cosmovisão cristã, então dominada pelas nações ocidentais, tem declinado constantemente em convicção e pureza diante de desafios ideológicos cada vez mais ferozes."

"A República da Coréia está em uma situação difícil, assim como a situação dos Estados Unidos é muito difícil. Como Deus está renovando e reorganizando a Igreja global em torno do tema da justiça, imploro aos Estados Unidos que não desistam da República da Coréia e da Igreja coreana como um valioso aliado que possui uma poderosa visão bíblica do mundo para trazer mudanças para melhor. Somos o aliado mais potente em ajudar os Estados Unidos a perseguir seu Destino Manifesto de criar uma aliança santa de nações, unificadas sob a soberania de Jesus Cristo, para combater a unificação global profana e neo-Babel."

CIOCCOLANTI: "Vocês estão liderando a reconciliação com o Japão. Você poderia nos dizer por que isso é importante para a paz mundial?"

PARK: "Uma nação é um parceiro crucial que deve estar unido na santa e espiritual parceria entre a Coréia e os Estados Unidos: Japão. A República da Coréia é a única nação capaz de acabar com o espírito idólatra xintoísta do Japão e guiar a nação em direção ao seu propósito destinado a Deus como uma arma oculta para o renascimento espiritual e econômico global."

"A República da Coréia esteve sob o domínio imperial japonês de 1910 a 1945 - por 36 anos. A guerra intransigente do Japão e seus esforços para destruir o povo coreano levaram os coreanos a abrigar grande animosidade em relação ao povo japonês."

"No entanto, se o povo coreano pode superar seu ódio, ele fica na posição mais estratégica para ministrar ao povo japonês espiritualmente afligido. Os cristãos devem ajudar os japoneses a se levantarem como destemidos soldados de Cristo, como samurais corajosos e nascidos de novo que trarão avivamento naquela terra e a terras distantes. Juntos, coreanos e japoneses podem alcançar uma poderosa aliança espiritual baseada em companheirismo e amor pela cruz."

CIOCCOLANTI: "Dadas as tensões entre o Japão e a Coréia, essa visão parece inacessível sem um milagre de Deus. Como uma aliança espiritual entre a Coréia e o Japão afetaria o mundo?"

PARK: "O Japão é a terceira maior economia do mundo. Quando nosso Pai reconciliar o Japão consigo mesmo, acredito que a aliança entre Coréia e Japão será essencial para levar o Evangelho à Coréia do Norte. Juntos, abençoaremos o Sudeste Asiático e supervisionaremos a cristianização e a democratização da China continental. Da Ásia, o Evangelho proliferará para o oeste - em direção ao Oriente Médio e Israel."

CIOCCOLANTI: "No entanto, o estado da igreja coreana parece ter declinado nos últimos anos. Os coreanos eram conhecidos por suas longas e apaixonadas orações, mas agora o mundo provavelmente conhece a Coréia mais pelos doramas (novelas) coreanos e pelos cantores K-pop do que pelas orações."

PARK: "Dado o fato menos óbvio de que Deus está mudando o centro estratégico da cristandade para a Ásia, Satanás fez um ataque preventivo no coração da Coréia: a Igreja coreana."

"Os Estados Unidos e suas igrejas também têm lutado nas últimas décadas.

A República da Coréia cresceu econômica e espiritualmente durante esses tempos. Mas, na verdade, também perdemos terreno espiritual, autoridade e poder para transmitir a Palavra de Deus. Peço aos Estados Unidos que apoiem a Coréia na promoção da propagação do Evangelho através do comércio e da diplomacia."

Gostei muito de visitar a igreja de Pastor Park, que foi construída a tempo de resgatar, alimentar e abrigar vítimas do terremoto de Pohang em 2017. Foi um exemplo de liderança espiritual, antecipando uma enorme necessidade econômica e social. Para resumir nossa conversa em três pontos:

Primeiro, não existem muitas nações na Terra que foram fundadas como nações cristãs. Armênia, EUA e Coreia do Sul.

Algumas nações começaram com outras religiões, mas cresceram cada vez mais cristãs. A Hungria e a Polônia podem ser consideradas nações cristãs na Europa. A maioria das outras nações não é cristã, algumas das quais são tolerantes com outras religiões, muitas das quais são intolerantes e perseguem ativamente os cristãos. Portanto, um aliado espiritual natural dos EUA é a Coréia do Sul.

Segundo, a Ásia agora abriga as maiores igrejas do mundo. A igreja Yoido Full Gospel, em Seul, Coréia, tem 800.000 membros. E não está só. Existem muitas mega igrejas no movimento presbiteriano coreano, que me parecem mais o movimento pentecostal nos EUA do que o presbiteriano. Muitas dessas igrejas têm salas de oração 24 horas, e os membros podem visitar a qualquer momento.

Outras mega igrejas em Cingapura e Indonésia confirmam a mudança do centro de gravidade do cristianismo para a Ásia. Portanto, para encontrar parceiros espirituais estratégicos no contra-ataque contra o comunismo cor-de-rosa, os EUA devem procurar líderes cristãos na Ásia que foram despertados para a justiça bíblica.

Terceiro, o comunismo é um inimigo espiritual de um povo autônomo; portanto, é necessária uma tática espiritual para vencer a guerra contra sua influência secularizante e centralizadora. Uma igreja forte é a única instituição da sociedade que mantém um controle moral do governo. É independente do governo e não deve estar sob o governo.

Os cristãos podem existir no subsolo, mas uma igreja forte que influencia a cultura não pode existir por muito tempo no subsolo. Precisa do ar da liberdade para respirar. Portanto, uma tática não militar para derrotar o espírito do totalitarismo é formar uma aliança espiritual de nações que exigem o fim da discriminação contra os cristãos.

E A Emenda Cristã?

Proposta pela primeira vez em fevereiro de 1863, uma Emenda Cristã teria acrescentado o reconhecimento do Deus Cristão no Preâmbulo à Constituição. Alterações semelhantes foram propostas em 1874, 1896 e 1910 sem nenhuma aprovação. A última tentativa em 1954 não foi votada.[21]

O problema com uma Emenda Cristã é sua improbabilidade de atingir a maioria de dois terços necessária para passar no Congresso, a menos que um Terceiro Grande Despertar mude a demografia dos

Estados Unidos. Vivemos em uma sociedade pluralista e uma Emenda Cristã é declarada muito positivamente a favor do Cristianismo. Nenhuma outra nação tem vergonha de ser chamada de nação budista, nação xintoísta ou nação muçulmana. Mas muitos ocidentais sentiriam vergonha de se chamarem uma nação cristã neste momento.

Atualmente, nossos líderes políticos foram educados em instituições acadêmicas de esquerda e doutrinados no comunismo brando - uma ideologia que odeia o cristianismo e que nada impede de controlar a vida de outras pessoas através de códigos de fala e modificação de comportamento. Portanto, é melhor acabar com o ódio como uma prioridade, deixando que os valores cristãos influenciem a sociedade organicamente - através da pregação no púlpito, mídia social e livros como este que você está segurando. É melhor declarar uma nova lei negativamente, como Deus faz em Seu Terceiro Mandamento.

Um Plano Para A Paz Mundial

Dado que os cristãos são a minoria mais perseguida na Terra, todos os líderes que amam a paz devem acabar com a discriminação e perseguição desse grupo em particular. Incluir outros grupos religiosos apenas trabalhou para perseguir ainda mais os cristãos, pois grupos militantes agressivos se aproveitam das "leis do discurso do ódio" e as pervertem, alegando que as crenças cristãs são equivalentes ao ódio. Isso é ridículo. As nações cristãs não são lugares de ódio. As nações cristãs têm sido o refúgio daqueles que fogem do ódio. As nações cristãs são as nações mais livres e pacíficas da Terra. Portanto, devemos trabalhar em conjunto para acabar com a discriminação contra os cristãos em prol da paz mundial.

— ★ ★ ★ ★ ★ —

Donald Trump, O Pacificador

Donald Trump é o homem designado por Deus para liderar essa acusação. Em 4 de maio de 2017, Trump anulou a Emenda Johnson - uma ordem de mordaça desde 1954 que proíbe organizações sem fins lucrativos de endossar ou opor-se a um político. Em 2018,

Trump aplicou pressão diplomática e sanções econômicas à Turquia por vários meses, até o presidente turco Erdogan libertar o pastor Andrew Brunson, que estava preso na prisão turca por 2 anos. Brunson chegou em casa em 12 de outubro de 2018 e foi convidado no dia seguinte à Casa Branca, onde impôs as mãos e orou pelo presidente Trump. Em 23 de setembro de 2019, Trump pulou a maior parte da Cúpula do Clima das Nações Unidas para sediar a primeira reunião de todas as Nações Unidas sobre liberdade religiosa. Seu discurso ao evento "Chamada Global para Proteger a Liberdade Religiosa" está entre os discursos mais importantes em sua presidência até agora.[22] Em 16 de janeiro de 2020, Trump prometeu acabar com a repressão inaceitável da oração nas escolas públicas. Como comentou depois o secretário de Saúde e Serviços Humanos dos EUA, Alex Azar: "Temos no presidente Trump o maior protetor da liberdade religiosa que já esteve na Sala Oval."[23]

A liberdade de religião é a primeira liberdade. Apoia todas as outras liberdades. As pessoas têm o direito de criticar ideias, mas não de discriminar os cristãos no trabalho, na escola ou em público. Promover a liberdade religiosa é a maneira mais segura de derrotar as raposinhas do comunismo rosa. Pode até transformar países como Coréia do Norte e China em amigos.

11

2 RELIGIÃO DAS MUDANÇAS CLIMÁTICAS

★ ★ ★ ★ ★

O SEGUNDO MANDAMENTO

★ ★ ★ ★ ★

Não farás para ti nenhum ídolo, nenhuma imagem esculpida, nada que se assemelhe ao que existe lá em cima, NOS CÉUS, ou embaixo NA TERRA, ou mesmo NAS ÁGUAS que estão debaixo da terra; Não te prostrarás diante desses deuses e não os servirás, porquanto Eu, o SENHOR teu Deus, sou um Deus ciumento, que puno a iniquidade dos pais sobre os filhos até a terceira e quarta geração dos que me odeiam, mas que também ajo com amor até a milésima geração para aqueles que me amam e guardam os meus mandamentos.
(Êxodo 20:4-6)

DEUS, O PRIMEIRO AMBIENTALISTA

Deus é um ambientalista. O Deus da Bíblia prometeu punir aqueles que poluem a terra: "De fato, as nações se enfureceram; chegou, todavia, a tua ira. Eis que é chegado o tempo de julgares os mortos e de recompensares os teus servos, os profetas, os teus santos e os que temem o teu Nome, tanto os pequenos como os grandes, e à hora de DESTRUÍRES os que ASSOLAM A TERRA" (Apocalipse 11:18). Deus se preocupa com a natureza, sobre a qual Ele colocou o homem no comando.

O Deus da Bíblia é o único Deus de qualquer religião mundial importante que inclui compaixão por animais entre Seus dez principais mandamentos. O quarto mandamento de descansar no sábado inclui especificamente "gado" entre os que deveriam descansar.[1] Quando os pecados sexuais do homem destruíram o mundo durante o tempo de Noé, Deus instruiu Noé a salvar não apenas sete outros seres humanos, mas também pelo menos um par de todo tipo de animais e pássaros. Deus conta todos os pecados contra o meio ambiente e, além da onisciência de Deus, nunca poderia haver justiça ambiental.

Como A Defesa Das Mudanças Climáticas Está Certa

Do ponto de vista bíblico, os ativistas do clima estão certos: os humanos afetam o clima da Terra, mas não da maneira que pensam. O livro de Gênesis nos diz que o pecado humano original estragou o ambiente perfeito da Terra. Se os ativistas climáticos soubessem a verdade completa, saberiam que a melhor solução para salvar o meio ambiente não é restringir principalmente o uso de canudos de plástico e combustíveis fósseis por outras pessoas, mas restringir nossas próprias palavras e ações, para não desafiarmos Deus.

O Novo Testamento diz que o meio ambiente está esperando para ser resgatado quando formos totalmente resgatados. O primeiro estágio de nossa redenção é espiritual. O estágio final de nossa redenção é físico.

ROMANOS 8:21-23

21 na esperança de que também a própria NATUREZA CRIADA SERÁ LIBERTA do cativeiro da degeneração em que se encontra, recebendo a gloriosa liberdade outorgada aos filhos de Deus.

22 Sabemos que até hoje toda a CRIAÇÃO GEME e padece, como em dores de parto.

23 E não somente ela, mas igualmente nós, que temos os primeiros frutos do Espírito, também gememos em nosso íntimo, ESPERANDO com ansiosa expectativa, por nossa adoção como filhos, a REDENÇÃO do nosso corpo.

Deus é o primeiro ambientalista. Ele não precisava mencionar o meio ambiente no plano de redenção, mas se importa com o meio ambiente. Todo cristão verdadeiro também é ambientalista. Mas há um ambientalismo falsificado que nega Deus como Criador, o pecado como destruidor e o Cristo como o Redentor da Terra. Essa falsificação é sua própria religião idólatra.

Acreditar que as pessoas podem controlar o clima da Terra é historicamente reconhecido como uma crença religiosa. Controlar o clima está além do alcance dos cientistas atuais, que mal entendem como o clima funciona e não conseguem prever com precisão a precipitação ou mesmo o caminho de um furacão visível aos satélites.

Existem outras razões, que exploraremos em breve, pelas quais as mudanças climáticas devem ser colocadas na caixa de uma religião.

Mas a razão judicial para chamá-la de religião é para que possa ser tratada como todas as outras religiões são tratadas: trate-a com respeito onde o respeito é devido e alarme quando o alarme é devido. Se a mudança climática é um culto religioso, devemos reconhecer que haverá um elemento marginal de extremistas radicais, cujas atividades incluirão o que pode ser chamado de terrorismo climático.

Terroristas Climáticos

Existem terroristas climáticos neste mundo. Em 2010, um casal matou seu filho de dois anos e atirou uma bala no peito de sua menina de sete meses de idade (que milagrosamente sobreviveu) devido a seus medos do aquecimento global. Em sua nota de suicídio, eles expressaram sua raiva contra o governo argentino por não fazer mais sobre as mudanças climáticas.[2]

Quando os incêndios florestais na Austrália de 2019-2020 mataram 28 pessoas e um bilhão de animais, os alarmistas da Mudança Climática exploraram a tragédia nacional para defender sua agenda tributária global por emissões de carbono. Eles alegaram que os incêndios florestais foram "causados" pelas mudanças climáticas. Eles culparam a Austrália por não fazer mais para cumprir o Acordo Climático de Paris. (vamos abordar esse importante assunto também).

Os incêndios florestais são um evento anual e uma parte natural do ciclo de vida das florestas, anteriores à chegada dos brancos no continente australiano. Os incêndios de 2019-2020 não foram os piores. Lembro-me do Sábado Negro de 2009, que matou 173 pessoas no estado de Victoria. Ninguém culpou o Aquecimento Global[3], que eu me lembre, porque os investigadores descobriram que vários incêndios foram intencionalmente acesos por um ex-voluntário da Autoridade de Incêndio Nacional de Victoria (CFA), Brendan Sokaluk. O tribunal aprovou uma ordem de supressão para manter essas informações em público por alguns dias, mas depois foi escondida.

Sokaluk foi condenado por 10 acusações de incêndio criminoso e sentenciado a 17 anos e nove meses de prisão. Não foi por acaso que Sokaluk também foi acusado de posse de pornografia infantil. O pecado é responsável pelo sofrimento na Terra, não Deus, nem o aquecimento global, e certamente não o carbono - o produto químico da vida. O fato é que 87% dos incêndios florestais na Austrália são iniciados por seres humanos, acidental e intencionalmente.[4]

Em 2009, os investigadores encontraram outra causa. Um dos incêndios florestais foi iniciado por linhas de energia elétrica que caíram devido aos ventos fortes. A negligência em manter as árvores pode ser atribuída a uma empresa elétrica, não à emissão de carbono e nem às mudanças climáticas.

Avançando para 2020, nas notícias, mais de 200 supostos incendiários foram presos pela polícia pelo início dos incêndios de 2019-2020.

Na Austrália, os alarmistas do clima mudaram sua retórica de "os incêndios florestais foram *causados* pelas mudanças climáticas" para "os incêndios florestais provavelmente foram *agravados* pelas mudanças climáticas". Como você provaria que o escapamento do seu carro provavelmente piorou o crime de um incendiário? Você não pode.

Quem eram os incendiários conhecidos dos incêndios de 2019-2020? O *Daily Telegraph* intitulou: "Adolescentes acusados de acenderem fogo na grama riem após comparecer ao tribunal."[5] Geralmente, desconfio quando a mídia omite a descrição dos autores. Os jornalistas não têm falta de adjetivos floridos quando querem atribuir a culpa a um partido. Por outro lado, sua escrita se torna estranhamente indefinida quando estão protegendo alguém. Se um partidário de Trump tivesse iniciado o incêndio na Austrália, a mídia usaria uma infinidade de adjetivos para descrever o agressor como branco, nacionalista, conservador, etc e garantir que o nome de Trump fosse mencionado várias vezes para que ele pudesse ser implicado. Não importa o quão extravagante e desconexo seja, a mídia gosta de colocar a culpa de más notícias em Trump.

Porém, os "adolescentes" que incendiaram Sydney eram irmãos muçulmanos radicais, Fadi e Abraham Zraika. O Imam da Paz, um estudioso muçulmano australiano cujo nome real é Tawhidi, identificou as pirâmides em seu tweet em 15 de janeiro de 2020:

> "Dois extremistas islâmicos foram presos e acusados de iniciar incêndios em Sydney. Isso está começando a parecer um ataque coordenado que arruinou muitas casas e matou muitas pessoas. Eu chamaria isso de ato de terrorismo. Eles também estão rindo disso."[6]

A mídia dificilmente deu cobertura às evidências de que isso não era mudança climática, mas terror climático, perpetrado por terroristas climáticos. Eles o encobriram com uma etiqueta monótona - os "adolescentes" fizeram isso.

A narrativa da grande mídia sobre os incêndios florestais australianos me lembra a reportagem de um surto de estupros de meninas brancas (e algumas meninas chinesas) por imigrantes muçulmanos por volta de 2015-2017. As manchetes evitavam identificar os estupradores.

"*Adolescentes estupraram meninas escandinavas*" foi o encobrimento de crimes de imigrantes na Europa. Quando os jornalistas disseram: "Asiáticos estupraram meninas britânicas", os estupradores não eram chineses, japoneses ou coreanos. "Asiático" era o código para imigrantes muçulmanos que agrediam sexualmente meninas brancas e chinesas. Ninguém sensato acredita que todos os muçulmanos estupram garotas brancas (e meninos). É uma questão de servir o bem público, identificar os estupradores. Se eles são terroristas muçulmanos, podemos fazer justiça nesse pequeno segmento de extremistas muçulmanos e impedir novos crimes.

Terroristas climáticos também podem ser encontrados nos Estados Unidos. A Califórnia tem incêndios florestais regulares, assim como a Austrália. Cada vez que um incêndio florestal se inicia na Califórnia, os alarmistas do clima esperam que a mídia politize o sofrimento e culpe a mudança climática. É um ditado político: "Nunca deixe uma boa crise ser desperdiçada". O ex-prefeito Democrata de Chicago e chefe de Estado do presidente Obama, Rahm Emanuel, tipificou essa atitude quando disse: "Nunca se desperdiça uma crise séria. E o que quero dizer com isso é que uma crise é uma oportunidade de fazer coisas que você achava que não podia fazer antes."[7]

A Verdade Sobre As Queimadas
Então, todos os incêndios são uma prova de mudança climática? A verdade é menos sensacional. Cinco dos 10 incêndios mais destrutivos na Califórnia desde 2015 foram vinculados a uma empresa de eletricidade —PG & E.[8]

O incêndio em Sacramento em 2015, que matou 2 pessoas, foi iniciado por uma árvore atingindo uma linha de energia. PG&E criminalmente falhou em fazer a manutenção da árvore.

O incêndio de Napa em 2017 foi iniciado quando várias árvores atingiram as linhas de energia da PG&E.

Em 2018, a Califórnia sofreu o incêndio mais devastador de sua história. Os alarmistas do clima correram para culpar as mudanças climáticas. Porém, em um tribunal, as evidências contaram uma narrativa diferente: a PG&E foi considerada culpada por negligenciar uma torre elétrica de 99 anos de idade que ultrapassara 25 anos de sua "vida útil". Um fio desencapado se soltou da torre, iniciando um incêndio que destruiu 14.000 casas e matou 85 pessoas. A poluição desses incêndios florestais foi muito pior do que a produção de poluição de todos os nossos carros na estrada e não tinha nada a ver com as mudanças climáticas.

Alguns incêndios são resultado de negligência criminal; outros são o resultado de terroristas climáticos. É de interesse público identificar claramente quem é o responsável. Não faz sentido dizer: "Não mencione a PG&E porque nem todas as empresas de eletricidade são ruins". Nenhuma pessoa racional acredita que todas as empresas de energia são criminosas.

Da mesma forma, não se deve ocultar o fato de que terroristas muçulmanos mataram vidas inocentes porque "nem todos os muçulmanos são incendiários". Nenhuma pessoa racional acredita que todos os muçulmanos sejam incendiários. No entanto, esses incendiários foram levados por sua ideologia muçulmana a odiar os infiéis (não muçulmanos) e a mostrar total desprezo pelo meio ambiente deles. Um povo justo não deve expor a filosofia do mal que trata os não-muçulmanos como cães e a natureza como sua lixeira?

Daniel Lewkovitz, especialista em segurança e antiterrorismo por 20 anos, alertou em janeiro de 2020 que o início intencional e deliberado de incêndios florestais e silvícolas está ocorrendo em países estrangeiros e a Austrália pode ser vítima do "jihad de fogo".[9]

Robert Arthur Baird, major do Corpo de Fuzileiros Navais dos Estados Unidos, enviou um artigo acadêmico em 2005 afirmando:

"Estudos de conflagrações de incêndios florestais mostraram que eles podem rivalizar com a força destrutiva de armas nucleares, dando ao terrorista uma arma com o mesmo efeito e com muito menos esforço e risco. Assim como os terroristas do passado utilizaram *incendiários improvisados* (aviões) para enfraquecer o aço e a estrutura do World Trade Center, causando um colapso devido ao seu próprio peso, ataques futuros podem ignorar a força de nossas defesas de Segurança

Interna e atacar nossa vulnerabilidade nacional com incêndios catastróficos. Futuros terroristas, sem dúvida, o usarão novamente como uma arma assimétrica de terror - é apenas uma questão de tempo."[10]

A jihad climática alcança muitos objetivos para várias partes: o incêndio criminoso é mais fácil para os terroristas planejarem e executarem do que acender uma bomba suja em um país desenvolvido; o incêndio criminoso explora as vulnerabilidades naturais de uma nação livre; os incêndios florestais são armas eficazes de destruição em massa; É improvável que os políticos ocidentais reajam severamente contra a jihad climática por medo de serem rotulados de "islamofóbicos" por seus pares de esquerda; e os políticos podem encobrir o terrorismo climático por meio de ordens de supressão dos tribunais ou blecautes da mídia e transformar o ato de terror, em velocidade política, em apoio à agenda dos globalistas sobre mudança climática / imposto sobre carbono.

O professor de direito australiano Augusto Zimmermann comentou a reação dos políticos australianos aos incêndios florestais de 2019-2020: "... nossos governos federal e estadual se recusaram a reconhecer a ameaça potencial de incêndios terroristas e a proteger nossas comunidades rurais da ameaça iminente de tais previsíveis estratégias terroristas..."[11]

O governo australiano é conhecido por proteger mais os direitos dos criminosos do que os direitos das vítimas. Até o momento, não houve nenhum ato de terror "cristão"[12] e vários atos de terror islâmicos, mas o governo criou um "Registro para a islamofobia" e nenhum "Registro para intolerância contra os cristãos", que é muito mais prevalente. Nesse ambiente legal, a jihad climática é provavelmente uma vitória para terroristas religiosos e globalistas de esquerda. Ambos conseguem o que querem e podem ajudar um ao outro, pois parecem compartilhar a mesma composição espiritual.

Prova De Que A Crise Climática É Fake News

Eu nunca negaria as mudanças climáticas. Claro, o clima

muda. Eu questiono o seguinte: Qual é a temperatura ideal da Terra? Como ninguém ainda sabe a resposta para essa pergunta, como sabemos para qual objetivo devemos trabalhar? Por que assumimos que a mudança climática é sempre uma coisa ruim? Não seria algo muito bom, pelo menos para as plantas, se o mundo estivesse um pouco mais quente? Também questiono as previsões alarmistas que nunca se tornam realidade.

É muito fácil provar que o alarmismo das mudanças climáticas é uma fraude e nenhuma das elites realmente acredita nas previsões alarmistas. Uma estimativa conservadora do aumento projetado do nível do mar nos próximos 12 anos é de 3 metros.[13] Então o nível do mar subirá em todos os lugares segundo essa previsão.

Nenhuma outra nação na Terra ficaria mais ameaçada por esse aumento do nível do mar do que as **Maldivas**, uma coleção de ilhas da costa da Índia. Tem a altitude média mais baixa da Terra, de apenas 1,8 metros. Se o aquecimento global fosse real, as Maldivas seriam completamente destruídas em breve, e todos os maldivos deveriam fugir de suas casas condenadas.

Em vez disso, os ricos estão se mudando para lá! Os preços dos imóveis estão subindo. O turismo está crescendo. E em 2017, o presidente Abdulla Yameen lançou um projeto de US$ 400 milhões para construir uma nova pista em seu aeroporto internacional. O governo gastará um total de US$ 800 milhões em uma atualização do aeroporto.[14]

Eles estão loucos? Aparentemente, nenhum dos ricos ou poderosos ali acredita no aquecimento global o suficiente para fugir ou tomar qualquer ação preventiva.

Em todo o mundo, os bancos ainda estão concedendo empréstimos de 30 anos a indivíduos e empresas para construir condomínios, apartamentos e mansões em propriedades à beira-mar. Eles não sabem que essas propriedades serão condenadas em 12 anos? Eles estão em negação? Eles querem perder dinheiro nos negócios?

E as companhias de seguros? Por que eles assumiriam um risco inaceitável para garantir seguros a qualquer proprietário de uma propriedade à beira-mar? Eles não sabem que pagarão bilhões de dólares às vítimas do aquecimento global muito em breve, se a Religião Verde estiver correta?

As companhias de seguros são praticamente profetas no setor financeiro. Eles são os calculadores de risco mais meticulosos e, aparentemente, veem risco zero no nível global do mar subindo para um nível catastrófico. Os bancos não acreditam no aquecimento global. Grandes desenvolvedores não acreditam no aquecimento global. Nenhuma das elites age como se o aquecimento global fosse real.

Foi por isso que Al Gore comprou uma mansão de US$ 9 milhões com vista para o mar na Califórnia em 2010 e Barack Obama comprou uma propriedade à beira-mar de US$ 15 milhões na Martha's Vineyard em 2019.[15] Eles não temem que as calotas de gelo derretam e engulam as costas da Califórnia e Martha's Vineyard? Não, eles não temem.

Eles acreditam que estão fazendo o pior investimento de suas vidas? Não. Eles não acreditam na histeria que está sendo usada para vender o aquecimento global ao público. É apenas um golpe político. Eles estão vivendo suas vidas como se nada acontecesse nas Maldivas ou no Martha's Vineyard. Nada acontecerá até que o julgamento de Deus desça e não terá relação com nossas emissões de carbono.

A mudança climática é a frente religiosa para a execução de uma agenda globalista para controlar os países em desenvolvimento e tributar os países ricos. Os proponentes voam em jatos particulares, moram em mansões, compram propriedades à beira-mar e sabem que o medo vende. É o maior golpe da história da humanidade e foi permitido porque violamos o Segundo Mandamento.

Donald Trump & O Acordo Do Clima De Paris

Donald Trump entende isso. Em seu segundo discurso do Estado da União em 5 de fevereiro de 2019, o Presidente disse: "Aqui, nos Estados Unidos, estamos alarmados com novos apelos para adotar o socialismo

em nosso país. Os Estados Unidos foram fundados na liberdade e na independência - não na coerção, domínio e controle do governo.

Nascemos livres e permaneceremos livres. Hoje à noite, renovamos nossa determinação de que os EUA nunca será um país socialista."

Por que Trump retirou-se do Acordo Climático de Paris em 1 de junho de 2017? A CNN Wolf Blitzer disse: "Há muito em risco, potencialmente para o planeta".[16] Mas os especialistas que estavam correndo em defesa do acordo já leram o acordo? Acontece que poucos que estavam apaixonados pelo Acordo Climático de Paris sabiam o que havia nele.

O editor da *Harvard Law Review*, Oren Cass, descobriu o seguinte, conforme relatado em uma entrevista de John Stossel:[17]

"O Acordo de Paris estava entre uma farsa e uma fraude. Dentre os "compromissos" enviados por todos os países ao Acordo de Paris, você nem precisa mencionar os gases de efeito estufa, se não quiser. Você envia qualquer pedaço de papel que quiser, vamos grampeá-los todos juntos e chamaremos isso de 'Acordo de Paris'... O que você descobre é que eles prometem fazer exatamente o que já estavam fazendo de qualquer maneira, ou prometem fazer ainda menos do que isso."

"A China, por exemplo, disse: 'Prometemos atingir o pico de emissão [de dióxido de carbono] por volta de 2030'. Bem, o governo dos Estados Unidos já havia feito um estudo para adivinhar quando as emissões chinesas atingiriam o pico, e seu palpite era por volta de 2030... Então, de fato, a China prometeu continuar aumentando suas emissões por algum tempo, mas a China foi uma das melhores promessas."

"A Índia não se comprometeu a reduzir suas emissões. Eles prometeram apenas se tornar mais eficientes, mas propuseram se tornar eficientes menos rapidamente do que já estavam se tornando. Portanto, o compromisso deles era diminuir a velocidade de sua eficiência.

"O meu favorito foi o Paquistão, cuja promessa era atingir um pico em algum momento, após o qual começarão a reduzir as emissões. Assim, você pode grampear esses itens e dizer: 'Agora temos um acordo global', mas o que você tem é um acordo para não fazer nada. E se em alguma coisa, você retroceder, pelo que no passado você poderia ter criticado os países e dizer: 'Ei, por que você não está fazendo nada?', agora temos um acordo que diz: 'Vamos aplaudir você por fazer nada.'"[18]

Aqui está o cenário que não fazia sentido para Donald Trump: outros países foram autorizados a escolher o que escreveriam como garantia ambiental, enquanto os Estados Unidos estavam obrigados a fazer a maior parte do pagamento e do trabalho pesado. Mas os Estados Unidos já estavam se tornando eficientes em energia e independentes de energia sem essa supervisão globalista. Não se tratava de um "acordo", mas de uma lista de promessas vazias em pedaços de papel grampeados para obter pontos políticos vãos.

Sem dúvida, China e Índia são os maiores poluidores do mundo, mas ambos prometeram aumentar as emissões. O Acordo de Paris não fez nada pelo meio ambiente, mas muito pelos políticos. Deu-lhes fotos em frente a uma mídia cúmplice. Aumentou sua popularidade entre os eleitores que nunca tiveram tempo para ler o conteúdo do Acordo Climático de Paris.

Antes de sua eleição, Trump prometeu "colocar a América em primeiro lugar". Fazia todo o sentido que ele desistisse do acordo injusto em 2017.

Na cúpula do G-7 de 2019 na França, Trump não se dignou a participar de uma reunião sobre mudança climática no último dia, 26 de agosto. Os Estados Unidos tinham um assento vazio, o que levou a mídia de massa a um colapso. As notícias falsas desonestas relataram a ausência de Trump como prova de que ele não se importava com o "incêndio na floresta amazônica" em chamas naquela época no Brasil. O presidente francês Emmanuel Macron emergiu da cúpula climática com uma promessa de US$ 22 milhões para ajudar nove países da Amazônia a combater incêndios florestais.

Foi interessante notar que o presidente brasileiro Jair Bolsonaro imediatamente rejeitou a oferta de Macron. Bolsonaro tuitou em 26 de agosto de 2019:

> "Não podemos aceitar que um presidente, Macron, desencadeie um ataque irracional e gratuito à Amazônia, enquanto esconde suas intenções por trás da ideia de uma 'aliança' de nações do G-7 para

'salvar' a Amazônia, como se fôssemos uma colônia ou terra de ninguém."

Em um tweet, o presidente brasileiro disse ao mundo o que os reis da mudança climática realmente buscavam: soberania latino-americana. Os incêndios na Amazônia são uma ocorrência natural e anual, assim como os incêndios na Austrália. Eles já acontecem há milhares de anos, muito antes dos analistas do aquecimento global usarem como uma oportunidade de impulsionar as mudanças climáticas. A agenda oculta da mudança climática é o controle globalista ocidental sobre nações soberanas.

Colonialismo Europeu Está De Volta

A mudança climática é a nova face do colonialismo ocidental - com um toque científico. Os estudantes de história saberão que os nazistas usavam linguagem científica para justificar seu assassinato em massa de judeus **fracos** e **menos evoluídos**. Quando vemos fotos das atrocidades cometidas em nome da "ciência", ficamos horrorizados que tantos milhões foram enganados por Adolf Hitler.

Mas as elites ocidentais estão de volta: tentando dominar o mundo reivindicando uma posição de superioridade moral sobre as nações menos desenvolvidas. Desta vez, é através da "ciência" do aquecimento global, renomeada Mudança Climática, que será renomeada como Crise Climática. Os europeus fizeram várias tentativas de colonizar o mundo, resultando na brutal história colonial e duas guerras mundiais. Seus esforços não pararam. Eles passaram de uma estratégia militar para uma estratégia financeira, usando o FMI e o Banco Mundial para colocar os países pobres em dívida. Mas uma estratégia financeira sozinha é vazia para a alma. Eles precisavam de uma causa mais espiritual para reunir as pessoas para se submeterem.

Eles descobriram que as pessoas desistiriam de suas liberdades em troca da promessa magnânima de "salvar o planeta" do aquecimento global. Os países pobres não podem resistir, mas o Brasil, tendo um líder forte e a economia mais forte da América Latina, decidiu combatê-lo. É por isso que as elites ocidentais odeiam Bolsonaro e odeiam Trump. Eles são hereges, negadores, cometendo sacrilégio contra o dogma da Igreja das Mudanças Climáticas!

Quebrando O Segundo Mandamento

O físico norueguês Dr. Ivar Giaever declarou: "O aquecimento global tornou-se uma nova religião".[19] Ele não era um negador de mudanças climáticas da direita. O Dr. Giaever ganhou o Prêmio Nobel de Física em 1973, atuou como oficial de tecnologia da Applied Biophysics, Inc. e foi um dos cientistas proeminentes que apoiaram a presidência de Barack Obama em 2008. Desde então, ingressou no grupo dos 100 cientistas que escreveram uma carta aberta ao então presidente Obama declarando: "Nós mantemos a opinião que o motivo de alarme em relação às mudanças climáticas é grosseiramente exagerado."[20]

O sistema de crenças sobre aquecimento global / mudança climática tem todas as características de um culto religioso. Não aceite a palavra do Dr. Giaever. Aqui estão as palavras do Presidente do Painel Intergovernamental sobre Mudanças Climáticas (IPCC), Rajendra Pachauri: "A proteção da terra é minha religião e meu dharma."[21]

Dharma é uma referência ao hinduísmo. É o equivalente hindu da Sharia, que é um código de conduta holístico, moral e legal. Na ideia de dharma, não há separação entre secular e religioso. Dharma é lei sobre todos os aspectos da vida.

A confissão pública deste chefe da ONU quebra o Segundo Mandamento. É uma declaração moral, religiosa, não científica. Pachauri, como muitos fanáticos de esquerda que reivindicam uma posição moral elevada enquanto desafiam a Deus, foi acusado de assédio sexual em 2015, pelo qual teve que deixar o emprego na ONU.

Como a mudança climática se tornou uma religião alternativa para tantos jovens?

Depois que a Bíblia e a oração foram tiradas das escolas em todo o mundo ocidental (entre as décadas de 1950 e 1960), foi deixado um vazio espiritual que exigia ser preenchido. O que o substituiu é uma forma de adoração à natureza - o tipo de idolatria que viola o Segundo Mandamento.

Todas as formas de adoração à natureza são idolatria. Deus tem uma reivindicação sobre a natureza porque Deus a criou. Seu estado decaído não é devido ao ato de criação de Deus, mas devido aos pecados dos seres humanos que Deus colocou sobre a natureza como guardiões. Os alarmistas do clima estão certos: os humanos têm uma responsabilidade sobre o meio ambiente. Nossa redenção faz parte da solução para a derradeira redenção do planeta.

As Vítimas Do Culto Climático: Crianças

Devido às crenças sobre mudanças climáticas, alguns jovens adultos acreditam que o ambiente está muito destruído para trazer uma criança para esse mundo, então eles acreditam falsamente que ficar sem filhos de alguma forma salvará o meio ambiente. Uma "consultora de reciclagem" na Califórnia esterilizou-se em 2012 para não poder ter filhos "por razões ambientais".[22] Ela está entre um número crescente de casais que ficam sem filhos.

Os alarmistas do clima estão alimentando o medo irracional não apenas de ter filhos, mas também de nossos filhos. Um grupo de psicólogos britânicos relatou em setembro de 2019 que as crianças estão "sofrendo cada vez mais ansiedade e tristeza com relação às mudanças climáticas".[23] As crianças estão fazendo declarações que soam religiosas como "Mudança climática é vingança"[24], que lembra a crença budista no karma. O problema é o seguinte: se não há Deus, quem está acompanhando os pecados contra o meio ambiente?

A Associação Americana de Psicologia relata que há uma crescente "eco-ansiedade".[25] Os suecos inventaram o termo "flygskam" (ou "vergonha voadora") para descrever como os influenciados pela religião climática se sentem sobre seus voos. No entanto, os sumos sacerdotes da religião climática, como Al Gore, Elizabeth Warren, Leonardo DiCaprio e Príncipe Charles, não praticam o que pregam. Eles voam em jatos particulares e helicópteros particulares, desperdiçando mais combustível fóssil do que aviões comerciais que eles querem que nos sintamos culpados pelo uso. O Culto ao Clima está criando muito estresse em seus adeptos.

Devemos ter consolo no fato de que o Deus da Criação se importa com toda a Sua criação. Deus disse à humanidade: "Seja frutífera e multiplique". Casar-se e criar filhos é uma das experiências mais gratificantes para um ser humano, se não a mais. É uma bênção que não conseguimos comparar a nada na Terra.

A esquerda radical fez um ataque à família e aos bebês. Eles não se contentam em insistir apenas em abortar os nascituros, mas agora eles também querem que as pessoas se tornem "anti-natalistas" ou se oponham a mais crianças nascendo neste mundo.

Porque Os Humanos São A Solução

A maior riqueza da Terra é a vida humana. Toda criança nascida representa um novo potencial de inovação, invenção, solução e produtividade. Como o presidente Trump reconhece regularmente em seus discursos em seus comícios: "Toda criança é um presente de Deus."[26]

A Terra foi criada para o homem, não o homem para a Terra. A Terra é melhor, mais verde e mais bonita com a presença e intervenção dos seres humanos.

O palestrante do TED Talks e ambientalista Allan Savory é um especialista em pastagens e desertificação, o processo de terra se transformando em deserto. Sua técnica de "gerenciamento holístico" está sendo implementada para economizar 15 milhões de hectares de terra (mais de 37 bilhões de acres) nos cinco continentes.[27] A solução que ele descobriu surpreende a maioria das pessoas que se preocupam com o meio ambiente.

A desertificação é o problema mais sério de mudança climática, porque não apenas leva à perda de árvores, mas também causa pobreza, guerra e migração em massa. No entanto, é a questão menos glamorosa de todas as preocupações ambientais. Por quê?

Suspeito que seja porque uma solução prática já foi descoberta e não se encaixa na agenda globalista anti-humana.

Allan Savory acredita na mudança climática. Na década de 1960, ele foi encarregado do papel de salvar a vida selvagem e a terra da desertificação, reservando grandes áreas da África para "parques nacionais". Todo cientista sabia, disse ele, que a desertificação foi causada por seres humanos. Então, ele primeiro removeu as pessoas dos parques nacionais.

Assim que eles removeram as pessoas, a terra se deteriorou. Isso o deixou em um enigma. Então ele pesquisou os dados e formou uma "teoria baseada em evidências" de que os elefantes foram os culpados. Um painel de especialistas concordou com sua descoberta, e ele foi autorizado a matar 40.000 elefantes.

O resultado foi a piora da desertificação. "Isso foi o mais triste e maior erro da minha vida. Vou levar isso para o meu túmulo", disse Savory.[28] Acabou que os animais não eram o problema.

A grama deixada para morrer por conta própria impediu o crescimento da vegetação na próxima estação. Mas o pastoreio de animais ajudou a manter o solo saudável. Os dejetos animais fertilizaram o solo e o pisoteio animal produziu um bom solo.

Havia apenas um problema. Os animais deixados por si mesmos pastaram demais e tiraram a terra da vegetação. Foram os animais *mantidos por fazendeiros humanos* que reverteram o processo de desertificação e produziram as terras mais saudáveis.

Pastores humanos agrupavam os animais e os moviam, levando-os a diferentes pedaços de terra. A descoberta surpreendente foi que os seres humanos agindo livremente em seus próprios interesses, como vêm fazendo há milhares de anos, ajudam a reverter a desertificação. Considerando que a interferência de políticos e outros benfeitores não conseguiu impedir a desertificação e piorou a situação.

Uma verdade inconveniente para os alarmistas do aquecimento global.

O sucesso de Savory foi replicado em outros lugares, como a Patagônia, o deserto em expansão escassamente povoado no extremo sul da América Latina. Ao reunir 25.000 ovelhas em um rebanho, sua equipe registrou uma impressionante melhoria de 50% na produção de terras no primeiro ano.[29]

A reversão da desertificação e a restauração de pastagens impactam o meio ambiente de maneira muito mais positiva do que a obsessão por

combustíveis fósseis e a tributação das emissões de carbono. Os combustíveis fósseis são necessários para tirar as pessoas da pobreza e melhorar a qualidade de vida. O subproduto, carbono, não é uma toxina. É o elemento chave da vida e é necessário para que a vegetação e as florestas cresçam.

Savory estimou que, se pudéssemos trazer apenas 7,5 milhões de hectares de deserto de volta à vida, apenas o crescimento da vegetação absorveria carbono atmosférico suficiente para levar a Terra de volta aos níveis pré-industriais, enquanto alimentaria mais pessoas ao mesmo tempo! "Não consigo pensar em quase nada que ofereça mais esperança para o nosso planeta, para nossos filhos, para seus filhos e para toda a humanidade", disse Savory.[30]

Qualquer solução a longo prazo para os problemas ambientais deve incluir os seres humanos, porque Deus criou os seres humanos para "encher a terra e subjugá-la".[31] Deus disse ao nosso primeiro pai, Adão, "...coloque-a sob seu controle. Domine sobre os peixes no mar e os pássaros no céu e sobre toda criatura viva que se move no chão."[32]

Observe que esse poder dado à humanidade está sobre os animais, não sobre a temperatura ou as estações da Terra. O poder que Deus deu a Adão é exatamente o poder que Allan Savory descobriu que poderia restaurar pastagens!

A Bíblia é verdadeira. A Palavra de Deus é um modelo para salvar a Terra e as pessoas nela. As crianças não são inimigas do meio ambiente. O pecado é. Mas a religião do aquecimento global está assustando crianças e assustando as pessoas para não terem filhos.

O Capitalismo Não Está Destruindo O Meio Ambiente?

Para melhorar as coisas na Terra, precisaremos de mais humanos, especialmente humanos que façam as coisas de acordo com as leis de Deus. Deus ordenou que os humanos possuíssem propriedade, administrassem recursos, agregassem valor a eles e os negociassem voluntariamente. Isso leva a um dos maiores princípios de conservação ambiental: a única maneira de economizar algo é comprá-lo. O que quer que você compre, você tende a ter mais na economia. Todo cristão deve estar ciente desse princípio, porque Cristo nos salvou "nos redimindo" ou nos comprou com Sua vida valiosa e sangue sem pecado. Não há salvação sem alguém pagar. Se Deus meramente nos "protegesse" sem "nos comprar", não haveria redenção legal, propriedade legítima, justiça encontrada. Devido à injustiça, haveria menos cristãos, não mais.

Como ilustração, os seres humanos compram e usam árvores para fazer casas, móveis e papel. Cortar árvores é um grande negócio na Suécia. A Suécia possui menos de 1% das áreas florestais comerciais do mundo, mas fornece 10% da madeira serrada, celulose e papel comercializados no mercado global. O que aconteceu com suas florestas?

As florestas da Suécia mais que dobraram nos últimos 100 anos.[33] Isso veio através de empresas privadas. O governo pode desempenhar um papel de ajudar as árvores a crescer, mas seu papel principal deve ser facilitar a atividade econômica lucrativa, não impedi-la.

O mundo inteiro tem mais árvores agora do que há 35 anos.[34] Se nossos filhos acreditassem na propaganda nas escolas e na mídia, eles assumiriam que exatamente o oposto era verdadeiro. Não é.

Os alarmistas do clima mantêm uma percepção constante de crise e um estado perpétuo de pânico emocional, para que fundos de pesquisa e subsídios do governo possam fluir para eles. Nossos jovens estão sendo doutrinados com medo e desesperança, para que sejam manipulados para votar na agenda política de esquerda para as próximas gerações.

Mas a realidade é que nosso ambiente nunca esteve melhor desde que Noé saiu da Arca. As mortes relacionadas ao clima caíram significativamente. Já não morremos de calor extremo ou frio extremo tanto quanto as pessoas nos séculos anteriores. A população de ursos polares também está alta, não baixa. O desmatamento líquido praticamente parou, principalmente devido ao reflorestamento para obter lucro em todo o mundo. Quando você pode comprar árvores, você recebe mais árvores.

Alexander Hammond, da Human Progress, relatou: "As regiões mais ricas do mundo, como América do Norte e Europa, não estão apenas aumentando sua área de floresta, elas têm mais florestas do que antes da industrialização. O Reino Unido, por exemplo, mais que triplicou sua área florestal desde 1919. O Reino Unido atingirá em breve níveis de floresta iguais aos registrados no Domesday Book, quase mil anos atrás."[35]

Nossos filhos devem ficar cheios de esperança e otimismo em relação ao futuro. No entanto, o Culto ao Clima está envenenando suas mentes. Não é meramente equivocado cientificamente. Muito pior que isso, é idolatria. É poluente para a mente de nossos filhos e tóxico para a espiritualidade humana. É uma agenda anti-humana porque é uma religião anti-Deus.

EZEQUIEL 36:18

18 Derramei todo o furor do meu ciúme sobre eles por causa do SANGUE que DERRAMARAM sobre a terra e porque a CONTAMINARAM com sua idolatria e seus ÍDOLOS.

Há poluição na terra. Ezequiel diz que os dois maiores poluidores são o assassinato (incluindo aborto) e a idolatria. Como a Mudança Climática é uma religião verde falsa que substitui Deus Pai pela "mãe terra", é um dos maiores poluentes da terra.

A Crise De Energia

Em setembro de 2019, entrevistei o cético do aquecimento global Tony Heller.[36] Ele é um geólogo, engenheiro elétrico e cientista de computação qualificado. O leitor pode objetar: "Mas ele não é um cientista climático.'"

Nem Al Gore (que abandonou a faculdade de direito), Leonardo DiCaprio (que abandonou o ensino médio) ou Bill Nye (um apresentador de ciências que possui diploma de bacharel em engenharia mecânica). São todas celebridades do movimento de Mudanças Climáticas.

CIOCCOLANTI: "Quais são suas maiores preocupações com o meio ambiente?"

HELLER: "Estive envolvido em causas ambientais a vida toda. Eu vejo a energia verde como uma enorme ameaça ao meio ambiente. Há tantas coisas erradas com a energia verde. As soluções que eles estão apresentando são destrutivas. Os parques eólicos são uma enorme ameaça para as águias e outras aves de caça. Toda a mineração de matérias-primas que entram em painéis solares e baterias de carros elétricos é horrível para o meio ambiente. Eles causam grandes problemas. Não temos discussão sobre isso."

CIOCCOLANTI: "Os seres humanos são responsáveis pelas mudanças climáticas?"

HELLER: "Ninguém realmente entende isso. É incrivelmente complexo. Ninguém realmente entende o que impulsiona o clima. As pessoas que dizem que entendem não estão dizendo a verdade."

"Eles não conseguem explicar o calor e a seca dos anos 30. Eles não sabem o que causou isso na década de 1930. Se eles não conseguem explicar o passado, certamente não serão capazes de prever o futuro. Na minha opinião, esse é um fato bastante devastador."

"As pessoas que afirmam que o clima é controlado por gases de efeito estufa não estão dizendo a verdade ou não sabem do que estão falando. Qual é o mecanismo? Pouca pesquisa séria foi feita sobre isso. Eles apenas decidiram que os gases de efeito estufa são seu santo graal."

CIOCCOLANTI: "O que devemos fazer sobre as mudanças climáticas?"

HELLER: "O principal é fazer com que as pessoas parem de mentir sobre isso. Pare de usar crianças como peões políticos. Tenham debates. Duas pessoas com opiniões opostas podem debater. Mas agora, um lado não está autorizado a falar. Algo nefasto está acontecendo."

"Os alarmistas climáticos como Katharine Hayhoe, se ela acredita que eu estou errado, ela deve estar ansiosa para debater comigo. Mas o que ela faz? Ela se esconde de mim. Ela nunca subiu no palco para um debate comigo. Por quê? A resposta é bastante simples. Ela perderia."

Em seu blog popular, realclimatescience.com, Heller explica sua abordagem à ciência climática: "Uso o mesmo conjunto de habilidades e técnicas para analisar as reivindicações da ciência climática que usei em ciência / engenharia. Os consoles de seu computador / vídeo game funcionam, em parte devido aos meus esforços. Por outro lado, a ciência climática não funciona porque é feita em grande parte por trapaceiros desonestos e incompetentes..."[37]

O **Caso Do Brasil**
Por isso, o presidente brasileiro Jair Bolsonaro rejeitou a ajuda de US $22 milhões do G7 do presidente francês Macron. O professor de direito constitucional Augusto Zimmermann, brasileiro que vive na Austrália, postou uma resposta em seu Facebook:

"O Instituto Nacional de Pesquisas Espaciais (INPE) afirmou que incêndios na Floresta Amazônica são ocorrências normais durante a estação seca e não aumentaram este ano. De fato, os incêndios diminuíram em toda a região. E, no entanto, governos esquerdistas da UE (União Europeia), meios de comunicação de massa e estudiosos tendenciosos lançaram uma campanha feroz de desinformação contra o governo conservador do presidente Jair Bolsonaro no Brasil."

"Uma razão básica para isso é o interesse econômico na região norte do país, onde a floresta amazônica está localizada. É um enorme banco de recursos naturais sem fim. O Brasil possui a maior porcentagem de água doce do mundo, minerais valiosos, petróleo e assim por diante. A UE elitista liderada pela França de Macron (que nem sequer pode impedir incêndios em milhares de igrejas em toda a França) e a Alemanha de Merkel (incluindo Irlanda e Finlândia) estão usando o culto ecológico a gaia dos ocultistas para iniciar uma campanha mundial de desinformação contra o Brasil. Isso visa, em última análise, minar a soberania nacional do Brasil..."[38]

Acusar os países em desenvolvimento de não serem capazes de lidar com o meio ambiente e interferir em seus espaços internos através da "ajuda externa" é o imperialismo furtivo.

Como Brendan O'Neill, editor da Spiked, também observou:

"Existe um instinto neocolonial por trás dessa acusação. É uma calúnia exercida por ocidentais privilegiados que já se beneficiaram de revoluções industriais e décadas de modernização contra potências econômicas emergentes que desejam fazer o mesmo: Brasil, China, Índia. Pior ainda, configura essas nações para intervenção externa. O G7 já concordou em enviar recursos para resolver os incêndios na floresta tropical, e alguns verdes ocidentais estão fantasiando sobre as forças armadas - 'capacetes verdes' - circulando pelo mundo para salvar a natureza da atividade destrutiva dos habitantes do mundo em desenvolvimento. Que noção imperialista feia e fronteiriça. A condescendência global do movimento ambientalista moderno é capturada perfeitamente nesta sugestão de que devemos tratar os estrangeiros como criminosos simplesmente porque eles querem o que nós [no Ocidente] já temos."[39]

5 Razões Porque Os Verdes São Egoístas Radicais E Racistas

Observe que a "agenda verde" é mais popular nos países ricos, o que significa historicamente os países que mais se beneficiaram do cristianismo. Os países pobres e em desenvolvimento tendem a seguir uma "agenda marrom" para tirar seus pobres urbanos da pobreza. A agenda ambiental marrom é diferente da agenda verde. É menos idealista. É focada em seus cidadãos urbanos no aqui e agora. Ambas são agendas ambientais, mas aqui estão cinco diferenças.[40]

1. A agenda marrom vê "os seres humanos como uma parte integrante e indivisível da terra"[41], enquanto a agenda verde vê os humanos como um grande problema para o meio ambiente.

2. A principal prioridade da agenda marrom é a saúde humana; a principal prioridade da agenda verde é a natureza ou o meio ambiente.

3. A agenda marrom visa atender às necessidades humanas básicas, como água potável, alimentos, moradia, instalações médicas, infraestrutura de saneamento, gerenciamento de resíduos e maior qualidade de vida; a agenda verde visa privar os seres humanos dos avanços na qualidade de vida possibilitados pelos combustíveis fósseis, desenvolvimento econômico e uma visão de mundo cristã que

eleva o status humano à criação favorita de Deus - a agenda verde é anti-desenvolvimento, anti-capitalismo e anti- cristandade.

4. A atitude da agenda marrom em relação às pessoas é trabalhar com elas; a atitude da agenda verde em relação às pessoas é "educá-las" e controlar seu comportamento.

5. A atitude da agenda marrom em relação ao meio ambiente é fazer com que ele atenda às necessidades humanas e usar mais dele de maneira eficiente; a atitude da agenda verde em relação ao meio ambiente é proteger e usar menos.

Depois de ver essas cinco distinções, torna-se óbvio que a agenda verde é elitista e imperialista. Somente ocidentais que vivem em um mundo pós cristão podem defender a agenda verde. Os países que tiveram sucesso econômico, em grande parte por causa de seu passado cristão, estão exercendo controle sobre o desenvolvimento dos países pobres.

Se a Reforma Protestante no Ocidente coincidisse com a era dos interesses verdes e da visão de mundo de que a natureza é acima do homem, quem sabe se o Ocidente algum dia se desenvolveria? Ainda poderíamos estar presos na Idade das Trevas. A agenda verde é inerentemente racista. Quando os líderes com uma agenda marrom são bem-sucedidos, somente nesse momento é que eles podem se dar ao luxo de saborear seu café Starbucks e vender políticas verdes.

A Solução Mais Poderosa

O Presidente Trump e outros sábios formuladores de políticas podem considerar a melhor forma de cuidar da Terra que Deus criou de uma maneira que inclua cuidar dos seres humanos que Deus fez à Sua imagem e semelhança. Nossa qualidade de vida humana, longevidade e prosperidade dependem de energia. Qual é a solução mais limpa e sustentável de energia?

A resposta é bem simples.

Como todas as religiões falsas, a Igreja das Mudanças Climáticas chama o bem de mal e o mal de bem. O "Satanás" da Igreja das Mudanças Climáticas é, na realidade, o Salvador do Meio Ambiente: energia nuclear. Como isso pode ser?

Michael Schellenberger, especialista em política climática, foi convidado para o TED Talks, onde surpreendeu o público com seus dados sobre energia verde. Energia verde está em declínio na produção em todo o mundo ocidental.

"As pessoas pensam na Califórnia como um líder climático de energia limpa, mas quando analisamos os dados, descobrimos que, na verdade, a Califórnia reduziu as emissões mais lentamente do que a média nacional entre 2000 e 2015. E a Alemanha? Eles estão produzindo muita energia limpa. Mas quando você olha para os dados, as emissões alemãs aumentam desde 2009 e não há ninguém que diga que eles cumprirão seus compromissos climáticos até 2020.

"A razão não é difícil de entender. A energia solar e eólica provém energia por cerca de 10 a 20% do tempo. O que significa que quando o sol não está brilhando e o vento não está soprando, você ainda precisa da energia para seus hospitais, casas, cidades, fábricas, e enquanto baterias tem feito algum avanço realmente legal, a verdade é que elas não são realmente eficientes como a rede elétrica. Toda vez que você coloca eletricidade em uma bateria, e você tira, você perde de 20 a 40% de energia."[42]

Sempre há um custo oculto - ambiental e financeiro. Os estados que desejam usar energia verde armazenada nas baterias ainda devem depender de muitos backups de combustíveis fósseis, como gás natural. E a energia verde em si não é tão verde. É preciso muito combustível fóssil para fazer painéis solares. Então, um dia, quando esses painéis expirarem, o que você fará com todo o material tóxico nos painéis solares? O que muitas pessoas não percebem é que a energia verde mais ecológica é...

Energia nuclear.

É o patinho feio de todas as fontes de energia. As pessoas tendem a ter sentimentos negativos sobre isso. Como Schellenberger disse a uma audiência do TED Talks, "o Painel Intergovernamental das Nações Unidas sobre Mudanças Climáticas analisou o conteúdo de carbono de todos esses diferentes combustíveis, e o da energia nuclear é realmente muito baixo. Na verdade, é mais baixo do que o da solar. E a energia nuclear obviamente fornece muita energia, 24 horas por dia, sete dias por semana."[43]

Quanta energia a energia nuclear fornece? Você sabia que os novos porta-aviões da classe Ford dos EUA pesam 100.000 toneladas cada, funcionam com energia nuclear e podem viajar sem parar para reabastecer por 25 anos? A Marinha dos EUA está substituindo os porta-aviões da classe Nimitz desenvolvidos em 1975 por esses novos da classe Ford.

A França obtém 93% de sua eletricidade proveniente de fontes de energia limpa, principalmente hidrelétricas e nucleares. Seu preço da eletricidade é cerca de metade do da Alemanha. Os políticos alemães estão abandonando a energia nuclear limpa e os preços da eletricidade dispararam.[44]

O Medo Do Nuclear

E o risco de colapso nuclear, os perigos dos resíduos e a ameaça de armas nucleares?

Vamos começar com o risco para a saúde humana. O Progresso Ambiental mediu as mortes na Europa causadas por poluição do ar e acidentes resultantes da produção de energia. Os combustíveis classificados do mais perigoso ao menos são: carvão, petróleo, biomassa, gás natural e nuclear.

Sim, nuclear é o mais seguro.

Schellenberger disse: "É difícil descobrir como tornar a energia nuclear muito mais segura... Todo mundo tem medo dos acidentes. Então, você analisa os dados dos acidentes de Fukushima e Chernobyl que a Organização Mundial de Saúde disponibiliza, a grande maioria dos danos é causada por pessoas em pânico, e elas estão em pânico por medo. Em outras palavras, o dano causado na verdade não é causado pelas máquinas ou a radiação, é causada pelos nossos medos."[45]

E o lixo radioativo? Aqui estão dois fatos surpreendentes para a maioria das pessoas: Primeiro, as usinas nucleares não emitem gases de efeito estufa. A segunda surpresa para a maioria das pessoas é a falta de resíduos nucleares. Schellenberger ilustrou da seguinte maneira: "Se você pegar todo o lixo nuclear que já fabricamos nos Estados Unidos, colocá-lo em um campo de futebol, empilhá-lo, ele atingirá apenas 6 metros de altura. E as pessoas dizem que está envenenando pessoas ou fazendo algo que não está. Está lá, está apenas sendo monitorado, não há muito."[46]

Por outro lado, não monitoramos o combustível irradiado de qualquer outra fonte de energia e há muito mais do que o lixo nuclear.

Por fim, e as armas nucleares? Mais uma vez, Schellenberger tem uma resposta: "Talvez a coisa mais surpreendente seja que não encontramos exemplos de países que possuam energia nuclear e, então, 'Oh!', decidem fabricar uma arma. De fato, é o oposto.

O que descobrimos é que a única maneira de saber como nos livrarmos de um grande número de armas nucleares é usando o plutônio e as ogivas como combustível em nossas usinas nucleares, e se você quiser livrar o mundo das armas nucleares, então precisaremos de muito mais energia nuclear."[47]

Apesar de a energia nuclear ser a promessa de energia limpa, barata e abundante, países ocidentais como Estados Unidos e Alemanha estão sendo afetados por golpes de energia verde como Solyndra, um empreendimento solar no qual Obama gastou US$ 535 milhões em dinheiro dos contribuintes, apenas para vê-lo fechar e não nos dar energia.

Em vez de construir novos reatores nucleares para salvar o meio ambiente e fornecer às pessoas a energia limpa abundante que eles merecem, nossos políticos verdes estão derrubando os existentes. O Japão derrubou todas as usinas nucleares. O que eles estão usando? Os japoneses estão substituindo-os por carvão, petróleo e gás natural - os culpados pelos gases de efeito estufa que os defensores da mudança climática pregam contra!

O ambientalista Michael Schellenberger chamou essa tendência de "crise de energia limpa".[48] A transição ecológica é passar do combustível denso da matéria para o combustível denso da energia. Nuclear é o combustível mais verde e denso em energia que existe hoje para uso humano.

COMO PROTEGER A AMÉRICA DA IGREJA DA MUDANÇA CLIMÁTICA

Ninguém nega que as mudanças climáticas e que os humanos não devem poluir nosso planeta compartilhado. A pergunta que os líderes mundiais devem fazer é: "Como podemos usar a energia para melhorar a vida das pessoas sem danificar o meio ambiente?" Então deixem a ciência nos levar.

A agenda verde é inerentemente anticientífica (os seres humanos não controlam o clima da Terra), religiosa, cúltica, comunista, imperialista, racista, anti-humana e anti-Cristo. A parte mais prejudicial de qualquer culto são seus efeitos adversos em crianças.

Os jovens são os mais impressionáveis e os sem restrições, a doutrinação verde deve parar em nossas escolas. Deve ser reconhecido como um culto religioso. Além disso, os terroristas climáticos devem ser levados à justiça rapidamente.

O medo irracional e histérico instigado pelos alarmistas da mudança climática é um prejuízo para a perspectiva social das crianças, o futuro econômico e seu bem-estar espiritual. A mudança climática é a frente espiritual do globalismo ocidental e oferece aos seus adeptos um substituto idólatra do Criador que ama os seres humanos e criou o ambiente para que possamos administrar e desfrutar por toda a eternidade. Não deve haver medo de que a Terra seja destruída. "Como a terra, Deus construiu seu templo para durar para sempre."[49] "Uma geração passa e outra geração vem; Mas a terra permanece para sempre."[50]

12

1 SALVE AS CRIANÇAS: REFORMA DA EDUCAÇÃO & ENSINO BÍBLICO

* * * * *

O PRIMEIRO MANDAMENTO

* * * * *

Não terás outros deuses além de mim. (Êxodo 20:3)

Jesus reformula o Primeiro Mandamento de maneira positiva: "O primeiro de todos os mandamentos é: "Ouça, ó Israel, o Senhor nosso Deus, o Senhor é um. E você amará o Senhor seu Deus com todo o seu coração, com toda a sua alma, com toda a sua mente e com toda a sua força. 'Este é o primeiro mandamento."[1]

Nesta passagem, Jesus está citando diretamente o "Shemá"[2], a oração mais importante em um culto judaico, encontrada em Deuteronômio 6:4-9. A primeira parte desta oração é familiar para nós:

DEUTERONÔMIO 6:4-5

4 Shemá! Ouve, ó Israel: Yahweh, o nosso SENHOR, é o único Deus!

5 Amarás o SENHOR, teu Deus, com todo o coração, com toda a tua alma e com todas as tuas forças

Amar a Deus com nosso espírito, alma e corpo é o primeiro mandamento; Voltarei em breve a como podemos aplicar esse princípio às políticas públicas. Mas há uma segunda parte do Shemá que não é tão familiar para nós. Como segue imediatamente o primeiro mandamento de amar a Deus e faz parte da oração, podemos dizer com segurança que ele nos explica como amar a Deus ou é a segunda coisa mais importante depois de amar a Deus. O que pode ser? Ouça com atenção.

DEUTERONÔMIO 6:6-9

6 Que todas ESTAS PALAVRAS que hoje te ordeno estejam em teu coração!

7 Tu AS ENSINARÁS com todo o zelo e perseverança A TEUS FILHOS. Conversarás sobre as Escrituras quando estiveres sentado em tua casa, quando estiveres andando pelo caminho, ao te deitares e ao te levantares.

8 Também ATARÁS estas palavras como um sinal na tua mão e em teu braço e as prenderás à tua testa como Tefilin, filactérios.

9 Tu ESCREVERÁS as palavras do Senhor nos umbrais da tua casa, e em teus portões, mezuzotes.

Se amar a Deus é a primeira coisa que Deus quer que façamos, então a segunda coisa é educar nossos filhos. A história judaica em toda a diáspora mostra que os judeus valorizavam muito a educação por 2.000 anos, e ainda o fazem. Segundo o Shemá, a educação deveria ter sido escrita na Constituição dos Estados Unidos. Precisamos urgentemente de reforma educacional para salvar a América, incluindo educação sexual apropriada.

O vice-presidente Mike Pence disse em 23 de outubro de 2019: "Não basta vencer as próximas eleições. Temos que ganhar a próxima geração, pela liberdade." Deus deu aos pais o direito e a responsabilidade de educar seus próprios filhos. Quem ensina os filhos de uma nação controla o futuro dessa nação. A renúncia a esse direito paternal dado por Deus ao governo secular tem sido a principal causa do aumento da imoralidade, da perda de liberdade e do declínio dos padrões intelectuais.

Conexão Cósmica

Lembro-me de quando Donald Trump, Robert Kiyosaki e Tony Robbins foram à Austrália em agosto de 2011. Meus familiares são promotores imobiliários no interior de Nova York, então eu ouvi falar de Donald Trump desde criança. "The Art of the Deal" (*A arte da negociação*) era um presente que os Cioccolanti davam um ao outro durante o Natal de 1987. No entanto, eu nunca assisti *The Apprentice* (O Aprendiz), - nunca - então fiquei mais atraído por Robert Kiyosaki e Tony Robbins.

Eles eram oradores públicos, como eu sou, então eu queria assistir suas habilidades no palco. Eu moro em Melbourne, então voei para Sydney para vê-los. Mal sabia eu que mais tarde desenvolveria uma "conexão cósmica" com Trump. Acabei produzindo alguns dos vídeos mais virais sobre Trump durante as eleições de 2016, atingindo milhões de visualizações no YouTube. Eu também continuo cruzando o caminho com o Presidente em todo o mundo sem nunca encontrá-lo.

Quando eu liderava o tour bíblico a Israel em 2017, Trump estava lá ao mesmo tempo visitando o Muro das Lamentações em Jerusalém. Quando eu estava em uma conferência em Mar-a-Lago em 2018, Trump estava lá naquela manhã, mas saiu cedo para voltar a Washington DC. Quando eu estava na Pensilvânia, no início de 2019, Trump estava realizando um comício lá ao mesmo tempo. Quando eu estava no Texas no final de 2019, Trump estava realizando outro comício em Dallas ao mesmo tempo. Eu poderia ter ido para Dallas, mas tinha obrigações ministeriais em San Antonio. Morando na Austrália, eu não estou nesses lugares frequentemente, então tive a impressão incomum de que, onde quer que o Senhor me enviasse, o Presidente estaria por perto.

Eu também não sou uma pessoa que sonha, embora o Senhor me use para interpretar sonhos para os outros. Mas uma noite, no início de 2019, tive um sonho em que o presidente subia para me encontrar. Percebi que estava com uma camisa branca, que não parecia muito respeitável e fiquei com vergonha de estar tão mal vestido. Em fevereiro de 2020, lancei meu primeiro anúncio em vídeo no YouTube de que o livro *O Negócio Inacabado de Trump* estava pronto. Percebi depois que era a primeira vez que eu gravava um vídeo com uma camisa branca. A mesma camisa branca do meu sonho meses antes! Deus havia previsto que o presidente me encontraria com uma camiseta branca.

Em 1 de agosto de 2019, tive um sonho de que Lara Trump estava tentando me convencer a ver o presidente Trump. Não sei se isso é simbólico ou se será cumprido literalmente. Mas é isso que quero dizer com uma conexão cósmica com Trump. Eu nunca imaginei que escreveria um livro sobre ele ou para ele quando voei para Sydney naquele dia de 2011.

Todos os três oradores foram muito impressionantes. Tony Robbins não costumava jurar no palco como ele faz agora. Donald Trump revelou o quão importante seu cabelo era para ele - ele reclamou de esquecer o xampu e enviou um ajudante para comprar alguns *Head and Shoulders*, um produto masculino comum. Mesmo assim, ele parecia ser um "homem comum", mas que também tinha bilhões de dólares.

Um tema claro e comum dos três oradores foi que nossa educação não

preparava nossos filhos para a vida adulta, para a vida real, para abrir uma conta bancária, obter um empréstimo, iniciar um negócio, comprar uma casa, negociar um contrato, se casar, criar filhos e planejar a aposentadoria. Quase todo mundo tem que fazer todas essas coisas, mas quase todo mundo passa pelo menos doze anos na escola sem sequer aprender uma dessas habilidades essenciais da vida.

Como uma lição fundamental, Robert Kiyosaki disse que as crianças precisam aprender a diferença entre ativos e passivos. Na igreja de nossos filhos, ensinamos esta lição a crianças cristãs pelo menos uma vez por ano. Por que nossas escolas públicas não ensinam nada disso?

O Que Estamos Ensinando Às Nossas Crianças?

Quando nosso filho Austin estava na escola pública na segunda série, um garoto da sala zombou do presidente Trump e disse na frente da turma: "Ele está indo para Marte. Espero que ele fique lá. O professor, em vez de lhe ensinar um pouco de respeito, concordou: Sim, espero que ele não volte." Na verdade, ele estava desejando que ele morresse na frente de crianças de oito anos. Por que estamos financiando escolas que ensinam coisas erradas sobre civilidade e educação cívica?

Muitos professores fazem lavagem cerebral nos alunos com as mudanças climáticas e suas políticas, enquanto falham em ensinar aos nossos filhos inglês, matemática e caráter (depois daquele ano, mudamos nossos filhos para uma escola cristã).

Como resultado dessa degradação da educação, 36% dos millennials agora veem o comunismo favoravelmente e 70% dos millennials provavelmente votariam em socialistas, de acordo com uma pesquisa realizada em outubro de 2019[3]. O jornalista comediante Greg Gutfeld comentou: "Talvez seja por nossa culpa. Em algum momento, quebramos nosso compromisso de transferir as verdades da história para os terráqueos que chegavam. Você não pode culpar os jovens por esquecerem coisas que nunca lhes ensinaram. E embora o socialismo seja uma boa ideia, não existe um curso universitário chamado 'Introdução a Doces Ideias que Matam Milhões'... Na mesma pesquisa, 72% de todos os americanos acreditam erroneamente que o comunismo matou menos de 100 milhões de pessoas nos últimos 100 anos - é mais. Mais de cem milhões de pessoas mortas por algo que muitas pessoas hoje consideram legal."[4]

Como nossos professores estão tão distanciados da realidade? Os comunistas assassinam milhões de seus próprios cidadãos. Socialistas destroem economias como Angola, Camboja, Cuba, Coréia do Norte e Venezuela.

Os estudantes não estão ouvindo nas escolas que a taxa de

emprego dos negros e hispânicos nos EUA nunca foi tão boa quanto a do governo de Trump[5]. De fato, a taxa média de desemprego do governo de Trump é a mais baixa da história americana registrada.[6] Uma guerra nuclear com a Coréia do Norte foi evitada porque Trump pegou o telefone e se encontrou com Kim Jong Un, algo que os 11 presidentes anteriores não estavam dispostos a fazer. Círculos de pedófilos foram quebrados e traficantes de seres humanos presos em números recordes sob Trump[7]. Acredito que o crédito deva ir não apenas para Trump, mas também para as orações de cristãos que ele recebe na Casa Branca.

Os alunos também não estão ouvindo os muitos aspectos positivos do cristianismo na história do mundo. Alguns deles incluem: promover o direito à vida, liderar a causa da abolição da escravidão em todo o mundo, acabar com a segregação racial nos EUA, promover a educação e os direitos das mulheres e criar e manter dezenas de milhares de hospitais e escolas em todo o mundo. Isso me leva a uma pergunta: "Por que os aspectos negativos do comunismo e os aspectos positivos do cristianismo estão ocultos nos corredores da educação?"

Vida Real X Academia

Como meu pai costumava me lembrar: os professores vivem na academia. Após doze anos de escola, eles frequentam quatro anos de faculdade (ou universidade) e depois voltam a uma carreira na escola. Os professores podem passar a vida inteira nas escolas - entre pessoas que são mais jovens e poucas que são mais inteligentes do que eles. Muitos professores de carreira têm pouca experiência de vida "prática".

A vida real inclui fracassos e sucessos. O melhor professor de dinheiro é alguém que perdeu algum dinheiro, fez alguns ajustes e conseguiu ganhar dinheiro. O melhor professor de atuação é alguém que foi rejeitado em um papel, fez algumas melhorias e foi aceito como ator. O melhor professor de ciências é alguém cujas experiências falharam e falharam novamente antes de descobrir uma solução e patentear uma invenção. O melhor professor de inglês é alguém que escreveu uma escrita digna de nota que não vale a pena ler antes de publicar um livro que vale a pena comprar. Onde encontraríamos todas essas pessoas com experiência na vida real, você pode imaginar?

A Bíblia tem a resposta. "Venha, filhos, ouçam-me; Eu te ensinarei o temor do Senhor" (Salmo 34:11). Não conseguimos ver que existem pessoas incríveis com experiência de vida em todo lugar - elas são chamadas de pais. Por que limitar o envolvimento dos pais a um dia de "contar histórias" ou dia da carreira?

Aumento Da Diversidade De Professores

Deveríamos entregar nossos filhos aos melhores dos melhores - pais com experiência em fracasso e sucesso. A qualificação no Salmo 34:11 é que os pais aprenderam "o temor do Senhor", que geralmente vem com a idade e após muitas falhas. Esses pais têm muito a oferecer. Em vez disso, nossa sociedade desenvolveu uma classe de pessoas inexperientes que são as únicas autorizadas a serem chamadas de "professores" nas escolas.

Nem todos os professores são inexperientes, por isso não quero acabar com os que exercem minha profissão, mas os educadores devem começar a reconhecer que os graduados cuja experiência principal na vida está na escola não são os únicos "professores" por perto. Se eles são nossos únicos professores, então os resultados da escola estão vazios e muitos de nossos professores fracassaram em preparar os alunos para a vida real.

A Bíblia não assume nenhuma classe profissional de professores de crianças. Todo pai é professor. Jesus foi criado por seus pais e acabou mais do que bem. Ele mudou o mundo.

Quão longe nos afastamos do ideal bíblico. Alguns pais, desencorajados pelos maus resultados e pela anti-moralidade dos funcionários da escola, optaram pelo ensino em casa para seus filhos. Mas, com o estilo de vida moderno em que dois pais trabalham, poucas famílias podem dar aulas em casa. Podemos estar tão distantes da solução que não podemos voltar a ela tão cedo. Mas quando temos uma visão, podemos começar a avançar em direção a ela.

"Onde não há visão, o povo perece", disse o rei Salomão[8]. Proponho que os líderes da educação comecem a pensar em maneiras de incentivar os pais a faltar ao trabalho e a ir à escola para ensinar durante um dia por mês ou uma semana por ano, em vez de pagar apenas uma turma de professores cuja experiência de vida é limitada a estar com jovens.

Eu acredito que há um lugar para professores de carreira. Eles devem se destacar nas aulas que exigem pouca experiência de vida, como aprender ABCs, 123s e escalas musicais. Porém, uma vez que os alunos amadurecem, eles devem ser expostos a todos os outros tipos de professores que têm profunda experiência no mundo real, que têm longevidade e sucesso em seus respectivos campos.

Professores profissionais podem objetar: "Mas e os padrões acadêmicos? Não sofrerão se as escolas trouxerem professores amadores para a sala de aula?". Um currículo educacional superior relacionado a cada campo do conhecimento pode ser facilmente criado por uma equipe das pessoas mais bem-sucedidas de cada campo. Gaste uma parte do orçamento anual de US$ 60 bilhões do Departamento de Educação para incentivar as pessoas com experiência a compartilhar seus conhecimentos. Pessoas com realizações únicas se destacam. Encontre-os! Nossos filhos merecem o melhor.

O historiador **David Barton**, dono da maior coleção particular de documentos originais da época da fundação, poderia melhorar muito o currículo de história em toda a América.

Robert Kiyosaki, que já vendeu mais de 32 milhões de livros em 51 países, certamente poderia criar uma aula de ensino financeiro para escolas.

Bill O'Reilly, que teve o programa de notícias a cabo mais bem avaliado por 16 anos, O fator O'Reilly, poderia escrever uma aula de literatura de mídia junto com outros jornalistas comprovados que têm um histórico estabelecido de jornalismo investigativo independente.

Tucker Carlson é outro candidato. Ele trabalhou nos canais CNN, MSNBC e Fox News. Atualmente, ele tem o noticiário de TV mais bem classificado. Em 2010, ele co-fundou um dos principais sites de notícias - The Daily Caller.

John Stossel também vem à mente - ele ganhou 19 Emmy Awards e cinco prêmios do National Press Club.

— ★ ★ ★ ★ ★ —

MUSK: MODELO DE GOVERNO EDUCACIONAL?

Elon Musk—o fundador do PayPal e CEO da Tesla Motors e SpaceX - tem muitas ideias sobre como educar as crianças a serem inventoras e empreendedoras. Ele tirou seus cinco filhos de uma escola particular na Califórnia para que eles pudessem aprender sobre Inteligência Artificial, ética e como construir coisas como balões meteorológicos, lança-chamas e robôs de batalha.

Ele disse que "escolas regulares", públicas ou privadas, não estão fazendo coisas que deveriam ser feitas. Eles ensinam às crianças o que é uma chave de fenda, em vez de mostrar um motor para as crianças, separá-lo, e as crianças aprendem por si mesmas a relevância das ferramentas: "É por isso que preciso de chaves de fenda!" A filosofia educacional de Elon Musk é "ensinar com o problema, não com ferramentas."[9]

"Os erros que vejo sendo cometidos na educação são que os professores não explicam por que as crianças estão aprendendo uma matéria", disse Musk. "Você meio que se envolve em matemática. Bem, por que você está aprendendo matemática? Qual é o objetivo disso? Por que me pedem para resolver esses problemas estranhos? O 'porquê' das coisas é extremamente importante."[10] Os alunos precisam aprender não apenas o assunto, mas o que o torna relevante para a vida real.

Sendo a 23ª pessoa mais rica do mundo[11], Elon Musk tem os recursos pessoais para transformar o que está afetando a escola não convencional em sua própria academia particular. Em 2014, Musk co-fundou sua escola particular Ad Astra (latim para 'as estrelas'), onde não oferece esportes e música.

Por outro lado, quando participei do sexto ano da formatura de nossa filha Alexis na escola pública, o foco da graduação era sobre esportes e performance musical, com tributos simbólicos ao ambientalismo. Além de apresentações de slides com as músicas mais recentes das paradas pop e muitas crianças cantando, ouvi muito pouco sobre assuntos acadêmicos, habilidades para a vida ou qualquer coisa que teria preparado os graduados para o mundo real. Acredito que, porque há pouco senso de propósito na escola, professores e alunos de escolas públicas se interessam pelo ambientalismo para preencher o vazio. Os seres humanos não podem existir sem um objetivo, e o foco no entretenimento e no ambientalismo é um substituto para a compreensão do que você foi colocado na Terra para fazer.

É difícil imaginar que a abordagem não convencional de Musk à educação seria bem-vinda pela maioria das "escolas regulares". Mas os educadores devem fazer perguntas como: Qual é o sinal de uma escola de sucesso? A escola de Musk é melhor do que as escolas convencionais?

Musk disse sobre sua academia particular *Ad Astra*: "As crianças adoram ir à escola. Eu acho que é um bom sinal. Quero dizer, eu odiava ir à escola quando criança - era tortura... Eles acham que as férias são longas demais, porque eles querem voltar para a escola."[12]

A reação dos filhos de Musk e de outros alunos em seu programa me diz pelo menos duas coisas: 1) confirma que pais como Musk têm soluções para outras crianças que as escolas convencionais nunca pensaram; e 2) pais como Musk devem ser convidados a reescrever nossas aulas de ciências, engenharia e empreendedorismo.

Reforma Verdadeira Dos Livros Didáticos

Nem todo especialista pode escrever copiosamente como David Barton. Eles não precisam. Faça o que O'Reilly e Kiyosaki fazem: contrate outra pessoa para escrever e criar o produto final! Para o bem de nossos filhos, use nossos impostos para contratar os melhores editores, ilustradores e editores para criar livros didáticos de alta qualidade!

Projete o processo a ser repetido a cada três anos (como o ensino médio é de apenas quatro anos nos EUA e seis na Austrália), para que novos conhecimentos possam ser incorporados e correções possam ser feitas de forma transparente.

Esse processo de correção é, por si só, uma educação para as crianças aprenderem como os adultos cometem erros. Ninguém sabe tudo. Todos, incluindo os especialistas, devem ser humildes o suficiente para reconhecer erros. Haverá muitos nesta vida.

Porque Honestidade É A Melhor Política

Os livros atuais fazem exatamente o oposto - encobrem erros e fraudes (mentiras intencionais). O ensino da história, economia e ciência está cheio deles. Por exemplo, na ciência, vemos as ilustrações de embriões forjados do biólogo alemão Ernst Haeckel, pretendendo provar que todos os vertebrados compartilham um ancestral comum. Isso levou a muitas mentiras, como a frase que os estudantes de biologia costumavam aprender: "A ontogênese recapitula a filogenia".[13] As comparações de embriões ainda aparecem nos livros didáticos de biologia.

Os ossos de Piltdown Man, encontrados no sul da Inglaterra em 1912, deveriam provar que existia na Inglaterra uma espécie transitória de homens-macaco, preenchendo a lacuna evolutiva entre macacos e homo sapiens. Mas em 1953, quarenta anos após sua descoberta, o Dr. Kenneth Oakley expôs o Piltdown Man como uma das maiores fraudes paleontropológicas.

O crânio era de um ser humano moderno e o maxilar e os dentes eram de um orangotango. Os dentes foram arqueados para fazê-los parecer humanos. Os ossos e os dentes foram tratados quimicamente para lhes dar uma aparência antiga. Gerações de estudantes foram doutrinadas durante os 40 anos em que essa fraude não foi detectada. Os cientistas queriam acreditar.

A história do livro didático das famosas 'mariposas apimentadas' da Inglaterra foi exposta como falsa. O biólogo evolucionista da Universidade de Chicago, Jerry Coyne, disse que, quando os evolucionistas perceberam que a história tinha que ser jogada fora, isso lhes dava a mesma sensação de quando descobriram que o Papai Noel não era real.[14]

O Archaeoraptor meio pássaro / meio dinossauro mostrou ser falso - dois fósseis completamente diferentes colados.[15]

Um site retractionwatch.com mantém o controle das fraudes científicas - muito comuns entre pesquisadores científicos que

290 | O NEGÓCIO INACABADO DE TRUMP

disputam financiamento limitado. No entanto, é dito aos estudantes que os cientistas são objetivos, imparciais, incorruptíveis pelas fragilidades de outros seres humanos.

Os alunos são ensinados a acreditar que, se os cientistas concordam em algo, deve ser verdade.

Nossos educadores não foram honestos o suficiente com seus alunos. Os alunos geralmente acreditam em coisas que são mentirosas, desatualizadas e inúteis para suas vidas. A visão de mundo popular mantida por estudantes públicos é amplamente um produto da propaganda de esquerda imposta às mentes jovens. Muito disso é fraude que nunca foi corrigida. Isso é verdade nas áreas da história econômica, mas talvez em nenhum lugar isso seja mais verdade do que nos novos assuntos de psicologia e sexualidade.

A Raiz De Muitas Mentiras Sexuais

As aulas nas escolas públicas de educação sexual hoje em dia devem sua existência ao "primeiro sexólogo do mundo" **Alfred Kinsey** (1894-1956). Kinsey cresceu em um lar metodista, com pais que ele descreveu como cristãos devotos. Kinsey reagiu ao rigor de seu pai, tornando-se ateu e prometendo desfazer o cristianismo. Os dois livros mais populares de Kinsey quebraram muitos tabus cristãos e contribuíram intelectualmente para a Revolução Sexual da década de 1960.

Os dois livros foram "*Comportamento Sexual no Homem Humano (1948)*" e "*Comportamento Sexual no Sexo Feminino (1953)*", ambos financiados pela Universidade de Indiana e pela Fundação Rockefeller. Juntos, os dois trabalhos foram referidos como *"Os Relatórios de Kinsey"*.

Seu primeiro livro fez alegações ultrajantes, como 50% dos homens cometem adultério, 69% dos homens saíram com prostitutas, 37% dos homens tiveram pelo menos um encontro homossexual e 95% dos homens se entregavam regularmente a desvios sexuais. Este foi um material escandaloso de se ler na década de 1940.

Ficou provado logo depois que a pesquisa de Kinsey era fraudulenta, que ele próprio era um desviado sexual que dormia com a maior parte de sua equipe, que seu colega de trabalho e principal "investigador" Rex King era um criminoso condenado por 800 acusações de estupro de crianças, não houve nenhuma revisão acadêmica de seu material. Pelo contrário, o Google e a Wikipedia ainda promovem "*Os relatórios de Kinsey*" como "alguns dos livros científicos mais bem-sucedidos e influentes do século XX."[16] Era ciência realmente?

Kinsey distorceu os resultados de sua pesquisa ao selecionar sujeitos para teste que eram prostitutas, criminosos e desviados sexuais, alegando que eram representantes normais da população americana. Aconteceu que 55% dos participantes do teste de Kinsey estavam realmente na prisão!

Nenhum pedido de desculpas acadêmico aconteceu.

O gênio matemático John Tukey, que cunhou o termo "bit" em 1947 (sua abreviação de "dígito de informações binárias") e o termo "software" em 1958, disse sobre as estatísticas de Kinsey:

"Uma seleção aleatória de três pessoas teria sido melhor do que um grupo de 300 escolhidos pelo Sr. Kinsey."[17]

O crítico cultural americano Gershon Legman (1917-1999) descreveu Kinsey como "um homem a caminho de uma conclusão, independentemente da evidência". A intenção não tão secreta de Kinsey era legalizar a homossexualidade, normalizar a pedofilia e finalmente eliminar o legado sexualmente "repressivo" do cristianismo. Nossos sistemas educacionais e legais seguem o modelo de Alfred Kinsey nos últimos 70 anos.

Apesar das evidências de fraude que desacreditariam outros "cientistas", há uma admiração generalizada por Kinsey entre intelectuais e acadêmicos. Michael Kirby, ex-juiz da mais alta corte da Austrália, tipificou como as elites se sentem: "Dr. Alfred Kinsey é, na minha opinião, um dos maiores cientistas do século XX. Ele é certamente um dos maiores estudiosos da Universidade de Indiana".[18] Poucos cristãos e conservadores entendem de onde vem a agenda radical de engenharia social e porque parece estar se movendo tão rapidamente.

Estamos chegando ao estágio em que os pedófilos são eufemisticamente chamados de "adultos atraídos por menores". Em breve, citar a Bíblia será rotulada como "discurso de ódio" porque contradiz o objetivo de Kinsey de normalizar toda perversão sexual.

Os currículos para doutrinação de gênero na América, Austrália e Canadá, chamados "Escolas Seguras" ou "Relações Respeitosas", foram desenvolvidos por acadêmicos que admiram Alfred Kinsey: pessoas como Nicholas Jennings (nomeado Czar da Escola Segura pelo Presidente Barack Obama), Benjamin Levin (chefe das Escolas Seguras no Canadá, agora preso por pornografia e encorajar uma mulher a estuprar seu filho), Gary Dowsett (professor da Universidade LaTrobe e criador do programa Escolas Seguras na Austrália) e Roz Ward (co-fundadora da Safe Schools – Escolas Seguras, suspensa do programa por suas visões políticas extremas). Roz Ward admitiu que Escolas Seguras não é um programa anti-bullying. Trata-se de apoiar a diversidade de gênero e sexual. Não é sobre celebrar toda diversidade. Não se trata de parar o bullying."[19]

Se esses programas fossem sobre anti-bullying, teriam como objetivo impedir o bullying contra cristãos, antes de mais nada. Os cristãos são a minoria mais perseguida globalmente. No Ocidente, o assédio moral dos cristãos começa em nossas escolas públicas. Conheço vários estudantes que abandonaram os cursos universitários australianos porque seus professores seculares eram raivosamente anticristãos nas aulas.

A discriminação contra os cristãos continua no local de trabalho. Durante o plebiscito australiano de 2017 (o mesmo que o "referendo" americano) sobre casamento entre pessoas do mesmo sexo, as empresas australianas promoveram fortemente um voto "sim", para alterar a definição de casamento. Nenhum negócio que vi promoveu um "não", para manter o casamento tradicional. A mensagem era clara no local de trabalho: qualquer pessoa que se opusesse ao casamento entre pessoas do mesmo sexo sofreria economicamente. Ouvi dizer que as pessoas que postaram seus pontos de vista cristãos nas mídias sociais foram demitidas. Obviamente, o RH não diria que eles foram demitidos por motivos religiosos.

Nenhuma notícia defendeu os cristãos. Nenhuma investigação do governo foi feita para proteger os cristãos. A mensagem das elites é: "O assédio moral é bom se você intimidar aqueles cujas opiniões não aprovamos."

— ★ ★ ★ ★ ★ —

Os Novos Comunistas

Ward admitiu a ideologia que impulsionou seu ativismo na educação: "Somente o marxismo fornece a teoria e a prática da libertação humana genuína."[20] O filósofo alemão Karl Marx (1818-1883) escreveu *O Manifesto Comunista* e inspirou a vitimização, ódio e intolerância entre os pobres alegando que os empresários que criaram empregos eram na verdade seus opressores. A libertação só poderia vir se livrando dos opressores: os proprietários de terras e empresas.

O marxismo econômico falhou em todos os lugares em que foi experimentado: União Soviética, Europa Oriental, Angola, Camboja, Coréia do Norte e, mais recentemente, Venezuela. Todas as suas economias entraram em colapso. Todos ficaram mais pobres, exceto as autoridades centrais politicamente conectadas.

Uma nova geração de marxistas surgiu em seu lugar, chamada "marxistas culturais". Eles não são "comunistas vermelhos" como seus antepassados. Eles são mais como "comunistas cor-de-rosa". Seu novo credo é livrar a sociedade da influência de opressores culturais, como homens, maridos, pais, líderes, pastores e policiais - toda autoridade, exceto os marxistas que estariam no comando.

Como pode um líder mundial que ama seu país proteger os jovens da doutrinação prejudicial de Alfred Kinsey e Karl Marx? Não censurando-os, mas ensinando-os pontos de vista opostos.

Deveríamos ensinar *O Capital* (1867), de Karl Marx, ao lado de *A Riqueza das Nações* (1776), de Adam Smith. Eu tive que ler os dois quando estudei economia na universidade. *O Caminho para a Servidão*, de Friedrich Hayek, também era leitura obrigatória para concluir o curso. Hoje, muitas classes econômicas levam os alunos a estudar conceitos sem ler os clássicos. Os alunos sabem desenhar gráficos de elasticidade de preço, mas não sabem quanto custa o comunismo.

O presidente comunista da China, Mao Zedong, foi responsável pela morte de 45 a 77 milhões de seus próprios cidadãos[21]. O secretário geral comunista da União Soviética, Joseph Stalin, responsável pela morte de 20 milhões de cidadãos que morreram em campos de trabalhos forçados, de fome ou em execuções. No total, estima-se que 110 milhões de pessoas morreram entre 1900 e 1987 por democídio comunista - o assassinato intencional de cidadãos desarmados por agentes do governo em tempos de paz.[22]

No entanto, muitos professores enganam seus alunos com a mentira de que "a religião é a causa de todas as guerras". Ateus comunistas mataram mais pessoas em questão de 87 anos do que todas as religiões combinadas nos últimos 5.000 anos.

A verdade é que não há comparação: o comunismo secular que nega a Deus é o sistema de crenças mais mortal e mais satânico conhecido pelo homem. Os alunos devem aprender esse fato antes de se formarem.

Uma Melhor Forma De Educação Sexual

Uma vez que percebemos a agenda oculta da revolução sexual e da "educação sexual" que ela introduziu em nossas salas de aula, que era para normalizar a promiscuidade e a pedofilia, como Alfred Kinsey sonhava, então podemos procurar uma solução.

Existe uma?

Proponho que exista uma simples e óbvia: "**aula de gravidez e paternidade**". Se ensinamos educação sexual, estamos preparando jovens para o sexo. Se ensinamos gravidez e paternidade, estamos preparando os jovens para as famílias. Qual é o nosso objetivo?

Nosso objetivo é criar uma educação prática que forma jovens com habilidades para a vida. Nosso objetivo é fortalecer as famílias. Nosso objetivo é mudar a maré da destruição cultural.

É uma falha na educação ensinar algo que não precisa ser ensinado - como fazer sexo. Enquanto isso, os professores não ensinam aos jovens o que esperar quando estão grávidas e têm um bebê. Por que tantos adultos ignoram os estágios da gravidez, as mudanças que ocorrem no corpo da mulher, as dores do parto, o processo de parto e as subsequentes mudanças no casamento após o nascimento do bebê?

A maioria dos jovens não teve uma única aula sobre como cuidar de um bebê. Quão sérios são os educadores sobre as famílias? Ou eles são apenas obcecados por sexo?

Na Austrália, casais grávidos são incentivados a frequentar as aulas de pré-natal. Quando minha esposa estava grávida, assistimos e ouvimos o conteúdo que nossos pais e professores deveriam ter nos ensinado quando éramos adolescentes. Ouso dizer que descobri uma possível cura para o flagelo da pornografia que envenena a mente das pessoas.

Mostre aos jovens o que eu chamo de "pornô na gravidez"!

Posso contar a reação dos futuros pais quando o nosso facilitador da aula de pré-natal exibiu um vídeo de uma mulher dando à luz: homens grandes e adultos se contorciam em seus lugares assistindo o que acontece com o corpo de uma mulher nua durante um trabalho intenso. Dois jovens saíram. Eles eram futuros pais! Não há nada de sexy em uma mulher nua dando à luz. Já estive lá três vezes.

Acredito que a imagem do parto é natural e ajuda os rapazes a serem responsáveis, e não objetificarem as mulheres. O sexo é sagrado e produz bebês.

Como os professores das escolas públicas atualmente acreditam que "eles vão assistir a vídeos pornográficos de qualquer maneira" e "eles vão fazer isso de qualquer maneira", minha proposta não deve ser tão popular ao público. É muito mais lucrativo mostrar aos jovens "sexo leva a bebês" do que ensinar a eles como é a sodomia. Há muito mais valor educacional em ensinar aos jovens como lidar com a gravidez e como serem bons pais do que ensiná-los a se vestir.

A "educação sexual" de hoje não é educação. Vamos substituí-la por "aula sobre gravidez e paternidade". Não apenas construiremos famílias melhores, mas também reduziremos indiretamente o apetite por pornografia exploradora. Quem não gostaria de acabar com o vício em pornografia, além de um pervertido?

★ ★ ★ ★ ★

REFORMANDO AS REFORMAS FALHAS

John Dewey (1859-1952) foi um influente reformador educacional do século XX. Ele ensinou que a educação era muito longa e muito estruturada. Ele queria que os alunos aprendessem por experiência, não por repetição. Essa educação "baseada na experiência" se opôs ao tipo de aprendizado mecânico das "escolas comuns" promovido por Horace Mann.

Talvez ninguém tenha sido mais responsável pela adoção da "educação pública universal" na América do que **Horace Mann** (1796-1859). Mann era um advogado e político que argumentou que a educação pública universal era o caminho para transformar crianças americanas indisciplinadas em cidadãos disciplinados. Ele não tinha experiência em educação.

Em 1837, Mann se tornou o primeiro secretário do Conselho de Educação de Massachusetts. Posteriormente, foi à Europa estudar seus sistemas públicos de ensino. Ele queria que as escolas públicas americanas imitassem o que ele considerava o melhor sistema da época: o sistema educacional da Prússia. A Prússia foi fundada em 1763 por Frederico, o Grande, e na década de 1830, possuía a reputação de produzir com eficiência soldados competentes, mineiros, operários, burocratas e outros "bons cidadãos". Era a educação do estado, pelo estado e para o estado.

As Reformas de Mann introduziram os estudantes americanos ao conceito de serem ensinados em grupos por professores profissionais treinados em escolas especiais (chamadas "escolas normais" na época, ou faculdades de treinamento de professores hoje em dia). As primeiras escolas públicas foram chamadas de "escolas comuns". Sempre que ouço o adjetivo "comum" usado para descrever uma escola, currículo ou projeto do governo, penso nele como uma abreviação de "comunista". Comum é um eufemismo aceitável para a ideologia "comunista" e "coletivista". Mann escreveu em suas Palestras sobre Educação (1850) que escolas comuns existiam para "igualar as condições dos homens."[23]

Alunos de escolas comuns não aprenderam a raciocinar independentemente. Eles foram socializados para se alinhar e andar em grupos, siga sinos cronometrados e participe de equipes, não de esportes individuais. Este era um terreno fértil natural para doutrinação.

O fato das escolas de hoje doutrinarem os alunos não deve nos surpreender. Elas foram projetadas para produzir adultos não pensantes que obedeceriam ao que lhes dissessem. Os alunos foram instruídos por professores que fazem o mesmo - ensinam o que lhes foi dito. Foi assim que as escolas públicas americanas se tornaram campos de doutrinação que atualmente produzem estudantes adequados para empregos burocráticos e lanchonetes.

As reformas de Dewey tentaram mudar o sistema criado por Horace Mann e adotado pela maioria dos estados. Dewey não acreditava que a qualificação mais importante de um bom professor fosse o treinamento dele. De fato, ele disse: "Muitas vezes me perguntam como alguns professores que nunca estudaram a arte de ensinar ainda são professores extraordinariamente bons."[24] Isso não foi uma surpresa para ele.

Antes de Mann, os pais e o clero eram responsáveis pela educação local das crianças. Não havia escola de professores profissionais. E os melhores professores, observou Dewey, eram aqueles que tinham curiosidade intelectual e adoravam aprender. Os alunos se beneficiaram mais desse espírito do que das "normas" de Mann ou de padrões pedagógicos. De 1919 a 1921, Dewey deu quase 200 palestras ao público chinês, que o saudou como o "Segundo Confúcio."[25]

Nosso atual sistema de ensino público nunca se afastou com sucesso do modelo de doutrinação prussiano de professores com pouca experiência no mundo não acadêmico. Ele precisa ser alterado para ser mais prático e transmitir habilidades para a vida. Precisamos incorporar a experiência dos pais e outros líderes, incluindo os religiosos. Isso promoverá o respeito pelos mais velhos e o respeito à religião. Qual a probabilidade das crianças respeitarem os mais velhos e os líderes morais quando suas escolas públicas não os respeitam e não lhes dão um lugar para ensinar?

Nas escolas de direito americanas[26], os acadêmicos precisam ter praticado advocacia antes de se tornarem acadêmicos. Isso é muito melhor do que ser ensinado por professores que foram treinados para serem professores. Se a maioria dos alunos precisa de aprendizado baseado na experiência, então alguns professores precisam de qualificações baseadas na experiência. Este não é o caso na Austrália. Mesmo no nível universitário, poucos acadêmicos de direito têm alguma experiência na vida real como advogado. Eles podem ser excelentes professores ou não. Ninguém está avaliando os acadêmicos quanto às habilidades da vida real e responsabilizando-os pelos resultados de seus alunos.

Mais importante, as informações ensinadas nos livros didáticos precisam ser avaliadas a cada quatro anos e o que é mostrado errado, corrigido com transparência (sugiro uma linha do tempo de correção em um adendo). Algumas coisas precisam de grandes revisões agora, especialmente educação sexual, educação familiar, elementos da ciência, história e economia. O ensino financeiro e informática precisam ser elementos importantes no ensino médio. Mas a educação não está completa sem mais um ensino essencial.

O Ensino Mais Importante

Jesus disse que o Primeiro Mandamento é: "... ame o Senhor seu Deus com todo o seu coração, com toda a sua alma, com toda a sua mente e com toda a sua força." Se queremos amar a Deus, temos que conhecê-lo. A principal maneira de conhecer alguém é através de suas palavras.

Visto que temos uma geração separada de seu Pai Celestial e dos Pais Fundadores, devemos exigir que a Bíblia e a Constituição sejam lidas por todos os alunos que terminam o ensino médio. Como as crianças podem passar por 12 anos de educação e nunca ler a peça de literatura mais importante da civilização inglesa - da civilização ocidental - e nunca ler a constituição de nosso país?

Por causa do mandamento de Deus para amá-lo com nossos corações e nossas mentes, a educação é uma coisa importante a ser escrita na constituição de um país piedoso. No entanto, os Pais Fundadores não fizeram isso. Eles incorporaram sutilmente as referências bíblicas na Constituição dos EUA, na Declaração de Independência e na Declaração de Direitos. Mas eles ignoraram a educação em grande parte porque supuseram que quase todo mundo no país era cristão. A única preocupação que eles tinham era que uma denominação cristã não dominasse sobre outras denominações cristãs. Todas as denominações cristãs devem competir livremente pelos corações e mentes das pessoas. Essa era a mentalidade deles há quase 250 anos.

Eles nunca imaginaram que um dia os líderes da nação se tornariam analfabetos da Bíblia. Eles nunca imaginaram um povo totalmente dado à Internet, mídia social e várias formas de entretenimento. Eles nunca imaginaram que a Primeira Emenda, que afirma que "o Congresso não fará nenhuma lei que diga respeito a um estabelecimento de religião, ou proíba o livre exercício do mesmo", poderia ser distorcida para justificar a exclusão de cristãos e da Bíblia da praça pública.

Eu traria a Bíblia de volta às escolas como fonte primária de ideias emprestadas, não como um texto religioso. É a fonte primária de muitas metáforas na poesia e na literatura. É a principal fonte de leis em nosso sistema judicial. Inspirou movimentos na história e avanços na ciência.

Os alunos devem ler a própria Bíblia como um texto principal, não apenas os comentários sobre ela. A Constituição e a Declaração de Direitos também devem ser lidas na íntegra antes de ouvirem opiniões. As pessoas não sabem o valor da Bíblia ou da Constituição, porque nunca as leram por si mesmas. Não foi ensinado na escola.

O Dr. Benjamin Rush (1745-1813), médico, signatário da Declaração de Independência, fundador da primeira Sociedade Bíblica da América

e tesoureiro da Casa da Moeda dos EUA de 1797-1813, escreveu um minitratado *"Uma Defesa do Uso da Bíblia como um livro escolar"* em 1791. Ele deu doze razões pelas quais a Bíblia deveria ser ensinada nas escolas públicas e não citou uma Escritura até o fim. Ele falou secularmente e apelou aos leitores com raciocínio civil. Os cristãos podem aprender a persuadir o público dessa maneira. Resumo três de suas premissas; nenhuma delas era religiosa:

1. A Bíblia é o melhor livro. Como você pode argumentar contra isso? É o livro mais lido, publicado, traduzido, distribuído e mais influente do mundo. Dr. Rush escreveu,

"Que a Bíblia contém mais conhecimento necessário para o homem em seu estado atual do que qualquer outro livro no mundo."

2. Ler a própria Bíblia é a melhor maneira de entendê-la. Este não é um argumento religioso; é um argumento literário; é um argumento lógico, filosófico. Se é o melhor livro, a melhor maneira de entendê-lo é lendo-o. Dr. Rush: "Que um melhor conhecimento dessa religião [cristianismo] seja adquirido pela leitura da Bíblia do que de qualquer outra maneira."

3. A infância é o melhor momento para começar a aprender a Bíblia. "Esse conhecimento é mais durável e a instrução religiosa mais útil, quando transmitida no início da vida." O melhor momento para aprender a Bíblia é quando você é criança.

Três argumentos simples e lógicos e funcionaram por um longo tempo até o ativismo judicial começar e o tribunal aditar um relatório psicológico contra a Bíblia em 1963. O juiz Clark se referiu ao testemunho dessa testemunha especialista, Dr. Solomon Grayzel, ao dar a opinião do tribunal em *Abington X Schempp*: "...se partes do Novo Testamento forem lidas sem explicação, elas podem ser... psicologicamente prejudiciais à criança..."[27]

Hoje esse tipo de linguagem seria chamado de 'difamação religiosa', mas naquela época o tribunal aceitou isso. Se você trouxer a Bíblia de volta como um livro didático, você não a forçaria mais do que forçaria a química sobre os alunos, ao oferecer aulas de química. Os alunos simplesmente terão exposição ao assunto. Se você devolver a Bíblia, não estabelecerá nenhuma denominação como religião do estado.

Os Benefícios De Ensinar A Bíblia Às Crianças

Em uma carta ao Rev. Jeremy Belknap, de Boston, publicada em *"Ensaios, Literatura, Moral e Filosofia"* em 1798, o Dr. Rush fez uma promessa ousada: que o ensino da Bíblia nas escolas "no decorrer de duas gerações, erradicaria a infidelidade entre nós e tornaria o governo civil raramente necessário em nosso país." Em outras palavras, é a única maneira de manter um governo limitado!

Existem exemplos históricos de nações que ensinam a Bíblia aos filhos. Quando a nação judaica obedeceu ao mandamento de ensinar às crianças a Bíblia, conforme contida no "Shemá" ou Deuteronômio 6:4-9, tornou-se o reino mais glorioso do Oriente Médio. O Primeiro Templo era uma maravilha arquitetônica do mundo antigo. Líderes estrangeiros iam ouvir a sabedoria de Salomão.

Esse processo de educação bíblica que leva a um grande progresso se repetiu muitas vezes. Como o Dr. Rush observou em *"Uma defesa do uso da Bíblia como um livro escolar"*: "Mas os benefícios de um conhecimento inicial e geral da Bíblia não estavam confinados à nação judaica; eles apareceram em muitos países da Europa desde a Reforma. A indústria e os hábitos de ordem que distinguem muitas das nações alemãs são derivados de suas primeiras instruções nos princípios do cristianismo por meio da Bíblia. Na Escócia e em partes da Nova Inglaterra, onde a Bíblia há muito tempo é usada como livro escolar, os habitantes estão entre os mais esclarecidos em religiões e ciências, os mais rígidos em termos morais e os mais inteligentes nos aspectos humanos dentre as pessoas cuja história chegou ao meu conhecimento na superfície do globo."

Essa é uma maneira longa e bonita de dizer que os alemães ensinaram

a Bíblia aos filhos - por isso se tornaram tão inteligentes e acabaram produzindo líderes mundiais em invenções e descobertas científicas.[28] Lembre-se de que antes do cristianismo, os romanos costumavam chamar o povo germânico de "bárbaros". Após a Reforma Protestante de 1517, a Bíblia foi ensinada ao plebeu em sua própria língua, e tudo mudou.

Desde então, a Alemanha sofreu ataques ao cristianismo de intelectuais, filósofos e psicólogos sem Deus. Os benefícios de uma sociedade cristianizada permaneceram, mas a moral cristã foi corroída. Algumas pessoas imorais usaram a tecnologia avançada da Alemanha para iniciar a Segunda Guerra Mundial.

Os Pais Fundadores foram a maior geração da América, e eles eram as pessoas mais alfabetizadas na Bíblia. Como Alex Newman afirmou: "A educação sem a Bíblia e Deus não seria apenas inconcebível para essas pessoas, mas ultrajante, se não um oxímoro."[29] Seus escritos são infundidos nas Escrituras e na cosmovisão cristã. O segundo presidente John Adams disse: "Suponha que uma nação em alguma região distante deva usar a Bíblia como seu único livro de leis, e cada membro deve regular sua conduta pelos preceitos da Bíblia! Que utopia, que paraíso, seria essa região."

O Terceiro Grande Despertar

2019 viu o surgimento do ensino bíblico como um tópico educacional. Em 2019, seis leis de ensino bíblico foram introduzidas na Flórida, Indiana, Missouri, Dakota do Norte, Virgínia e Virgínia Ocidental. Essas propostas dos legisladores incentivam as escolas públicas a oferecer aulas eletivas sobre o significado literário e histórico da Bíblia.[30]

"A Bíblia é parte integrante da nossa sociedade e merece um lugar na sala de aula", disse o representante Republicano do estado, Aaron McWilliams, de Dakota do Norte, co-patrocinador de um projeto de lei que exigiria que as escolas públicas do estado oferecessem uma opção eletiva de estudo da Bíblia.[31]

Em 2018, três projetos de ensino bíblico foram considerados no Alabama, Iowa e Virgínia Ocidental, mas nenhum foi aprovado.

Em junho de 2017, o governador do Kentucky, Matt Bevin, assinou uma lei de estudos bíblicos. "Se você acredita que a Bíblia é a palavra de Deus ou se é uma ficção completa, não pode negar o impacto que teve sobre nossa cultura", disse um coautor do projeto, representante Republicano do estado de Kentucky, D.J. Johnson.[32]

Por que Não Ensinamos A Bíblia?

A ACLU se opõe a tais projetos de educação que, criticam, podem obscurecer ou cruzar a linha entre a separação de igreja e estado. O governador do Kentucky, Bevin, defendeu a nova lei do estado: "A ideia de que não queremos que isso seja uma opção para as pessoas na escola seria loucura. Não sei porque todos os estados não aceitariam isso, porque nós, como nação, não aceitaríamos isso."[33]

Mas a pressão política bem financiada funciona. Apesar da

aprovação da nova lei de Kentucky, um conselho de oito membros da Anderson County High votou por unanimidade contra a oferta de um curso de ensino bíblico por questões legais. Em vez disso, eles oferecerão um curso de Religiões Mundiais. O diretor da escola, Chris Glass, disse: "Também estou preocupado com a responsabilidade constitucional de um curso como este. Frequento a igreja aos domingos, mas ao mesmo tempo entendo que temos limites constitucionais. A separação entre igreja e estado desempenha um papel no que fazemos na escola."[34]

Esta é uma leitura errada da Cláusula de Estabelecimento da Primeira Emenda, que proíbe o governo federal de estabelecer uma religião oficial. Não proíbe estados individuais de estabelecer ou promover uma religião. Certamente não proíbe as escolas públicas de ensinar a Bíblia, que tem sido a norma na América há duzentos anos.

Kentucky é 76% cristão, 49% dos quais são protestantes evangélicos. A Bíblia é importante para a maioria dos residentes. Por que suas vozes deveriam ser silenciadas por uma minoria antirreligiosa?

A Suprema Corte decidiu consistentemente que a religião pode ser ensinada em escolas públicas, mas muitos professores estão assustados devido a pressões legais ou sociais. Essa é uma forma de perseguição religiosa que precisa ser interrompida com um esclarecimento da Primeira Emenda ou um projeto de lei educacional que poderia ser chamado de "Lei de Proteção à Herança Cristã."

E os ateus que acreditam: "A religião não deve ser ensinada na escola"? Eles têm direito a sua opinião e devem exercitá-la não optando por fazer a aula de Ensino Bíblico. É por isso que é eletiva.

Contudo, proponho que seja obrigatório que todos os alunos aprendam sobre a Bíblia como parte da aula de história e de educação cívica ocidental. A importância e o papel da Bíblia na fundação da América são um fato histórico e devem ser protegidos e promovidos. A Bíblia influenciou a redação da Declaração de Independência e outros documentos fundadores. Não serve a um propósito educacional, mas a uma ideologia política, apagar o cristianismo da memória de estudantes, livros didáticos e currículos escolares.

Como tuitei em 24 de janeiro de 2017, "A história é a memória de uma cultura. Sem história verdadeira, uma cultura perdeu sua memória e inevitavelmente sua mente."[35]

David Barton disse: "A questão é que muitas escolas não oferecem cursos de ensino bíblico porque pensam que não podem legalmente. Estamos dizendo: 'Bem, sim, você pode.'"[36]

O professor John Gresham Machen, do Seminário Teológico de Princeton, foi citado nos debates do Senado em 1926: "Se a liberdade não é mantida em relação à educação, não adianta tentar mantê-la em qualquer outra esfera. Se você der aos burocratas as crianças, é melhor dar-lhes todo o resto."[37]

Alex Newman, coautor de *"Crimes dos educadores"*, documentou a história da educação americana: "A concepção moderna de 'separação de igreja e estado' era completamente estranha aos fundadores puritanos, que lançaram as bases para o que acabaria se tornando os Estados Unidos da América. Para eles, o estado era uma instituição divina ordenada por Deus encarregada de cumprir os mandamentos de Deus - principalmente punir o mal, conforme definido por Deus. E é por isso que eles acharam apropriado usar a igreja e o estado - instituições inseparáveis, em sua mente - para educar as crianças."[38]

Porque amar a Deus é o primeiro mandamento citado por Moisés e Jesus, e esse mandamento é imediatamente seguido por "ensine seus filhos". Acredito que a última parte seja uma extensão do primeiro mandamento ou o segundo mandamento mais importante.

Portanto, se houvesse apenas uma lei sobre a qual todos os cristãos deveriam concordar que devíamos lutar para mudar, acredito que é remover a proibição da Bíblia e consagrar o ensino bíblico na Constituição. Eu sugeriria que todos os cristãos se unissem a essa política como algo em que todos podemos concordar, independentemente da denominação, e como algo que mudará a nação.

Vamos obedecer à sabedoria do Senhor e ensinar a Bíblia a nossos filhos como um livro-fonte principal em todas as escolas. É isso que todos os cristãos devem pedir aos seus legisladores. Não estamos pedindo uma religião estatal. Estamos pedindo o fim da censura da Bíblia.

Os líderes piedosos devem introduzir uma emenda constitucional para proteger a herança cristã da América, assim como a Hungria. O primeiro-ministro húngaro Viktor Orbán, ao abordar a segunda Conferência Internacional sobre Perseguição Cristã em Budapeste em novembro de 2019, disse: "Os húngaros acreditam que os valores cristãos levam à paz e à felicidade, e é por isso que nossa Constituição declara que a proteção do cristianismo é uma obrigação do Estado húngaro. Obrigando-nos a proteger as comunidades cristãs em todo o mundo sofrendo perseguição."[39]

Para apoiar as palavras com ação, em 2017, o governo do primeiro-ministro Orbán elevou a "Ajuda aos Cristãos Perseguidos" ao nível de ministério do governo e criou a "Ajuda da Hungria" para ajudar as comunidades cristãs que estão sofrendo perseguição. "Defender nossos irmãos e irmãs perseguidos gera coragem em nós mesmos e nos outros", disse Orbán.[40]

Os Estados Unidos devem agora acabar com a proibição da Bíblia em locais públicos. Os americanos não devem mais tolerar restrições contra crianças que leem a Bíblia nas escolas. Isso não apenas mudará a América, mas salvará a América.

13

CONCLUSÃO: TRÊS PASSOS PARA OS LEITORES

★ ★ ★ ★ ★

$\mathcal{N}$o Discurso sobre o estado da União do presidente Trump em 2020, ele prometeu às famílias das vítimas feridas e mortas por estrangeiros ilegais: "Não descansaremos até que vocês tenham justiça. Peço ao Congresso que aplique a Lei de Justiça para Vítimas de Cidades Santuários imediatamente. Os Estados Unidos da América devem ser um santuário para os americanos cumpridores da lei - não para estrangeiros criminosos!"[1]

Os problemas e vitórias de Trump sempre estarão centrados na questão da justiça. É a época divina da justiça de Deus. O livro que você tem em suas mãos faz parte de um movimento global de despertar os crentes para a justiça divina. Deus iniciou um reavivamento de bênçãos pessoais décadas atrás, mas agora chegou a hora da salvação nacional. Talvez você tenha sido atraído por este livro porque o Senhor está chamando você para fazer parte do que Ele está fazendo para aumentar a justiça e a paz na Terra.

Grande parte da igreja está dividida. Embora a maioria dos frequentadores da igreja vote em Republicanos, uma parcela significativa também vota nos Democratas. Uma porcentagem ainda menor de votos independentes. Contudo, nem todos os cristãos votam e, dentre os que votam, nem todos são guiados por suas crenças ou por objetivos claros e cristãos.

Nosso mandato é ser a instituição moral da nação, então nossa mensagem não está dizendo à Igreja como votar ou apoiar Donald Trump. Estamos dizendo: "Acredite na Bíblia. Saiba o que a Bíblia diz sobre o bom governo e nossa responsabilidade de garantir a liberdade em nossa nação." Para esse fim, há três coisas que eu convido você a fazer agora para avançar neste movimento em direção a um Terceiro Grande Despertar:

1. **Você daria 10 cópias deste livro a todos os líderes que conhece?** Não importa se são cristãos ou não. Dê um a cada professor de história e educação cívica. Dê um a cada congressista, senador e pastor. Se puder, dê um a Kim Jong Un na Coréia do Norte. Dê um a Mike Pence e outro à família Trump. Dê um a Benjamin Netanyahu e Benny Gantz em Israel. Dê um a Rodrigo Duterte e Manny Pacquiao, nas Filipinas. Dê um a Viktor Orbán, da Hungria, e Andrzej Duda, na Polônia. Dê um a todos que são chamados para fazer a diferença em seu círculo.

Todo reformador se torna inimigo dos políticos de carreira e dos estabelecimentos corruptos. É por isso que os reformadores precisam de um plano. Não precisa ser complicado. Mas precisa ser sobre mais de um problema.

Muitos cristãos na América foram rotulados como "eleitores de uma questão", o que significa que eles se concentram apenas em uma única causa. Isso desanima especialmente jovens e eleitores cristãos que se preocupam com outras questões da justiça. Algumas crises exigem que os cristãos se esforcem para fazer um esforço conjunto em torno de uma única causa, como escravidão, aborto ou antissemitismo. Mas não acredito que possamos ganhar eleições ou corações no futuro, sendo uma igreja de uma só causa apoiando a política de uma só causa. Quando não podemos convencer alguém a vir para o lado de Deus em uma questão, mesmo que possamos estar totalmente convencidos de que estamos certos e que eles estão errados (os pró-vida obviamente se sentem assim), não há razão para desistir: nós temos pelo menos nove outras questões centrais. É por isso que este livro contém 10 grandes reformas que Deus colocou em sua própria agenda - qualquer uma das quais poderia ajudar a guiar um reformador à vitória.

Você sabia que os Democratas estavam no comando do Congresso praticamente sem interrupções entre 1933 e 1995? (Explica muitas coisas sobre as mudanças sísmicas para a esquerda na cultura, nas escolas e na política americana). A primeira reversão ocorreu com Newt Gingrich e o contrato de Dick Armey com a América em 1994. Lembro-me bem disso. Os Republicanos criaram um plano claro que todos podiam entender.

Eles prometeram que se o povo norte-americano os tornasse o partido majoritário na Câmara dos Deputados, eles votariam em oito reformas operacionais no primeiro dia do Congresso e votariam em dez projetos de reforma importantes dentro de 100 dias. Uma reforma operacional foi "exigir que todas as leis que se aplicam ao resto do país também se apliquem ao Congresso". Dois desses projetos de reforma política foram "A Lei de Responsabilidade Pessoal", desencorajando a gravidez ilegítima e adolescente e "A Lei de Reforma Legal do Bom Senso", desencorajando ações frívolas por meios como "o perdedor paga" e limitando o valor do pagamento punitivo pela responsabilidade pelo produto. Funcionou. Os Republicanos reconquistaram o Congresso pela primeira vez em 40 anos. (Infelizmente, o presidente Democrata Bill Clinton vetou muitos desses projetos que o povo queria e o Congresso aprovou).

É uma fórmula simples: a reforma anticorrupção sempre cria inimigos. É por isso que os reformadores precisam de nossas orações diariamente e receber este livro que lhes apresenta uma atualização moderna de um modelo antigo para governar e erradicar a corrupção - ou como o presidente Trump diz: "Drenagem do pântano".

2. Você oraria pelo menos dez minutos por dia pelo ressurgimento da justiça bíblica e pelo Terceiro Grande Despertar nos EUA? Como a América vai, o mesmo acontece com o mundo livre. A América é muito importante. Como devemos pedir ao Senhor?

O Livro dos Salmos é uma coleção de orações inspiradas. Eles estão cheios do tema dos justos chamando justiça. Somente se você for justo, poderá permanecer no fogo da justiça divina.

Certifique-se de que você é justo em Cristo, caminhando em amor e perdão para com todos, para que Deus possa usá-lo como agente de Sua justiça.

Salmo 37:28

Pois o Senhor ama quem pratica a justiça, e não abandona os seus fiéis. Estes serão resguardados para todo o sempre, mas a descendência dos ímpios será exterminada.

Se você não tem certeza de como orar e gostaria de fazer uma simples oração pelo perdão dos pecados, e depositar sua confiança no Salvador, diga isso em voz alta a Deus:

"Querido Deus, por favor, perdoe-me pelos meus erros e pecados. Arrependo-me por magoá-lo e violar seus mandamentos. Obrigado por enviar Seu Filho Jesus para me redimir, morrer na cruz para pagar pelos meus pecados e ressuscitar dos mortos. Jesus derrotou meus inimigos - morte, inferno e diabo. Então, confio em Jesus para me salvar e me dar a vida eterna. Obrigado por me receber na Família de Deus. Em nome de Jesus eu oro, amém."

Se você quiser saber mais sobre o tema da justiça bíblica, assine minhas atualizações para receber notificações de livros de acompanhamento e materiais de ensino. Não vendemos suas informações a terceiros e não enchemos sua caixa de entrada. Somente notícias importantes: www.discover.org.au/subscribe

3. Você pode organizar uma turnê de palestras em seu país?

"Assim, a fé vem pelo ouvir, e ouvir a palavra de Cristo."[2] As pessoas precisam ouvir, não apenas ler. "Considerando que, na sabedoria de Deus, o mundo não o conheceu por meio da sabedoria humana, foi do agrado de Deus salvar os que creem por intermédio da loucura da proclamação da sua mensagem."[3] Nada se espalha como o boca a boca. Nada transforma o coração das pessoas com mais rapidez e eficiência do que um evento ao vivo. Você pode entrar em contato com o Ministério Discover para verificar a disponibilidade de nossa equipe para um evento de palestras. Ao longo de vinte anos, ensinei sobre grande variedade de tópicos cristãos. Os temas comuns para despertar o interesse em seu evento organizado são: "Despertar do fim dos tempos", "Atualização profética" e "Justiça bíblica". Por favor, use este formulário para mais informações: www.discover.org.au/invite

Deus está procurando agentes de justiça. No momento, Donald Trump e Mike Pence são os agentes de Deus. Qualquer um que não estivesse convencido antes sobre Trump, deveria estar convencido agora por suas políticas pró-vida, pró-Cristo e pró-cristãs. Quando conheci Steven Rogers, presidente da *Coalizão Vencedora Americana* e membro do *Conselho Consultivo da Campanha 2020* do presidente Trump, perguntei se ele tinha conhecimento pessoal da fé cristã do presidente. Rogers foi um dos poucos agentes políticos que falou com convicção sobre isso:

> "Uma coisa que eu pude confirmar é que ele é um homem de Deus. Ele absolutamente acredita que o Senhor o guiou para onde ele está. Ele ora. Eu sei disso. Ele está cercado por bons pastores cristãos. Franklin Graham, por exemplo. Darrell Scott é outro exemplo.
>
> Eu estive na Casa Branca, onde o vi orar e receber as orações. Eu já vi isso. Lembro-me de que, alguns natais atrás, minha esposa e eu estávamos na Casa Branca, ele e Melania saíram e ficaram atrás do pódio e ele disse: 'Antes de fazermos alguma coisa nesta casa, vamos orar'. E ele apontou em direção ao teto e ele disse: 'Eu sei que há um Deus acima e não posso fazer esse trabalho sem a ajuda dele.'"[4]

Os cristãos que julgaram o presidente por seu passado deveriam agradecer a Deus porque ele é um homem transformado - Deus acredita na redenção! Mas, um dia, os dois líderes atualmente na Casa Branca terão desaparecido. A igreja ainda estará aqui. Devemos continuar com a agenda divina de 10 pontos até que o Senhor venha.

Cada uma das dez profecias ou princípios que demos ao Presidente Trump é seu próprio aulão sobre bom governo, um aulão sobre política ungida. Juntos, eles formam o modelo bíblico do que um homem justo faria quando estivesse no poder.

Se ele é capaz disso ou não, isso depende dele e de Deus. Ele terá que se ajoelhar, orar e confiar em Deus para que cada um desses princípios seja implementado, porque as hordas do inferno trabalharão contra ele.

A boa notícia é que a política está a jusante; a igreja está a montante. Somos chamados a liderar nossa nação no arrependimento, na oração, na propagação da verdade, na cura e na administração da justiça. É hora de pregarmos o Evangelho completo da retidão e da justiça e seguirmos a orientação do Espírito Santo para trazer cura e unidade à nação. Os cristãos devem perceber que não teremos unidade até que um segmento considerável da Igreja esteja de acordo com a Bíblia. Agora, temos tantas coisas em queda.[5] Temos apostasia na Igreja, que se tornou como Laodicéia (Apocalipse 3). Para esta igreja, representando profeticamente alguns frequentadores da igreja na última geração, Jesus disse:

> **"Conheço seus trabalhos, que você não é frio nem quente. Eu gostaria que você fosse frio ou quente. Então, porque você é morno, e não frio ou quente, o vomitarei da minha boca."[6]**

Qualquer um que ouvir essas palavras deve se arrepender e orar para que os líderes piedosos governem. Existem denominações cujos líderes principais da igreja não acreditam mais na inspiração e inerrância da Bíblia. Acreditar que Deus pode escrever um livro está se tornando uma questão do fim dos tempos!

Não temos uma agenda política para a Igreja. Temos uma agenda espiritual para a Igreja. Depois que a Igreja entender a justiça no contexto de como os Dez Mandamentos de Deus se aplicam aos nossos tempos modernos, ela perceberá o que está acontecendo na profecia do fim dos tempos.

Conhecemos o futuro porque sabemos que Deus é justo. Ao abordarmos a consumação do plano de Deus, haverá um aumento de Sua justiça na Terra.

"Afinal, um menino nos nasceu, um filho nos foi concedido, e o governo está sobre os seus ombros... As bases do seu governo serão a verdade e a justiça, desde agora e para sempre..." [7]

A profecia está prevendo a justiça de Deus com base na natureza do amor e da equidade de Deus. Justiça é profecia.

NOTAS

PREFÁCIO

1. PREFÁCIO
   Isaías 9:6.
   A VERDADE SOBRE TRUMP

1. A VERDADE SOBRE TRUMP

1. Moody, Chris, "Trump in '04: 'Eu provavelmente me identifico mais como Democrata'," CNN. 22 julho de 2015, https://edition.cnn.com/2015/07/21/politics/donald-trump- election-democrat/index.html
2. Veja as profecias de Isaías 150 anos antes de Ciro se tornar rei da Pérsica. Isaías 44:28 "That saith of Cyrus, He is my Shepherd, and shall perform all my pleasure..." Isaías 45:1 "This saith the LORD to his anointed, to Cyrus, whose right hand I have holden..." Ciro reconheceu a importância dos judeus, Jerusalém e o Templo, e ajudou o povo de Deus a cumprir seu destino. Sem Ciro, Jesus não teria andado e ensinado no Templo durante sua primeira vinda.
3. Romanos 13:4
4. Davis, Sean, "Intel Community Secretly Gutted Requirement Of First-Hand Whistleblower Knowledge," The federalist, 27 de setembro de 2019, https://thefederal-ist.com/2019/09/27/intel-community-secretly-gutted-equirement-of-first- hand-whistleblower-knowledge/
5. Barton, David, "Restraining Judicial Activism", Wallbuilder Press, 2003 (digital).
6. Lei Vencedora de Deus, https://tvtropes.org/pmwiki/pmwiki.php/Main/GodwinsLaw
   2. DESPERTA AMÉRICA

2. DESPERTA AMÉRICA

1. Ferguson, Niall, "O mundo; Por que a América ultrapassa a Europa (Pista: O fator Deus", The New York Times, 8 de junho de 2003, https://www.nytimes.com/2003/06/08/weekinreview/the-world-why-america-outpaces-europe- clue-the-god-factor.html
2. Ezequiel 38-39
3. Apocalipse 16:16
4. Shear, Michael, "Se G.O.P. Perda de controle sobre o Congresso, Trump adverte, Democratas promovem mudanças "rápida e violentamente", The New York Times (28 de Agosto de 2018), https://www.nytimes.com/2018/08/28/us/politics/trump-evangelical- pastors-election.htm
5. A sabedoria de Salomão foi exemplificada no julgamento das duas mães lutando

pelo filho em 1 Reis 3. Foi registrado no livro de Provérbios e citado por Jesus em Mateus 12:42. 1 Reis 4:29-31 diz "Deus concedeu a Salomão generosa porção de sabedoria e entendimento; uma capacidade de discernimento muito além do normal, e conhecimentos tão abrangentes e profundos que não podiam ser medidos. 30A sabedoria divina outorgada a Salomão era maior do que a de todos os homens do Oriente, e maior do que toda a sabedoria do Egito. 31Salomão era mais sábio do que qualquer ser humano..."

6. Um dos títulos judeus de Messias é "Romper" (Perez) de Gênesis 38:29 e Miquéias 2:13. O poder de romper ou reinterpretar a Bíblia é uma das marcas do Messias no pensamento rabínico. Ele será hábil para tornar tudo claro. Ele até será hábil para fazer com que o que não está claro fique claro. O Rabino Shapira escreveu em seu livro "The Kosher Pig" (O porco Kosher) que ele veio para reconhecer o Messias através de tais Escrituras Judaicas, "A implicação deste verso [Miquéias 2:13] é que o Messias irá 'expandir' e até desafiar o Judaísmo normativo trazendo renovo real e entendimento da Torah.".

7. Barton, David, "Sabedoria na Constituição", http://www1.cbn.com/wisdom- in-the-constitution (12 de abril de 2019).

8. 1 Reis 22: Quando edificares uma casa nova, farás um parapeito em torno do terraço, para que não tragas sobre a tua casa a culpa pelo derramamento de sangue inocente, caso alguém caia do terraço!" (Veja Isaías 30:10, Jeremias 11:21, Amós 2:12, 7:13-16).

9. Esta é explicação simplificada dos Fariseus que eram divididos em duas facções no tempo de Jesus: a Escola de Shammai e a Escola de Hillel. Os seguidores de Shammai eram mais rigorosos em sua aplicação da Lei, ao passo que os de Hillel eram mais flexíveis. Os discípulos mais liberais de Hillel não tinham regras do Judaísmo até depois da destruição do Segundo Templo.

10. Isaías 33:22 (Pois Yahweh é o nosso Juiz, o SENHOR é nosso Legislador, o Eterno é o nosso Rei; é ele que nos vai salvar)

11. Veja o DVD de Steve Cioccolanti com o título "Como Judeus & Cristãos Interpretam a Bíblia de maneira diferente", disponível em www.discover.org.au/bookshop

12. Rohde, David, "Uma realização exagerada de Trump digna de aplauso" (19 de março de 2019), The New Yorker 13.

13. Provérbios 11:14, 15:22, 24:6.

14. McDowell, Stephen, "Justiça igualitária da Lei de Deus: Construindo Nações com a visão da Palavra de Deus", Providential Perspective Book, 2010 (digital).

3. 10 ELEIÇÕES, IMIGRAÇÃO & LIMITES DE FRONTEIRAS

3. 10 ELEIÇÕES, IMIGRAÇÃO & TERMO DE FRONTEIRAS

1. Smartmatic, Wikipedia, https://en.wikipedia.org/wiki/Smartmatic

2. Veja o Volume 1 dos meus livros "O CÓDIGO DIVINO: Uma enciclopédia profética dos números, Vol 1 & 2" para mais em as 7 Leis de Noé. Elas NÃO são um reconhecimento de que o sinédrio dos dias modernos tem poder legal sobre os gentios. Eles são um testament antigo das leis de Deus operando bem antes do tempo d Moisés.

3. Barton e Garlow, "Este momento precário: Passos urgentes que irão salvar você, sua família e nosso país", Salam Books, 2018. (Digital)

4. McMaken, Ryan, "Suíça proíbe beneficiários de programas sociais de receberem cidadania", The Mises Institute (11 de janeiro de 2018), https://mises.org/power-market/switzerland-bans-welfare-recipients-obtaining-citizenship

5. Ibid.

6. "Divórcio ou morte: direito dos cônjuges estrangeiros e crianças de permanecerem na Suíça", https://www.ch.ch/en/right-to-reside-in-switzerland-after- death-or-divorce/

7. Tüscher, Adrian, "Imigração suíça: novos requerimentos de linguagem", KPMG (21 de fevereiro de2019), https://home.kp-mg/ch/en/blogs/home/posts/2019/02/swiss-immigration-language-requirements.html

8. Em 2017, 2018 e 2019. "Ranking geral de melhores países", https://www.us-news.com/news/best-countries/overall-rankings

9. Smith, Michael W., "Os sacrifícios feitos pelos signatários da Declaração", (4 de julho de 2015) https://michaelwsmith.com/2015/07/04/the-sacrifices-made-by-the-declaration-signers/

10. Baseado em Números 35, Deuteronômio 4 e 19, Josué 20-21, estas eram cidades Levíticas onde perpetradores de homicídio culposo acidental podiam pedir asilo e encontrar refúgio. As seis cidades de refúgio na Bíblia são: Golã, Ramote, e Bezer (a leste do Rio Jordão); e Quedes, Siquém, e Hebron (a oeste do Rio Jordão). Estas eram diferentes das "cidades santuário" americanas, que são cidades liberais que violam a lei federal, mantendo o ICE de fora e protegendo imigrantes ilegais e sem documentos.

11. Glöckner, Andreas, "O efeito da fome irracional dos juízes revisto", (novembro de 2016), http://journal.sjdm.org/16/16823/jdm16823.html

12. https://www.youtube.com/watch?v=PYbjU--zIdk

13. "Quanto custo se tornar presidente?", Investopedia (25 de junho de 2009), https://www.investopedia.com/insights/cost-of-becoming-president/

14. De $4.5 bilhões a $3.1 bilhões. Walsh, John, "Trump caiu 138 posições na lista dos mais ricos da América", Business Insider (28 de outubro de 2018), https://www.-businessinsider.com.au/trump-forbes-wealthiest-people-in-the- us-list-2018-10

15. Carlson, Tucker, "Como Maxine Waters comprou uma mansão de US $ 4,3 milhões?", Fox News (5 de julho de 2017), https://video.foxnews.com/v/5493622538001

4. 9 DECLARAÇÃO DE DIREITOS DIGITAIS, BIG TECH & FAKE NEWS

4. 9 DECLARAÇÃO DOS DIREITOS DIGITAIS, BIG TECH & FAKE NEWS

1. Rabbi Kantor, Mattis, "Codex Judaica: Índice Cronológico da História Judaica", Zichron Press, New York, 2005.

2. CNN Transcript, CNN's Amanpour, "Discurso de Mueller ao Congresso", 24 de julho de 2019, http://edition.cnn.com/TRANSCRIPTS/1907/24/ampr.02.html

3. "Assista: Questionamento complete da Republicana Debbie Lesko a Mueller | Testemunho de Mueller", 24 de julho de 2019, https://youtu.be/Y6CYXdspaBY

4. Quantas Pessoas Lee Kuan Yew processou em sua vida?, Quora, 2 de maio de 2015, https://www.quora.com/How-many-people-did-Lee-Kuan-Yew-sue-throughout-his-life

5. Husock, Howard, "A radiodifusão pública não deve mais receber apostilas dos

contribuintes",17 de março de 2017,https://www.washingtonpost.com/posteverything/wp/2017/03/17/public-broadcast-has-outlived-its-mandate-time-to- justify-its-government-subsidy/

6. Ibid.
7. Roberts, Michael, "Porque precisamos de barreiras mais baixas para reparar a difamação da Internet", Googliath, 5 de dezembro de 2018, https://www.googliath.org/we-need- lower-barriers-for-relief-from-internet-defamation/
8. Ibid.
9. Ibid.
10. Ibid.
11. Santariano, Wakabayashi e Kang, "Trump acusa o Google de enterrar notícias conservadoras nos resultados de pesquisa", New York Times, 28 de agosto de 2018, https://www.nytimes.com/2018/08/28/business/media/google-trump-news-results.html
12. Zimmermann, Augusto, "Por que o Facebook censura uma conferência sobre cristianismo e liberdade religiosa?", 9 de abril de 2019, https://www.spectator.com.au/2019/04/why-is-facebook-censoring-a-conference-on-christianity-and-religious-freedom/
13. Cioccolanti, Steve, "Carta aberta ao presidente DONALD TRUMP: Como quebrar o Google, Facebook, Twitter e outros gigantes da tecnologia", Newswars, 18 de setembro de 2018, https://newswars.com.au/google-break-up-facebook-social-media- bias-open-letter-president-trump-jeff-sessions-steve-cioccolanti/
14. Elliott, Larry, "É hora de acabar com as gigantes da tecnologia como o Facebook?", The Guardian, 25 de março de 2018, https://www.theguardian.com/business/2018/mar/25/is-it-time-to-break-up-the-tech-giants-such-as-facebook
15. Cioccolanti, Steve, "Carta aberta ao presidente DONALD TRUMP: Como quebrar o Google, Facebook, Twitter e outros gigantes da tecnologia", NewsWars, 18 de setembro de 2018, https://newswars.com.au/google-break-up-facebook-social-media- bias-open-letter-president-trump-jeff-sessions-steve-cioccolanti/
16. Google Espanha X Agência Espanhola de Proteção de Dados, Harvard Law Review, 10 de dezembro de 2014, https://harvardlawreview.org/2014/12/google-spain-sl-v-agencia-espanola-de-proteccion-de-datos/
17. Heilweil, Rebecca, "O quão perto os EUA está do direito de ser esquecido?", Forbes, 4 de março de 2018, https://www.forbes.com/sites/rebeccaheilweil1/2018/03/04/how-close-is-an-american-right-to-be-forgotten/#7718c076626e
18. Roberts, Michael, "Porque o Google classifica o conteúdo negativo como mais alto pelo investigador particular Michael Roberts, da Rexxfield", YouTube, 2 de maio de 2012, https://www.youtube.com/watch?v=tMTCCT_NtBk
5. 8 SOCIALISMO & DRENAGEM DO PÂNTANO FINANCEIRO

5. 8 SOCIALISMO & DRENAGEM DO PÂNTANO FINANCEIRO

1. Young, Jamie, "Os Impostos Mais Estranhos Na América", https://www.gobankingrates.com/taxes/filing/weird-us-state-taxes/amp/
2. Deuteronômio 15:6
3. A Bíblia permite os crentes emprestarem, então assume que ao outro lado é permitido tomar emprestado. O propósito e capacidade de pagar a quem

emprestou são importantes problemas a considerar. Empréstimo para comprar luxo e passivos é geralmente um passo para trás; empréstimo para investor em ativos ou negócios é geralmente um passo a frente. A Bíblia é contra emprestar com juros exorbitantes, e pegar emprestado quando você é incapaz de pagar no prazo.

4. A Emenda ou Projeto de Lei do Orçamento Equilibrado inicial foi aprovado, o melhor que funciona. Os californianos votaram e aprovaram o Ato de Orçamento Equilibrado da Califórnia em 2004. Entretanto, os gastos excessivos têm sido um problema há anos e o déficit continuous a crescer. Como o de 2015, o estado e governantes locais deviam US$1.3 trilhão.

5. "Senador John Cornyn disse que 49 estados tem uma Emenda de Orçamento Equilibrado em suas constituições estaduais", Politifact, 25 de dezembro de 2010, https://www.politifact.- com/texas/statements/2010/dec/25/john-cornyn/sen-john-cornyn-says-49- states-have-balanced-budget/

6. Moore, Stephen, "Quem equilibra o orçamento?", Cato Institute, 7 de agosto de 1997, https://www.cato.org/publications/commentary/who-balanced-budget

7. Collin, Dorothy, "Regan assina projeto de lei para equilíbrio do orçamento", Chicago Tribune, 13 de dezembro de 1985, https://www.chicagotribune.- com/news/ct-xpm-1985-12-13- 8503260303-story.html

8. Moore, Stephen, "Quem equilibra o orçamento?", Cato Institute, 7 de agosto de 1997, https://www.cato.org/publications/commentary/who-balanced-budget

9. Gregory, Andy, "Mais de um terço dos millennials aprova o comunismo, indica a votação no YouGov", The Independent, 8 de novembro de 2019, https://www.indepen- dent.co.uk/news/world/americas/us-politics/communism-millennials- capitalism-socialism-bernie-sanders-cold-war-yougov-a9188116.html

10. Gstalter, Morgan, "7 em 10 millennials dizem que votariam em um socialista: votação", The Hill, 28 Oct 2019, https://thehill.com/homenews/cam-paign/467684-70-percent-of-millennials-say-theyd-vote-for-a-socialist-poll

11. Alguns comentaristas argumentam que os Jubileu era apenas para a terra de Israel, em parte, eles estão certos. Devido a divisão da terra em 13 tribos distintas durante o tempo de Josué, era mais fácil localizar o dono da terra, para devolver a terra à sua família "original". Mas eles também estão esquecendo o ponto: Israel serve como um modelo de nação para o restante do mundo.

12. Crews, Clyde, "Trump excede as metas individuais de corte de regulamentos, mas pode estar ficando mais difícil", Forbes, 23 de outubro 2018, https://www.forbes.-com/sites/waynecrews/2018/10/23/trump-exceeds-one- in-two-out-goals-on-cutting-regulations-but-it-may-be-getting- tougher/#5788946a3d40

13. Max Keizer é conhecido por suas analogias financeiras, mas não é totalmente preciso. O Titanic levou mais de duas horas para afundar, mas estava realmente condenado no momento em que bateu no iceberg. O projetista do navio, Thomas Andrews, estava a bordo do navio e sabia que era esse o caso quando cinco compartimentos inferiores estavam ficando cheios de água. Ele deu as más notícias ao capitão Edward Smith e o convenceu a começar a abandonar o navio imediatamente e a enviar sinais de socorro. Isso provavelmente salvou centenas de vidas. Andrews e Smith morreram com o Titanic.

14. "O Sistema de Licenciamento," Australian National University, https://slll.cass.anu.e- du.au/centres/andc/licensing-system

15. Ibid.

16. Ibid.

17. Davis, Miranda, "No dia do prazo para o USDA, poucos trabalhadores se realocam

para KC", Kansas City Business Journal, 1 de outubro de 2019, https://www.-
bizjournals.- com/kansascity/news/2019/10/01/usda-relocation-kansas-city.html

18. Bouleanu, Anne, "EUA: Uma história das greves dos professores de Chicago", Al
Jazeera, 1 de novembro de 2019,
https://www.aljazeera.com/news/2019/10/history-chicago-teacher- strikes-
191031222319933.html

19. Katz, Eric, "Departamento do Interior entrega centenas de notificações de
realocação para funcionários", Government Executive, 12 de novembro de 2019,
Interior Department Delivers Hundreds of Relocation Notices to Employees

20. 1 Crônicas 12:32

21. Deuteronômio 33:19

22. Durkee, Alison, "Trump está um passo mais perto da 'Força Espacial' dos seus
sonhos", Vanity Fair, 30 de agosto de 2019, https://www.vanityfair.-
com/news/2019/08/trump- space-command-space-force

6. 7 REFORMA JURÍDICA & TIRANIA DA PSICOLOGIA

6. 7 REFORMA JURÍDICA & TIRANIA DA PSICOLOGIA

1. Strang, Stephen, "Deus, Trump e as Eleições de 2020", Frontlines

2. Dale, Daniel, "Verificação de Fato: Quebrando a conta de Adam Schiff da chamada
telefônica de Trump para a Ucrânia", 27 de setembro de 2019, https://edition.cnn.-
com/2019/09/27/politics/fact- check-adam-schiff-trumps-ukraine-call/index.html

3. Lucas 18:2

4. Observe uma distinção entre os Estados Unidos e os países da CommonWealth
britânica. Um professor de direito em uma faculdade de direito americana é, por
definição, um advogado ou ex-advogado, porque nas escolas de direito dos EUA, os
acadêmicos precisam ter praticado advocacia antes de se tornarem acadêmicos. Este
não é o caso das faculdades de direito da Austrália, por exemplo, onde apenas uma
minoria de acadêmicos teve alguma experiência na vida real como advogado. For
instance, the ACLU on the Left, the Federalist Society on the Right.

5. Por exemplo, a ACLU na esquerda e a Sociedade Federalista na direita

6. "Escritos de Thomas Jefferson Vol. XV", Andrew A. Lipscomb, Editor, (to William
Charles Jarvis, 28 de setembro de 1820), The Thomas Jefferson Memorial
Association, Washington DC, 1904, p. 277

7. McCarthy, Niall, "As profissões mais & menos confiáveis da América", Forbes, 11
de janeiro de 2019, https://www.forbes.com/sites/niallmc-
carthy/2019/01/11/americas- most-least-trusted-professions-
infographic/#6cc5bbaf7e94

8. Neil Gorsuch cresceu como um católico, mas tem frequentado uma igreja Episcopal
– a versão Americana da igreja anglicana.

9. *Distrito Escolar de Abington Township, Pennsylvania X Schempp* (No. 142), 17 de junho de
1963, https://www.law.cornell.edu/supremecourt/text/374/203

10. Em casos criminais, o governo deve prover mudança "se tiver dúvida razoável". Em
casos civis, o reclamante 'deve provar sua reivindicação "por uma preponderância de
evidência" ou com uma probabilidade superior a 50% de que as reivindicações do
reclamante sejam substanciadas. Ao confiar na opinião de um psicólogo, os juízes
estão permitindo que testemunhos questionáveis derrubem as escalas de evidência.
É por isso que ouvimos falar de criminosos com evidências esmagadoras contra eles

se safarem de um crime depois que um psicólogo alega que ele está "doente mental" (o chamado "pedido de insanidade").

11. Dr. Szasz, Thomas, "O mito das doenças mentais", Harper, 1961 (Digital).
12. "APA DIRETRIZES para prática de psicólogos com meninos e homens", APA, agosto de 2018, https://www.apa.org/about/policy/boys-men-practice-guidelines.pdf
13. Dr. Szasz, Thomas, "O mito das doenças mentais", Harper, 1961 (Digital).
14. Dr. Szasz, Thomas, "O mito das doenças mentais", Harper, 1961 (Digital).
15. Abuso político da psiquiatria na União Soviética, https://en.wikipedia.org/wiki/Political_abuse_of_psychia- try_in_the_Soviet_Union
16. Dr. Peele, Stanton, "Da boca de Deus ao ouvido de Biden - O vício é uma doença, e é contra a lei dizer o contrário", Psychology Today, 24 de agosto de 2008, https://www.psychologytoday.com/au/blog/addiction-in- society/200808/gods-mouth-bidens-ear-addiction-is-disease-and-its-against-the-law
17. Dr. Szasz, Thomas, "O mito das doenças mentais", Harper, 1961 (Digital)
18. Waxmana, Olivia, "Porque a 'regra de Goldwater' impede os psiquiatras de diagnosticar à distância", TIME, 27 de julho de 2017, https://time.com/4875093/donald-trump-goldwater-rule-history/
19. Bulman, May, "Donald Trump tem uma doença mental perigosa, diz psiquiatra expert em Conferência em Yale", The Independent, 21 de abril de 2017.
20. Molyneux, Stefan, "A verdade sobre Karl Marx", YouTube, 11 de janeiro de 2014, https://youtu.be/yA2lCBJu2Gg, quoting historian Paul Johnson's book *Intellectuals* (1988).
21. Ibid.
22. Azarian, Bobby, "Uma análise psicológica completa do apoio de Trump", Psychology Today,27 de dezembro de2019,https://www.psychologytoday.- com/au/blog/mind-in-the-machine/201812/complete-psychological-analysis- trumps-support
23. Dr. Szasz, Thomas, "O mito das doenças mentais", Harper, 1961 (Digital).
24. Ganeva, Tana, "Um psiquiatra de Yale explica como a incapacidade mental de Donald Trump foi exposta por Robert Mueller", Salon, 7 de maio de 2019, https://www. salon.com/2019/05/07/a-yale-psychiatrist-explains-how-donald-trumps- mental-incapacity-was-exposed-by-robert-mueller_partner/
25. Ibid.
26. Meagher, Liam, "Avaliando o papel dos consultores da família ao fornecer evidências em disputas parentais", Macquarie Law Journal 85 [2012], http://www.austlii.edu.au/cgi- bin/sinodisp/au/journals/MqLawJl/2012/5.html
27. Gálatas 5:20, Apocalipse 9:21, 18:23, 21:8, 22:15
28. Atos 25:11-12
29. "Roger Stone é considerado culpado de obstrução, declarações falsas e adulteração de testemunhas", USDOJ, 15 de novembro de 2019, https://www.justice.gov/usao-dc/pr/roger- stone-found-guilty-obstruction-false-statements-and-witness-tampering
30. João 18:31
31. Atos 22:4-5 (NVI)
32. McDowell, Stephe, "Justiça igual sob a lei de Deus: construindo nações com o plano da palavra de Deus, Providential Perspective Book, 2011 (digital).
33. Barton, David, "Restringindo o ativismo judicial", Wallbuilder Press, 2003 (digital).

7. 6 PROTEÇÃO DA VIDA INFANTIL & ABOLIÇÃO DO ABORTO

7. 6 PROTEÇÃO DA VIDA INFANTIL & ABOLIÇÃO DO ABORTO

1. Tecnicamente, não há separação entre igreja e estado na Constituição dos EUA. A frase foi emprestada da carta de Thomas Jefferson à Associação Batista de Danbury, Connecticut, datada de 7 de outubro de 1801. Os batistas de Danbury expressaram preocupação com a proteção da religião contra intrusões do governo. A resposta de Jefferson foi a garantia de que o governo não interferiria na liberdade religiosa. A carta agora foi mal interpretada, pois o governo tem todo o direito de interferir na liberdade religiosa, a fim de proteger o público da religião. Barnhart, Melissa, "7 states already allow abortion up to birth — not just New York" (7 estados já permitem aborto até o nascimento – não apenas Nova York), TheChristianPost,30 de janeiro de2019,https://www.christian- post.com/news/7-states-already-allow-abortion-up-to-birth-not-just-new- york.html

2. Ibid.

3. Uma citação bíblica de Salmo 139:14 (KJA), "Graças te dou pela maneira extraordinária como fui criado! Pois tu és tremendo e maravilhoso! Sim, minha alma o sabe muito bem."

4. "Comentários do Presidente na 47a Marcha Para A Vida anual", https://www.whitehouse.gov/briefings-statements/remarks-president-trump-   47th-annual-march-life/

5. Essa é a visão libertária de Ron Paul, que concorda parcialmente com a visão cristã de que a vida é preciosa, a vida deve ser protegida e o aborto não é trivial. No entanto, a posição cristã vai além: dizer que a vida humana começa no momento da fertilização, ou quando o esperma se une ao óvulo; portanto, se a fertilização não puder ser impedida, a vida deve ser protegida. A "contracepção do plano B" pode ou não impedir a fertilização; impedirá a implantação de um óvulo fertilizado nas paredes do útero. Um cristão não gostaria de usar um abortivo para abortar um óvulo fertilizado. Paul, Ron, "Abortion and Liberty," The Foundation for Rational Economics and Education, Texas, 1983, pp 19-20.

6. Murphy, Sara, "Norma McCorvey, "Jane Roe" De Roe V. Wade, morreu em 69", 19 de fevereiro de 2017, https://www.refinery29.com/en-us/2017/02/141666/norma-mccorvey-roe-vs-wade-obituary

7. Cioccolanti, Steve, "12 Fatos sobre Roe X Wade & a morte de Norma McCorvey", Newswars, 15 de março de 2017, https://newswars.com.au/roe-v-wade- norma-mccorvey-abortion-drain-swamp-Trump/

8. Ibid.

9. Minha entrevista de Allan Parker da The Justice Foundation, novembro de 2019.

10. https://rebeccakiessling.com/rebeccas-story/

11. https://juda4praise.com/Biography.htm

12. "Grávida por estupro aos 11, minha mãe rejeitou o aborto", Live Action, 4 de fevereiro de 2020, https://youtu.be/ZkV0T-hTmXs

13. Kiessling, Rebecca, "Concebida em um Estupro: estória de Rebecca", https://rebecca- kiessling.com/rebeccas-story/

14. https://twitter.com/OmarHamada/status/1088136519146188800

15. Paul, Ron, "Aborto e Liberdade", The Foundation for Rational Economics and Education, Texas, 1983, p 22.

16. Strand, Paul, "250.000 Pessoas Pediram à Suprema Corte o Cancelamento da Legalização do Aborto", CBN News, 1 de outubro de 2019,

https://www1.cbn.com/cbn- news/us/2019/october/250-000-people-just-asked-the-supreme-court-to- overturn-legalized-abortion

17. Dados de 2014-2018. "Arquivo de Violência por Armas", https://www.gunviolencearchive.org/past-tolls

18. "Estatística de Aborto nos EUA",Wikipedia, https://en.wikipedia.org/wiki/Abortion_statistics_in_the_United_States

19. "Mortalidade nos Estados Unidos, 2016", CDC, dezembro de 2017, https://www.cdc.- gov/nchs/products/databriefs/db293.htm

20. Dados de 2010-2014. "Prevenindo Abortos Não Seguros", WHO, 26 de junho de 2019, https://www.who.int/news-room/fact-sheets/detail/preventing-unsafe-abortion

21. Utter, Eric, "Aborto é a causa de morte número um no mundo?", American Thinker, 7 de setembro de 2019, https://www.americanthinker.com/blog/2019/09/abortion_number_one_cause_of_death_globally.html

22. Ibid.

23. Nussman, Dvaid, "Suprema Corte dos EUA permite nota chave em Lei Pró-Vida se posicione", Church Militant, 9 de dezembro de 2019, https://www.churchmilitant.-com/news/article/us-supreme-court-kentucky-pro-life-law

24. "Mulher que fez nove abortos vê o ultimo bebê abortado", CBN News, 3 de maio de 2017, https://www1.cbn.com/cbnnews/us/2017/may/woman-who-had-nine-abortions-sees-last-baby-she-was-absolutely-hysterical

25. Terzo, Sarah, "Mulher ri antes de seu nono aborto e depois vê seu bebê abortado",LifeSiteNews,3de maio de2017,https://www.lifenews.-com/2017/05/03/woman-laughs-ahead-of-her-9th-abortion-and-then-sees- her-aborted-baby/

26. Ibid.

27. Ibid.

28. "Dr. Levatino Destrói Aborto em 2 Minutos", YouTube, 3 de agosto de 2018, youtu.be/OZXQBhTszpU

29. Ibid.

30. "Expert diz em congress que bebês no ventre podem sentir dor a partir das 8 semanas", https://oneofus.eu/2013/05/expert-tells-congress-unborn-babies-can-feel- pain-starting-at-8-weeks/

31. Minha entrevista de Allan Parker, novembro de 2019.

32. Dr. Coleman, Priscilla, The British Journal of Psychiatry, agosto de 2011, Vol. 199 Issue 3, pp 180-186.

33. Campbell, Hank, "Há efeitos na saúde mental relacionados ao aborto?" Science 2.0, 14 de outubro de 2011, https://www.science20.com/science_20/are_there_-mental_health_effects_related_abortion-82205

34. "Breve amicus de 2.624 mulheres feridas em abortos", https://www.supreme-court.gov/DocketPDF/18/18-1323/127053/20191230152741647_39028%20pdf%20Parker%20br.pdf

35. GonzalesXCarhart,18de abril de2007,https://www.law.cornell.e-du/supct/html/05-380.ZO.html

36. "Breve amicus de 2.624 mulheres feridas em abortos", https://www.supreme-court.gov/DocketPDF/18/18-1323/127053/20191230152741647_39028%20pdf%20Parker%20br.pdf

37. "4.660 Testemunhos de mulheres feridas em abortos", https://www.dropbox.-com/sh/t0i6esr58vwy2df/AAC8IVWFkKPITs 0zVKkI78yZa?dl=0

38. Ibid.
39. Veja o "Breve amicus curiae de Melinda Thybault, Fundadora do The Moral OutcryPetition",https://www.supremecourt.gov/DocketPDF/18/18-1323/127515/20200109115858693_18-1323%2018-1460%20bsac%20Melinda%20Thybault%20et%20al..pdf
40. http://safehaven.tv/states/
41. "Breve amicus curiae de Melinda Thybault, Fundadora do The Moral Outcry Petition,"https://www.supremecourt.gov/DocketPDF/18/18-1323/127515/20200109115858693_18-1323%2018-1460%20bsac%20Melinda%20Thybault%20et%20al..pdf
42. Ibid.
43. Ibid.
44. Starr, Penny, "Presidente do Planned Parenthood: Enterrar, cremar bebês abortados 'estigmatiza o cuidado do aborto'", Breitbart, 29 de maio de 2019, https://www.breitbart.com/politics/2019/05/29/planned-parenthood-president-burying-cremating-aborted-babies-stigmatizes-abortion-care/
45. "Comentários do president na 47a Marcha Pró-Vida anual", https://www.whitehouse.gov/briefings-statements/remarks-president-trump- 47th-annual-march-life/
46. Starr, Penny, "Presidente de planejamento da paternidade: enterrar, cremar bebês abortados 'estigmatiza os cuidados com o aborto'" ", Breitbart, 29 de maio de 2019, https://www.breitbart.com/politics/2019/05/29/planned-parenthoodpresident-burying-cremating-aborted-babies-stigmatizes-abortion-care/
47. "Palavras do Presidente na 47ª Marcha Anual pela Vida" https://www.whitehouse.gov/briefings-statements/remarks-president-trump-47th-annual-march-life/

8. 5 JUSTIÇA DA FAMÍLIA, DIVÓCIO & IMPEACHMENT

8. 5 JUSTIÇA DA FAMÍLIA, DIVÓRCIO & IMPEACHMENT

1. Efésios 6:2-3
2. Malaquias 4:6 "e Ele irá tornar os corações dos pais aos filhos e os corações dos filhos aos seus pais..." Salmo 82:2 "Faça justiça ao fraco e ao órfão ..."
3. 1 Timóteo 5:8
4. Nowell, Laurie, "Pai lança mudanças 'criminais' contra ex-esposa", The Herald Sun, 24 de janeiro de 2010,https://www.heraldsun.com.au/news/dad-launches-criminal-charges-against-ex-wife/news-story/35587ab763908123b54d2a029affedd6
5. Big Boy TV, "Kanye West em 'Jesus é Rei', Sendo Cancelado, Encontrando Deus e Muito Mais", 25 de outubro de 2019, https://www.youtube.com/watch?v=t568Nd7k_Yk
6. Tavana, Art, "Aqui está a entrevista não publicada da Playboy com Candace Owens," https://medium.com/@artintweets/here-is-the-unpublished- playboy-interview-with-candace-owens-bb61cb18afad. Obama citou Owens no seu discurso do Dia dos Pais emu ma igreja em Chicago em junho de 2008, como fato checado aqui: https://www.politifact.com/truth-o- meter/statements/2008/jun/23/barack-obama/statistics-dont-lie-in-this-case/
7. Pelosi, Nancy, "Pelosi diz que Democratas não tem escolha a não ser pedir o impeachment de Trump ao abrir o debate de impeachment", 19 de dezembro de 2019, https://www.the- guardian.com/us-news/video/2019/dec/18/pelosi-says-

NOTAS | 323

democrats-have-no- choice-but-to-impeach-trump-as-she-opens-impeachment-debate-video

8. Barton, David, "Ativismo de Restrição Judicial", Wallbuilder Press, 2003 (digital).
9. Relatório Anual do Tribunal da Família 2017/18, http://www.family-court.gov.au/wps/wcm/connect/001154bb-53a2-4e5a-bcc5- 32ad74bb4406/2940-FCoA_AnnualReport_2017-18_WEB.pdf
10. Na Austrália, o Tribunal da Família ouve "a lei de família mais complexa são as disputas domésticas e internacionalmente". A simplificação das disputas familiars estão distantes de serem simples quando advogados estão envolvidos, no entanto eles são ouvidos no "Tribunal do Circuito Federal", que ouve mais casos que o Tribunal da Família.
11. PragerU Tweet de 19 de setembro de 2019 citando Candace Owens.
12. Robertson, Josh & Davoren, Heidi, "Tribunal da Família reporta escritor culpado de má conduta profissional e pressionou o governo por menos escrutínio," ABC News, 18 de novembro de 2019, https://mobile.abc.net.au/news/2019-11-18/family-court-report- writer-guilty-of-professional-misconduct/11682902
13. Ibid.
14. Nancy Pelosi's official website, 1 de outubro de 2018, https://pelosi.house.-gov/news/pelosi-updates/i-believe-dr-christine-blasey-ford
15. Na América, leis de casamento e divórcio são estabelecidas estado por estado, então não há data fixada quando o divórcio "sem culpa" venha a ter efeito na América. Califórnia foi o primeiro a introduzi-lo em 1970 e o governador Ronald Reagan (um divorciado) assinou essa lei. A maioria dos estados seguiu essa petição nos 1980s.
16. Brohier, Christopher & Zimmermann, Augusto, "Evitando divórcio desnecessário e restaurando justiça em separações de casais", The Western Australian Jurist, Vol 6, 2015, http://classic.austlii.edu.au/au/journals/WAJurist/2015/5.html
17. Ibid.
18. Ibid.
19. Por exemplo, uma parte pode ter efetuado um adiantamento em uma casa, outra parte pode ter pago hipotecas mensais. Cada um não tem direito a uma divisão pela metade, a menos que as contribuições tenham sido exatamente metade. Cada um tem direito ao que ele ou ela colocou. A dívida pessoal do consumidor de cada parte pertence a essa parte. Somente a dívida compartilhada deve ser paga por ambas as partes. "A ascensão das famílias com renda duplaa", Pew Research Center, 18 de junho de 2015, https://www.pewresearch.org/ft_dual-income-households-1960-2012-2/
20. "Tendências sociais australianas", Australian Bureau of Statistics, 24 de setembro de 2009, http://www.abs.gov.au/AUSSTATS/abs@.nsf/Lookup/4102.0-Main+Features50Sep+2009
21. Dr. Baker, Amy, "Como encontrar um expert em alienação parental, Parte 3", PsychologyToday,10 de novembro de 2015,https://www.psychologytoday.-com/au/blog/caught-between-parents/201511/how-find-parental-alienation-expert-part-3
22. Dr. Miller, Steve, "Porque os tribunais falham para reconhecer alienação parental", uploaded 17 de agosto de 2015, https://www.youtube.com/watch?v=5fgRJh26Jho
23. Ibid.
24. Allan, Alfred, "Psicólogos como testemunhos de experts nos tribunais", InPsych Vol 32, agosto de 2010, http://www.psychology.org.au/publica-tions/inpsych/2010/august/allan/
25. Meagher, Liam, "Assessando o papel dos consultores familiares ao fornecer

evidências em disputas parentais", Macquarie Law Journal 85 [2012], http://classic. austlii.edu.au/au/journals/MqLawJl/2012/5.html

26. Ibid.
27. Berkovic, Nikola, "Apelo na decisão do juiz em caso de estupro", The Australian BusinessReview,26de   dezembro   de2019,https://www.theaustralian.-com.au/business/legal-affairs/appeal-on-judges-rape-case-decision/news-story/387d0dac7cbb5af4fc1d4b52b37b56f6
28. Ibid.
29. Parkinson, Patrick; Cashmore, Judy; and Single, Judi, "Conflito pós-separação o uso das ordens de violência familiar", Sydney Law Review, Vol 33:1, http://classic. austlii.edu.au/au/journals/SydLawRw/2011/1.pdf
30. Ibid.
31. 1 Samuel 13:14
32. Lucas 16:2 (NET)
33. "Nunes compara histeria da ligação para Ucrânia a fraude na Rússia," Foxnews, 26 de setembro de 2019, https://www.foxnews.com/transcript/nunes-compares-ukraine-call- hysteria-to-russia-hoax
34. Outros que sofreram impeachment foram: 2 Presidentes (Andrew Johnson e Bill Clinton), 1 secretária de gabinete e 1 Senador dos EUA.
35. "Escritos de Thomas Jefferson Vol. XV," Andrew A. Lipscomb, Editor, (to William Charles Jarvis, 28 de setembro de 1820), The Thomas Jefferson Memorial Association, Washington DC, 1904, p. 277
36. Barton, David, "Ativismo de Restrição Judicial", Wallbuilder Press, 2003 (digital).
37. "Juiz repreendido por prender vítima de violência doméstica", The Daily Beast, 13 Apr 2017, https://www.thedailybeast.com/cheats/2016/09/01/judge-slammed- for-jailing-domestic-violence-victim
38. Wead, Doug, "Dentro da Casa Branca de Trump: A história real de sua presidência", Center Street, 2019. (Digital)
39. Wead, Doug, "Inside Trump's White House: The Real Story of His Presidency," Center Street, 2019. (Digital)
    9. 4 COMO EVITAR A GUERRA CIVIL

9. 4 COMO EVITAR A GUERRA CIVIL

1. "Religião   na   Virgínia   Antiga", https://www.history.org/almanack/life/religion/religionva.cfm
2. Há alguns judeus, mas não mulçumanos ou outras religiões entre os nativos.
3. Vejo o livro de David Barton Herança de Deus da América, Documentos de Liberdade, Chaves para o Bom Governo, Intento Original, Separação da Igreja e Estado: O que os Fundadores queriam dizer, A Questão do Maçonaria Livre e Pais Fundadores, e As mentiras de Jefferson.
4. Encontre os livros deCioccolanti naAmazon: http://amazon.com/author/newyorktimesbestseller
5. "Feriados Esquisitos em 2020", http://www.holidayscalendar.com/categories/weird/
6. "Quatro de Julho – Dia da Independência", A&E Television Networks, https://www.history.com/topics/holidays/july-4th
7. "Proclamação do dia de Ação de Graças", Abraham Lincoln Online, http://www.abra- hamlincolnonline.org/lincoln/speeches/thanks.htm

8. Giles, Thomas, "Columbo e o cristianismo: Você sabia?" Christianity Today, https://www.christianitytoday.com/history/issues/issue-35/columbus-and-christianity-did-you-know.html

9. As seis doutrinas elementares de Cristo estão listadas em ordem em Hebreus 6:1-2. São o arrependimento das obras mortas, fé em Deus, batismos, imposição de mãos, ressurreição dos mortos e julgamento eterno.

10. Daly, Jeffrey, "Chame pela Proteção de Deus, Sr. Presidente", Xulon Press, FL, 2018. Histórias sobre os Dias Nacionais de Arrependimento anteriores podem ser encontradas nesse livreto.

11. Daly, Jeffrey, "Chame pela Proteção de Deus, Sr. Presidente", Xulon Press, FL, 2018, pp 2-4.

12. Veja https://www.thoughtco.com/the-quasi-war-americas-first-conflict-2361170 e também https://www.americanhistorycentral.com/entries/quasi-war/

13. Federer, William J., "América de Deus e Enciclopédia de Citações" (digital).

14. Ibid.

15. Schlote, Tyrel, "Deus tem respondido aos Dias Nacionais de Oração anteriores", https://www.thetrumpet.com/16401-god-has-responded-to-past-national-days-of-prayer

16. Daly, Jeffrey, "Chame pela Proteção de Deus, Sr. Presidente", Xulon Press, FL, 2018, pp 13-14.

17. Os sete (ou nove) feriados bíblicos são explicados no Segundo volume do meu livro "O CÓDIGO DIVINO: Uma Enciclopédia Profética dos Números, Vol. 1 & 2", disponíveis na Amazon.com.

18. Frost, Natasha, "Por 11 anos, a União Soviética não teve feriados", History Channel, 25 de maio de 2018, https://www.history.com/news/soviet-union-stalin-weekend-labor-policy

19. Vou usar a palavra "Shabbat" quando me refiro exclusivamente ao jeito judeu de guarder o Sabbath, e "Sabbath" quando me referir a todos os outros feriados, incluindo o Sabbath cristão, que para alguns pode ser no domingo, porque foi o dia que Jesus ressuscitou dos mortos.

20. Todas as sete festas e seus significados são explicados em detalhe em meus livros "O CÓDIGO DIVINO: Uma enciclopédia profética de números, Vol. 1 & 2" disponível na Amazon: http://amazon.com/author/newyorktimesbestseller

21. A Bíblia chama a árvore que matou Adão e Eva de "Árvore do conhecimento do bem e do mal", que simbolizava a doutrina do certo e errado; em outras palavras, religião. Moralidade longe de Deus é mortal e matou o relacionamento entre o homem e Deus.

22. https://whatscookingamerica.net/History/IceCream/Sundae.htm

23. Um dia baseado na identidade. "No dia da consciência dos solteiros, as pessoas solteiras se juntam para celebrar ou para se comiserar de seus status de solteiros", de acordo com a Wikipedia: https://en.wikipedia.org/wiki/Singles_Awareness_Day

24. 22 de janeiro era proclamado pelo president Ronald Reagan em 1984 o 'Dia Nacional de Santidade da Vida Humana'. Que redime o aniversário de Roe X Wade, a decisão legal que começou a avalanche de abortos na rede pública na América. Presidentes George Bush, George W. Bush, e Donald Trump continuaram a reconhecer o dia nacional a cada ano em suas presidências. Presidentes Bill Clinton e Barack Obama não.

25. Um dia da consciência comercial promovendo justamente uma nova profissão que não seria necessária se nossas famílias fossem fortalecidas e nossos casais não

fossem amarrados a pelo menos dois empregos para pagar as contas da casa e débito de consumo: https://familydaycare.com.au/fdcweek

26. Esse é um feriado em Vitória, Austrália. Não estou advogando tentando anular isso, os vitorianos são acostumados a não ir ao trabalho para participar de corridas de cavalo, apostando e exposições de moda. Estou sugerindo que não seja um substituto comercial para um feriado com significado.

10. 3 LIBERDADE RELIGIOSA & COMUNISMO ROSA

10. 3 LIBERDADE RELIGIOSA & COMUNISMO ROSA

1. Marcos 15:29 (KJA)
2. Lucas 22:63-65 (KJA)
3. Lucas 23:39 (KJA)
4. Atos 18:6 (KJA)
5. Apocalipse 13:6 (KJA)
6. Blair, Leonardo, "Margaret Court, a lenda do tênis que se tornou pastor, fez boicote a Qantas Airlines por dar apoio ao casamento gay", The Christian Post, 25 de maio de 2017, https://www.christianpost.com/news/margaret-court-tennis-legend-pastor-to-boycott-qantas-airlines-over-gay-marriage-support.html
7. https://www.opendoors.org.au/persecuted-christians/about-persecution/
8. Mateus 10:34-39 (KJA)
9. Duffy, Conor, "Estudantes australianos atrás em matemática, leitura e ciências, estudo sobre educação PISA mostra", ACB News, 3 de dezembro de 2019, https://www.abc.net.au/news/2019-12-03/australia-education-results-maths-reading-science-getting-worse/11760880
10. A Primeira Frota foram os 11 navios de condenados enviados da Inglaterra para a Austrália. Eles chegaram a Botany Bay em janeiro de 1788 e se tornaram o primeiro assentamento europeu da Austrália. Observe que isso aconteceu apenas 5 anos após o término da Guerra de Independência dos Estados Unidos em 1783. Se os Estados Unidos tivessem perdido essa guerra, os condenados teriam sido enviados para as Treze Colônias originais, mas após a Independência, os Estados Unidos se recusaram a aceitar os condenados da Grã-Bretanha. A colônia penal fundou a cidade de Sydney.
11. O acrônimo do Partido em alemão é NSDAP - Partido Nacional Socialista Alemão dos Trabalhadores. Nunca esqueça que Adolf Hitler era um socialista comprometido. Ele queria um socialismo nacional, enquanto a Rússia queria o socialismo internacional. Após a Segunda Guerra Mundial, as elites socialistas europeias gastaram milhões em livros, conferências, currículos e outras propagandas para convencer o público de que Hilter não era socialista, mas "de extrema direita". Se você comparar as políticas declaradas por Hitler com as do socialista moderno, elas são exatamente as mesmas, na mesma ordem, menos a parte do nacionalismo. Os socialistas de hoje também são globalistas.
12. Seymour, Bryan, ""Não nos esquivamos disso: grupo islâmico na Austrália pede que ex-muçulmanos sejam executados", Yahoo News, 27 de março de 2017, https://au.news.yahoo.com/hizb-ut-tahrir-islamic-group-in-australia-calls-for-ex-muslims-to-be-executed-34811965.html
13. Lucas 19:13
14. Mateus 25:32-33 (ESV)

15. "Virar a maré: Recuperando a liberdade religiosa na Austrália", Barnabas Fund, março de 2018, página 19, https://barnabasfund.org/sites/default/files/resources/campaigns/our-religious-freedom/turn-the-tide-booklet-au.pdf
16. Ibid, pp 41-43.
17. Vondracek, Christopher, "Secretário do VA rejeita regras de expressão religiosa de Obama," The Washington Times, 27 de agosto de 2019, https://www.washingtontimes.- com/news/2019/aug/27/robert-wilkie-va-secretary-rejects-obama-religious/
18. https://twitter.com/vp/status/1166825900588978176
19. Cantares 2:15
20. Londoño, Ernesto and Casado, Letícia, "Brasil em Bolsonaro tem mensagem para adolescentes: salvar sexo para casamento", The New York Times, 26 de janeiro de 2020, https://www.nytimes.com/2020/01/26/world/americas/brazil-teen-pregnancy-Bolsonaro.html
21. https://en.wikipedia.org/wiki/List_of_proposed_amendments_to_the_United_States_Constitution
22. https://www.whitehouse.gov/briefings-statements/remarks-president-trump-united-nations-event-religious-freedom-new-york-ny/
23. "Secretário do HHS chama Trump de 'o maior protetor da liberdade religiosa que já esteve no Escritório Oval'",MSNNews,17 de janeiro de 2020, https://www.msn.com/en-us/news/politics/hhs-secretary-calls-trump-the-greatest-protector-of-religious-liberty-who-has-ever-sat-in-the-oval-office/vp-BBZ3Wnl

11. 2 RELIGIÃO DAS MUDANÇAS CLIMÁTICAS

11. 2 RELIGIÃO DAS MUDANÇAS CLIMÁTICAS

1. Êxodo 20:10
2. Sacks, Ethan, "Bebê de sete meses sobrevive a um tiro no peito no pacto de assassinato-suicídio dos pais, atribuído ao aquecimento global," Daily News, março de 2010, https://www.nydailynews.com/news/world/seven-month-old-baby-survives- shot-chest-parents-murder-suicide-pact-blamed-global-warming-article-1.176034
3. Naquela época, o termo preferido era "Aquecimento Global", agora é "Mudança Climática", depois provavelmente se tornará "Crise Climática". Uso os termos de forma intercambiável e com letras maiúsculas para reconhecê-lo como mais do que uma superstição, mas um culto religioso.
4. Leia, Paulo, "Incêndio criminoso, travessuras e imprudência: 87% dos incêndios são causados pelo homem", The Sydney Morning Herald, 18 de novembro de 2019, https://www.smh.- com.au/national/arson-mischief-and-recklessness-87-per-cent-of-fires-are- man-made-20191117-p53bcl.html
5. https://www.dailytelegraph.com.au/newslocal/parramatta/teen-accused-of-lighting-fire-laughs-after-court-appearance/news-story/1f8e27db12131c-c603a9436b61a715c6
6. https://twitter.com/Imamofpeace/status/1217136321686171649
7. "Rahm Emanuel sobre as oportunidades da crise", The Wall Street Journal, 19 de novembro de 2008, https://www.youtube.com/watch?v=_mzcbXi1Tkk
8. Penn, Eavis & Glanz, "Como a PG&E ignorou os riscos de incêndios em favor dos

lucros", The New York Times, 18 de março de 2019, https://www.nytimes.-com/interac- tive/2019/03/18/business/pge-california-wildfires.html

9. Zimmermann, Augusto, "Jihad de incêndios?" Spectator Australia, 29 de janeiro de 2020, https://www.spectator.com.au/2020/01/jihad-by-fire/

10. Ibid.

11. Ibid.

12. Nenhum cristão agrediu violentamente ninguém em nome de Jesus na Austrália. Mesmo que alguém o fizesse um dia, não estaria agindo de forma consistente com o ensino cristão. Mas se um ateu ou muçulmano comete um ato de terror, eles podem dizer que é consistente com sua religião. Se eles agirem de acordo com suas crenças, seria um ato de terror ateu ou muçulmano. Os cristãos são incapazes de cometer terror, pois não seria um ato cristão.

13. Strauss, Benjamin, "Como ficaria os EUA com um aumento de 3 metros no nível do mar?" Climate Central, 13 de maio de 2014, https://www.climatecen-tral.org/news/us-with-10-feet-of-sea-level-rise-17428

14. "Presidente um projeto para um aeroporto de US$400 milhões", Maldives Independent, 27 de fevereiro de 2017, https://maldivesindependent.com/busi-ness/president-launches- us400m-airport-runway-project-129040

15. Worrall, Eric, "Aumento do nível do mar? Presidente Obama acabou de comprar uma propriedade na praia", 24 de agosto de 2019, https://wattsupwiththat.-com/2019/08/24/sea-level- rise-president-obama-just-bought-a-beachside-property/

16. CNN Transcripts, O quarto da situação, 1 de julho de 2017, http://edition.cnn.-com/TRANSCRIPTS/1706/01/sitroom.02.html

17. Stossel, John, "A fraude do Acordo do Clima de Paris", 19 de março de 2018, https://www.y- outube.com/watch?v=cVkAsPizAbU

18. Ibid.

19. Sherwell, Philip, "Guerra de palavras pelo aquecimento global, com o prêmio Nobel demitido em protesto", The Telegraph, 25 de setembro de 2011, https://www.telegraph.- co.uk/news/earth/environment/climatechan-ge/8786565/War-of-words-over- global-warming-as-Nobel-laureate-resigns-in-protest.html

20. Ibid.

21. "Oficial da ONU admite crença de que o aquecimento global é religioso", Investor's Business Daily, 26 de fevereiro de 2015, https://www.investors.com/poli-tics/editori- als/climate-chief-rajendra-pachauri-resigns-from-united-nation/

22. Fleming, Amy, "Você desistiria de ter filhos para salvar o planeta? Conheça os casais que o fizeram",The Guardian, https://www.theguardian.-com/world/2018/jun/20/give-up-having-children-couples-save-planet- climate-crisis

23. "As crianças que sofrem de 'eco-ansiedade' por causa das mudanças climáticas", Straits Times, 20 de setembro de 2019, https://www.nst.-com.my/world/2019/09/522806/children-suffering- eco-anxiety-over-climate-change

24. Ibid.

25. Ibid.

26. A declaração do presidente Trump como citado pela Fox News, https://twitter.-com/foxnews/status/999083926479167493?lang=en

27. Lillie, Ben, "Combatendo a desertificação, com pecuária: Allan Savory no

TED2013," TEDBlog, 27 de fevereiro de 2013, https://blog.ted.com/fighting-the-growing-deserts-with-livestock-allan-savory-at-ted2013/

28. Ibid.
29. Ibid.
30. Ibid.
31. Gênesis 1:28
32. Gênesis 1:28
33. Gray, Alex, "As florestas da Suécia dobraram de tamanho nos últimos 100 anos," World Economic Forum, 13 de dezembro de 2018, https://www.weforum.org/agenda/2018/12/swedens-forests-have-been-growing-for-100-years/
34. Wood, Johnny, "A Terra tem mais árvores do que 35 anos atrás", World Economic Forum, 20 de agosto de 2018, https://www.weforum.org/agenda/2018/08/ planet-earth-has-more-trees-than-it-did-35-years-ago/
35. Hammond, Alexander, "Não, não estamos ficando sem florestas", Human Progress, 24 de maio de 2018, https://humanprogress.org/article.php?p=1295
36. Minha entrevista de Tony Heller em 13 de setembro de 2019.
37. Heller, Tony, "Quem é Tony Heller?" 3 de abril de 2019, https://realclimatescience.com/2019/04/who-is-tony-heller/
38. Prof. Zimmermann, Augusto, "O BRASIL NUNCA ENTREGARÁ SUA SOBERANIA SOBRE A AMAZÔNIA ÀS ELITES GLOBALISTAS SEM CORAÇÃO," 27 de agosto de 2019, https://www.facebook.com/augusto. zimmermann.9/posts/10217722383645126
39. O'Neill, Brendan, "O mito do ecocídio", Spiked, 27 de agosto de 2019, https://www.spiked-online.com/2019/08/27/the-myth-of-ecocide/
40. Retirado do professor de direito sul-africano Dr. AA Du Plessis, "A agenda ambiental 'marrom' e os deveres constitucionais do governo local na África do Sul: uma introdução conceitual," 2015, http://www.sci- elo.org.za/scielo.php?script=sci_arttext&pid=S1727-37812015000500021
41. Ibid.
42. Schellenberger, Michael, "Como o medo do nuclear está ferindo o meio ambiente", TED Talks, junho de 2016, https://www.ted.com/talks/michael_shellenberger_how_fear_of_nuclear_power_is_hurting_the_environment?language=en
43. Ibid.
44. Schellenberger, Michael, "Como o medo do nuclear está ferindo o meio ambiente", TED Talks, junho de 2016, https://www.ted.com/talks/michael_shellenberger_how_fear_of_nuclear_power_is_hurting_the_environment?language=en
45. Schellenberger, Michael, "Como o medo do nuclear está ferindo o meio ambiente", TED Talks, junho de 2016, https://www.ted.com/talks/michael_shellenberger_how_fear_of_nuclear_power_is_hurting_the_environment?language=en
46. Ibid.
47. Ibid.
48. Ibid.
49. Salmo 78:69
50. Eclesiastes 1:4 (KJA)

12. 1 SALVE AS CRIANÇAS: REFORMA DA EDUCAÇÃO & ENSINO BÍBLICO

12. 1 SALVE AS CRIANÇAS: REFORMA DA EDUCAÇÃO & ENSINO BÍBLICO

1. Marcos 12:29-30 (KJA)
2. Shemá é a primeira palavra hebraica em Deuteronômio 6:4 "Ouça."
3. "Quarto relatório anual sobre as atitudes dos EUA em relação ao socialismo, comunismo e coletivismo", Victims of Communism, 28 de outubro de 2019, https://www.victimsof- communism.org/2019-annual-poll
4. Gutfeld, Greg, "Gutfeld sobre os Millennials a favor do socialismo e do comunismo," The Five, Fox News, 29 de outubro de 2019, https://video.foxnews.-com/v/6098884840001#sp=show-clips
5. Fitzgerald, Maggai, "O desemprego entre negros e hispânicos está em um nível recorde", CNBC, 4 de outubro de 2019, https://www.cnbc.com/2019/10/04/black-and-hispanic- unemployment-is-at-a-record-low.html
6. Klein, Philip, "Trump's average unemployment rate is the lowest in recorded history," Washington Examiner, 10 Jan 2020, https://www. washingtonexaminer.-com/opinion/trumps-average-unemployment-rate-is-the-   lowest-in-recorded-history
7. Crokin, Liz, "Por que o MSM está ignorando os trotes sexuais de Trump", Townhall,25de fevereiro de2017,https://townhall.com/colum- nists/lizcro-kin/2017/02/25/why-the-msm-is-ignoring-trumps-sex-trafficking-   busts-n2290379
8. Provérbios 29:18 (VKJ)
9. "Elon Musk Criou sua própria escola para seus 5 filhos", YouTube, 25 de maio de 2015, https://www.youtube.com/watch?v=STt0dpgn900
10. "Elon Musk ataca o Sistema de educação", YouTube, 4 de agosto de 2017, https://www.youtube.com/watch?v=UVHPHNegJNc
11. De acordo com a Forbes, em 17 de dezembro de 2019, https://www.forbes.-com/profile/elon- musk/#750527557999
12. "Elon Musk criou sua própria escola para seus 5 filhos", YouTube, 25 de maio de 2015, https://www.youtube.com/watch?v=STt0dpgn900
13. Cobb, Matthew, "Como as ilustrações embrionárias falsas levaram a mentiras prolongadas", New Scientist, 14 de janeiro de 2015, https://www.newscien-tist.com/arti-   cle/mg22530041-200-how-fudged-embryo-illustrations-led-to-drawn-out-lies/
14. Weiland, Carl, "Tchau, mariposa apimentada", Creation Ministries, junho de 1999, https://creation.com/goodbye-peppered-moths
15. White, A.J., "A fraude do homem Piltdown", Creation Ministries, 6 de fevereiro de 2006, https://creation.com/the-piltdown-man-fraud
16. https://en.wikipedia.org/wiki/Kinsey_Reports. Google promove sua desinformação no topo de sua pesquisa e a destaca com uma caixa, como observou o autor em 17 de dezembro de 2019.
17. Leonhardt, David, "John Tukey, 85 anos, estatístico; Cunhou a palavra 'Software'", TheNewYorkTimes,28 de julho de2000,https://www.nytimes.-com/2000/07/28/us/john-tukey-85-statistician-coined-the-word- software.html
18. Kirby, Michael, "Sexualidade e Forças Globais: Dr. Alfred Kinsey e o Supremo Tribunal dos Estados Unidos", Indiana Journal of Global Legal Studies, Vol. 14, 2007,   http://www.repository.law.indiana.edu/cgi/view-   content.cgi?article=1361&context=ijgls

19. 'Escolas seguras' não é sobre bullying, organizador admite!, YouTube, 17 de março de 2016, https://www.youtube.com/watch?v=j5uNocBCw3Q
20. Donnelly, Kevin, "O objetivo verdadeiro é bair a fé", The Catholic Weekly, 18 de outubro de 2018, https://www.catholicweekly.com.au/kevin-donnelly-the-real-goal-is- banning-faith
21. Johnson, Ian, "Quem matou mais: Hitler, Stalin, ou Mao?," NYRDaily, 5 de fevereiro de 2018, https://www.nybooks.com/daily/2018/02/05/who-killed-more-hitler- stalin-or-mao/
22. Mortes em massa nos regimes comunistas, https://en.wikipedia.org/wiki/Mass_killings_under_communist_regimes
23. Mann, Horace, "Palestras sobre educação", Ide & Dutton, 1855, p.57-58
24. John Dewey, https://en.wikipedia.org/wiki/John_Dewey
25. "John Dewey", https://en.wikipedia.org/wiki/John_Dewey
26. Nos Estados Unidos, um Juris Doctor (JD) é uma pós-graduação ou segundo grau após um diploma de bacharel. Na maioria dos outros países, incluindo Europa e países da CommonWealth britânica como a Austrália, o Legum Baccalaureus (LLB) é o formado em graduação ou bacharelado. O Mestrado em Direito (LLM) pode ser realizado após o LLB ou JD.
27. Escola distrital de Abington Township, Pennsylvania X Schempp (No. 142), 17 de junho de 1963, https://www.law.cornell.edu/supremecourt/text/374/203
28. "Lista das invenções e descobertas alemãs",Wikipedia, https://en.wikipedia.org/wiki/List_of_German_inventions_and_discoveries
29. Newman, Alex, "Como Horace Mann trabalhou para destruir a educação tradicional —e América" 10 de outubro de 2019, https://www.theepochtimes.com/how-horace- mann-worked-to-destroy-traditional-education-and-america_3109589.html
30. Richards, Eric, "Aulas bíblicas em escolas públicas? Porque os criadores de lei cristãos estão gerando uma onda de novos projetos de lei", USA Today, 23 de janeiro de 2019, https://www.usatoday.-com/story/news/education/2019/01/23/in-god-we-trust-bible-public-school- christian-lawmakers/2614567002/
31. Ibid.
32. Siemaszko, Corky, "Kentucky abençoa as aulas bíblicas em escolas públicas", NBC News, 29 de junho de 2017, https://www.nbcnews.com/news/us- news/kentucky-gives-blessing-bible-classes-public-schools-n777721
33. Siemaszko, Corky, "Kentucky abençoa as aulas bíblicas em escolas públicas", NBC News, 29 de junho de 2017, https://www.nbcnews.com/news/us- news/kentucky-gives-blessing-bible-classes-public-schools-n777721
34. Kobin, Billy, "O ensino médio de Kentucky goteja o curso de 'ensino bíblico' sobre as preocupações constitucionais", Courier Journal, 9 de agosto de 2019, https://www.courier- journal.com/story/news/2019/08/09/kentucky-anderson-county-high-school- not-offer-bible-literacy-course-over-concerns/1952765001/
35. https://twitter.com/22610257/status/823748995658850304
36. Richards, Eric, "Aulas bíblicas em escolas públicas? Porque os criadores de lei cristãos estão gerando uma onda de novos projetos de lei", USA Today, 23 de janeiro de 2019, https://www.usatoday.-com/story/news/education/2019/01/23/in-god-we-trust-bible-public-school- christian-lawmakers/2614567002/
37. Gravações do Congresso, Procedimentos e Debates, Vol LXVII, Parte 2, 1926, https://books.google.com.au/books?id=sja3QfEf_DgC
38. Newman, Alex, "Como Horace Mann trabalhou para destruir a educação

tradicional- e América", 10 de outubro de 2019, https://www.theepochtimes.com/how-horace-   mann-worked-to-destroy-traditional-education-and-america_3109589.html

39. McLean, Dorothy, "Primeiro Ministro húngaro: cristãos perseguidos nos ajudarão a salvar a Europa",3 LifeSiteNews, 26 de novembro de 2019, Hungarian PM: Persecuted Christians will help us save Europe

40. Ibid.

13. CONCLUSÃO: TRÊS PASSOS PARA OS LEITORES

13. CONCLUSÃO: TRÊS PASSOS PARA OS LEITORES

1. https://time.com/5777857/state-of-the-union-transcript-2020/
2. Romanos 10:17 (KJA)
3. 1 Coríntios 1:21 (VKJ)
4. Minha entrevista de Steven Rogers no Upper Montclair Country Club, New Jersey, em 16 de julho de 2019.
5. 2 Tessalonicenses 2:3 (VKJ)
6. Apocalipse 3:15-16 (KJA)
7. Isaías 9:6-7 (KJA)

ÍNDICE

Esse índice ordena pessoas e tópicos por número de capítulo ao invés de número de páginas **Os nomes de pessoas** estão em negrito para uma referência rápida.

O

O'Reilly, Bill, 12
Oakley, Kenneth, 12
Obama, Barack Hussein,1, 10
Orbán, Viktor, 10
Ouro, 5
Owens, Candace, 8

P

Pachauri, Rajendra, 11
Padrões IETF, 4
Paquistão, 11
Park, Rev. Jinseok, 10
Parker, Allan, 7
Páscoa, 7, 9
Paul of Tarsus, 6
Paul, Dr. Ron, 7
Pecado de Desonra, 4
Pelosi, Nancy, 8
Pence, Mike, 7, 10, 12
Perseguição Religiosa, 10
PG&E, 11
Pharmakeia, 6
Piltdown Man, 12
Planned Parenthood X Casey, 7
Plebiscito de Casamentos do Mesmo Sexo na Austrália, 12
Polônia, 2, 10
Pornografia, 12
Prata, 5
Primeira Guerra Mundial 2, 9
Primeiro Grande Despertar, 2, 5, 10
Príncipe Charles, 11
Projeto de Lei de Justiça da Família, 8
Protesto de Hong Kong, 2
Pró-Vida, 7
Psicologia/Psiquiatria, 6, 8

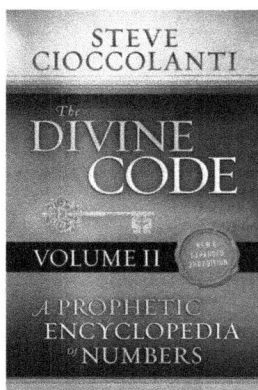

30 Diás de Renovación Personal (Spanish Edition)

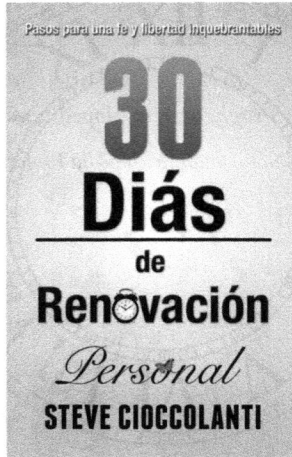

12 Keys to a Good Relationship with God

(Livro de crianças escrito pela filha do Pastor Steve)

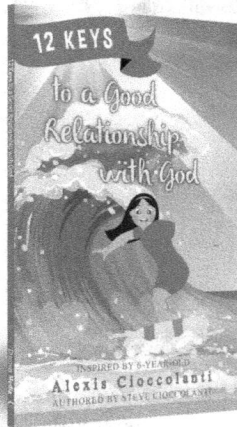

www.discover.org.au/bookshop

★ ★ ★ ★ ★

From Buddha to Jesus (De Buda a Jesus)

(Disponível em: chinês, inglês, francês, indonesiano, tailandês, etc.)

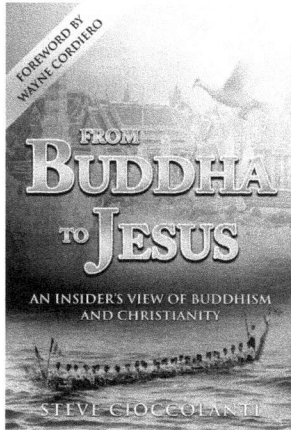

Biblical Justice Course (12 hours)

Curso de Justiça Bílica (12 horas)

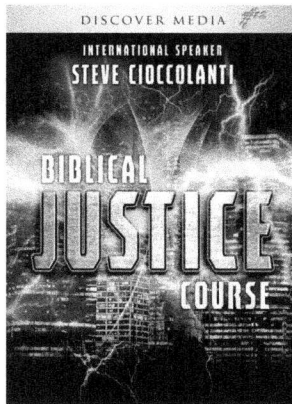

Os 12 DVDs em: www.discover.org.au/shop

Ou stream on demand em: www.vimeo.com/stevecioccolanti/vod_pages

★　★　★　★　★

The Dream Code (2 DVDs)

(O Código do Sonho — contém "A Profecia do Trump")

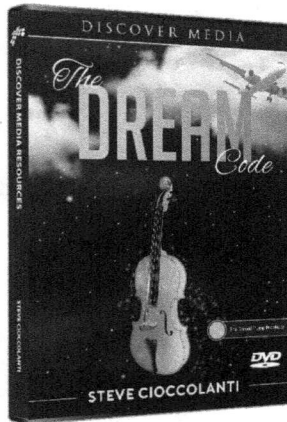

Trump: God's End Time President (1 DVD)

(Trump: O presidente de Deus do fim dos tempos)

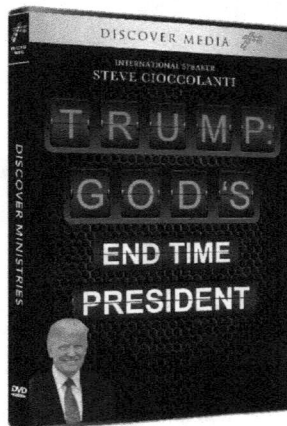

Estes e mais disponíveis em: www.discover.org.au/shop

CONHEÇA STEVE CIOCCOLANTI

Três vezes #1 Autor Bestselling da Amazon, Steve Cioccolanti, predisse que Donald Trump venceria a eleição de 2016 antes que ele fosse nomeado pelo Partido Republicano como seu candidato presidencial na época em que especialistas e pesquisas diziam que Trump teria menos de 1% de chance de vitória.

Seus livros *The Divine Code: A Prophetic Encyclopedia of Numbers, Vol. 1 & 2 (O Código Divino: Uma Enciclopédia Profética dos Números)* revelou muitos códigos proféticos com Trump e os eventos globais atuais. Os dois volumes se tornaram best-sellers instantâneos na Amazon.

Com seu último livro *O negócio inacabado de Trump*, ele oferece aos cristãos e líderes mundiais o modelo de Deus de justiça para lutar contra a corrupção (o Deep State) e fazer da América de Deus novamente. Em um livro, você encontrará novas aplicações dos mandamentos de Deus que podem ser usadas para quebrar o monopólio das Gigantes da tecnologia, criar uma Declaração de Direitos Digitais, reformar as Leis da Família, proteger os direitos das crianças, valorizar a verdadeira igualdade de gênero, educar nossos jovens com habilidades práticas de vida, e lidar sensivelmente com as Mudanças Climáticas. Ele já foi a mais de 40 nações como palestrante e lidera tours para Israel & Oriente Médio como um guia bíblico. Para mais informações: www.discover.org.au

Cioccolanti tem sido um forte defensor da Liberdade de expressão e Liberdade religiosa, especialmente nas mídias sociais. Com mais de 41 milhões de visualizações, seu canal do YouTube explodiu quando ele descreveu sinais proféticos que alertavam sobre crises naturais e produzidas pelo homem com detalhes específicos e acurácia. Essas predições têm sido confirmadas desde a Primavera Árabe de 2010, o terremoto de Tohoku de 2011, surgimento do ISIS em 2014, destruição da Síria em 2015, Furacão Harvey em 2017, a realocação da embaixada americana para a capital de Israel, Jerusalém, em 2018, e a revelação de Trump do Plano de Paz histórico em 2020. Se inscreva em seu canal do YouTube:

www.YouTube.com/DiscoverMinistries

O pastor Cioccolanti é um prolífico autor cristão de muitos livros e produz centenas de vídeos, alguns podem ser vistos em: www.vimeo.com/stevecioccolanti/vod_pages.

Ele pastoreia a Igreja Discover Church em Melbourne, Australia, onde seu ministério adquiriu um pedaço de terra em 2019 para construir um estúdio de gravação para fazer os vídeos de impacto mundial e conectar cristãos online e off-line. Se junte a sua comunidade on-line em Patreon:

www.patreon.com/cioccolanti.

Para convidar o pastor Cioccolanti para um evento, cheque sua disponibilidade em: www.discover.org.au/invite

Siga suas atualizações nas mídias sociais

www.ingramcontent.com/pod-product-compliance
Lightning Source LLC
Chambersburg PA
CBHW060834280326
41934CB00007B/778